LAMA, SUOR E LÁGRIMAS

BEAR GRYLLS

LAMA, SUOR E LÁGRIMAS

A AUTOBIOGRAFIA

TRADUÇÃO DE
Paulo Mendes

MARCADOR

Para mais informações sobre Bear Grylls e os seus livros,
consulte *www.beargrylls.com.*

A presente edição segue a grafia do novo Acordo Ortográfico da Língua Portuguesa

info@marcador.pt
www.marcador.pt
facebook.com/marcadoreditora

© 2015
Direitos reservados para Marcador Editora
uma empresa Editorial Presença
Estrada das Palmeiras, 59
Queluz de Baixo
2730-132 Barcarena

Título original: *Mud, Sweat and Tears*
Título: *Lama, Suor e Lágrimas*
Autor: Bear Grylls
Tradução: Paulo Mendes
Revisão: Sérgio Fernandes
Paginação: Maria João Gomes
Capa: João Faustino / Marcador Editora
Fotografia de capa: © BGV
Impressão e acabamento: Multitipo – Artes Gráficas, Lda.

ISBN: 978-989-754-162-9
Depósito legal: 399 881/15

1.ª edição: novembro de 2015

Para a minha mãe. Obrigado.

PRÓLOGO

Estão vinte graus negativos. Mexo os dedos das mãos, mas ainda os sinto gelados. As queimaduras pelo frio nunca se deixam esquecer. No meu caso, a culpa foi do Evereste.

– Estás preparado, rapaz? – pergunta-me Simon, o operador de câmara, a sorrir. Tem o equipamento montado e pronto a usar.

Devolvo-lhe o sorriso. Sinto-me invulgarmente nervoso.

Tenho um pressentimento de que algo não está bem.

No entanto, não dou ouvidos à voz interior.

Chegou a hora de dar início ao trabalho.

A minha equipa diz-me que as Montanhas Rochosas do Canadá estão espetaculares esta manhã. Eu nem sequer reparo nisso.

É o momento de me recolher no meu espaço secreto, uma parte invulgar de mim que é concentrada, límpida, corajosa, meticulosa. É a parte de mim que melhor conheço, apesar de ser a que visito menos.

Só gosto de a usar em certas ocasiões. Como agora.

Por baixo de mim estão cerca de cem metros íngremes de neve e gelo. Íngremes, mas ultrapassáveis.

Já fiz este tipo de descidas rápidas muitas, muitas vezes. *Nunca tenhas excesso de confiança*, diz a voz. A voz tem sempre razão.

Inspiro profundamente uma última vez. Olho para o Simon. Há uma resposta silenciosa da parte dele.

Porém, eu sei que saltámos uma etapa essencial. Mas não faço nada.

Salto.

Sou levado de imediato pela velocidade. Normalmente, adoro quando isto acontece. Desta vez estou preocupado.

Nunca me costumo sentir preocupado quando chega a hora.

Sei que algo não está bem.

Depressa atinjo uma velocidade de mais de 60 km/h. Estou a descer a montanha de pés, com a cabeça a centímetros do gelo. É este o meu mundo.

Vou ganhando cada vez mais velocidade. A borda do cume aproxima-se. É o momento de travar a queda.

Atiro-me para a frente com agilidade e espeto o machado de gelo na neve. Levanta-se uma nuvem de salpicos brancos e de gelo. Quando espeto o machado com toda a força na montanha, sinto uma desaceleração rápida.

Funcionou, como sempre. Nunca falha. Confiança total. É um daqueles raros momentos de lucidez.

Dura pouco tempo. Depois passa.

Agora estou imóvel.

O mundo detém-se. Depois... *bum!*

O Simon, com o seu trenó pesado de madeira, mais a proteção maciça de metal para a câmara, embate em cheio na minha coxa esquerda. Vinha a mais de 70 km/h. Há uma explosão imediata de dor, de ruído e de cor branca.

É como se tivesse sido atingido por um comboio desgovernado. Sou atirado pela montanha abaixo como um boneco.

A realidade detém-se. Sinto e vejo tudo em câmara lenta.

Porém, nesse instante apercebo-me apenas de uma coisa: bastava uma variação mínima no trajeto do trenó para que este me tivesse embatido na cabeça. Não há dúvida de que teria sido o meu último pensamento.

Não foi isso que aconteceu, mas estou cheio de dores, a contorcer-me.

Estou a chorar. São lágrimas de alívio.

Estou ferido, mas estou vivo.

Vejo um helicóptero, não oiço nada. Depois, o hospital. Já estive em alguns desde que começou o *Man vs. Wild / Born Survivor: Bear Grylls*. Detesto-os.

Consigo fechar os olhos e ver cada um deles.

As urgências hospitalares sujas e manchadas de sangue no Vietname, quando perdi metade de um dedo na selva. Nem pensar em rezar de joelhos junto à cama.

Depois foi o desabamento em Yukon. Para não falar da muito pior avalancha de calhaus na Costa Rica. Mais o colapso da mina em Montana, ou o crocodilo de água doce na Austrália. Ou o tigre de cinco metros que encontrei no Pacífico, ou a mordidela de cobra no Bornéu.

Inúmeras situações em que corri risco de vida.

Todas essas memórias se esbatem. Todas foram más.

Mas tudo bem. Estou vivo.

Foram demasiadas para ter ressentimentos. A vida é para os vivos.

Sorrio.

No dia seguinte, esqueço-me do acidente. Para mim, já passou. Os acidentes acontecem. Não foi culpa de ninguém.

Aprendi a minha lição.

Prestar atenção à voz.

Sigo com a minha vida.

– Olha, Si, está tudo bem. Basta pagares-me uma *piña colada* quando sairmos daqui. Ah, e vou mandar-te a conta da evacuação, do hospital e da fisioterapia.

Ele dá-me a mão. Adoro este homem.

Já tivemos muitas experiências pelo mundo.

Olho para o chão: vejo as minhas calças de neve rasgadas, o blusão manchado de sangue, a minicâmara destruída e os óculos de neve partidos.

Pergunto-me: quando é que toda esta loucura se tornou o meu mundo?

PARTE 1

*Os jovens ainda não aprenderam a ser prudentes e, por conseguinte,
tentam o impossível – e atingem-no,
geração após geração.*

Pearl S. Buck

Capítulo 1

Walter Smiles, o meu bisavô, tinha um sonho muito específico para a sua vida. Enquanto respirava o ar fresco e salgado da sua tão amada costa norte da Irlanda e contemplava as remotas Ilhas Copeland de County Down, prometeu a si mesmo que seria ali, em Portavo Point, nessa enseada selvagem e batida pelo vento, que regressaria um dia mais tarde para viver.

Sonhou fazer fortuna, casar com o seu verdadeiro amor e construir ali uma casa para a noiva, na pequena enseada com vista para a impressionante costa irlandesa. Foi um sonho que viria a moldar a sua vida, e que acabaria por lhe pôr termo.

Walter descendia de uma forte linhagem de pessoas motivadas, determinadas: não eram chiques, não eram da alta sociedade, mas eram diretas, ligadas à família, perseverantes. O avô dele era Samuel Smiles, que em 1859 publicou o primeiro livro de autoajuda, chamado *Self-Help*. Foi uma obra marcante, e Samuel tornou-se de imediato um campeão de vendas, tendo inclusive vendido mais exemplares aquando do seu lançamento do que *A Origem das Espécies*, de Charles Darwin.

O livro *Self-Help* estabeleceu igualmente a máxima de que o trabalho árduo e a perseverança são indispensáveis à progressão individual. Numa época em que, para os ingleses da sociedade vitoriana, tudo era possível se se tivesse a determinação para deitar mãos à obra, a obra *Self-Help* encontrou eco. Tornou-se o expoente máximo dos guias vitorianos, possibilitando ambições ilimitadas a qualquer pessoa. A sua mensagem central era que a nobreza não era um direito congénito: era definida pelos atos das pessoas. Revelava os segredos simples (mas inauditos) para uma vida com sentido, com realização pessoal, e definia um cavalheiro em termos de caráter, e não pelo sangue que lhe corria nas veias.

A riqueza e o estatuto social não se relacionam necessariamente com qualidades genuínas de cavalheirismo.

Um pobre com riqueza de espírito é em todos os aspetos superior a um rico com pobreza de espírito.

Citando S. Paulo, o primeiro «nada tem, mas possui todas as coisas», enquanto o segundo, apesar de tudo possuir, não tem nada.

Só os pobres de espírito são verdadeiramente pobres. Quem tudo perdeu, mas mantém a sua coragem, o seu ânimo, a sua esperança, a sua virtude e o seu amor-próprio, ainda é rico.

Eram palavras revolucionárias para uma Inglaterra vitoriana, aristocrática e dividida por classes. Para ilustrar o seu raciocínio (e, sem dúvida, aproveitando para ferir o orgulho de alguns aristocratas de linhagem), Samuel reiterou que ser-se cavalheiro é algo que deve ser merecido: «Não existe nenhum atalho para a grandeza».

Samuel Smiles termina a sua obra com a seguinte história comovente de um general «cavalheiro»:

Um cavalheiro caracteriza-se pelo sacrifício pessoal, e pela dedicação aos outros, nos pequenos episódios quotidianos da vida (...). Podemos citar o caso do corajoso *Sir* Ralph Abercromby, acerca de quem se conta que, quando foi ferido mortalmente na Batalha de Aboukir, para lhe mitigar a dor, lhe colocaram a manta de um soldado debaixo da cabeça, o que o aliviou consideravelmente.

Perguntou o que era.

– É apenas uma manta de soldado – responderam.

– É de quem? – questionou, soerguendo-se.

– É de um dos soldados.

– Quero saber o nome do dono desta manta.

– É do Duncan Roy, do 42.º pelotão, *Sir* Ralph.

– Então certifiquem-se de que o Duncan recebe a sua manta de volta ainda esta noite.

Nem para mitigar o seu derradeiro sofrimento o general aceitou privar o soldado da sua manta uma noite que fosse.

Nas palavras de Samuel: «A verdadeira coragem e o cavalheirismo andam a par».

Foi com a sua família, as suas convicções e tradições que Walter, o meu bisavô, cresceu e se atreveu a sonhar.

Capítulo 2

Durante a Primeira Guerra Mundial, o meu bisavô Walter procurou sempre combater onde e quando lhe fosse permitido. Era conhecido como um daqueles «raros oficiais que se sentem totalmente à vontade em combate».

Tinha *brevet* de piloto, mas, ao aperceber-se de que os combates aéreos eram improváveis, devido à falta de aviões, pediu transferência para tenente da Royal Naval Armoured Car Division, uma das primeiras Forças Especiais criadas por Winston Churchill.

Ao contrário dos oficiais britânicos da Frente Ocidental, que estiveram imobilizados nas trincheiras durante meses a fio, o meu bisavô movimentou-se por muitos dos principais cenários de guerra – e sentiu-se como peixe na água. Até o seu superior direto referiu: «A forma como o tenente Smiles aceita de bom grado o perigo e as privações é de louvar».

Posteriormente, foi destacado para prestar assistência ao Exército Imperial do czar da Rússia, para combater os turcos na frente do Cáucaso. Foi aí que Walter foi promovido rapidamente: capitão em 1915, major em 1917, e tenente-coronel em 1918. Recebeu muitas condecorações, incluindo a distinção (1916) e a medalha da Ordem de Serviços Distintos (1917), e um louvor (1919), além de condecorações russas e romenas.

O texto da atribuição da Ordem de Serviços Distintos refere: «Foi ferido a 28 de novembro de 1916, em Dobrudja. Quando saiu do hospital, voluntariou-se para liderar um esquadrão da Força Aérea numa missão especial em Braila, e a sua bravura nessa ocasião foi determinante para o sucesso da operação».

Uma vez, quando estava em combate num veículo blindado ligeiro, saiu da viatura duas vezes sob fogo cerrado para pôr o motor em funcionamento. Ao ser atingido por uma bala, rastejou para uma vala e passou o dia inteiro a ripostar ao fogo inimigo. Apesar de estar ferido, passadas vinte e quatro horas estava de volta à sua unidade, ansioso por voltar à ação. Assim que pôde andar, esteve à frente de um dos seus veículos em combate. Walter demonstrou assim um empenho ilimitado e uma coragem implacável.

Um excerto do *Russian Journal* de 1917 referia que Walter era «um oficial extremamente corajoso e um homem extraordinário». O comandante do Exército russo escreveu o seguinte ao comandante de Walter: «A coragem extraordinária e a bravura inigualável do major Smiles são um marco para os anais militares britânicos, e permitem-me solicitar que lhe seja atribuída a condecoração de mais alto nível, nomeadamente a Ordem de São Jorge, de 4.ª classe». Na altura, era a mais elevada distinção concedida pelos russos aos oficiais.

Para ser sincero, cresci a imaginar que o meu bisavô, com um nome como Walter, talvez tivesse sido um pouco austero ou sisudo. Depois descobri, com alguma investigação, que era na verdade um homem rebelde, carismático e invulgarmente corajoso. Também adoro o facto de, segundo os retratos de família que vi do meu bisavô, ele ser extremamente parecido com o Jesse, o meu filho mais velho. Isso faz-me sempre sorrir. É uma grande honra ser-se parecido com o Walter. Ainda temos as suas medalhas expostas na parede lá de casa, mas eu nunca tinha tido bem noção da coragem do meu bisavô.

Depois da guerra, o meu bisavô regressou à Índia, onde trabalhara anteriormente. Era recordado como um empregador que «se misturava livremente com os nativos que empregava nas suas plantações de chá, demonstrando uma forte consideração pela luta das castas "mais baixas"». Em 1930 foi agraciado com o título de cavaleiro, *Sir* Walter Smiles.

Foi numa viagem de navio entre a Índia e Inglaterra que Walter conheceu a futura esposa, Margaret. Era uma mulher de meia-idade muito independente: adorava jogar *bridge* e polo, era linda, atrevida e não tolerava idiotas. A última coisa que esperava quando se sentou para beber um gim tónico e jogar um jogo de cartas no convés do navio de transporte era apaixonar-se. Contudo, foi assim que conheceu Walter, e é assim que acontece com o amor na maioria das vezes. Vem quando menos se espera e pode mudar-nos a vida.

Walter casou com Margaret pouco depois do regresso e, apesar da idade «avançada», a mulher não tardou a engravidar – para grande horror dela. Não parecia «bem» uma senhora com mais de 40 anos dar à luz, ou assim pensava ela, pelo que fez todos os possíveis para pôr termo à gravidez.

A minha avó, Patsie (que era a criança de quem Margaret estava grávida nesse momento) conta que a mãe se tinha «prontamente dedicado às três piores coisas para uma grávida. Foi andar a cavalo de forma muito agressiva, bebeu meia garrafa de gim e depois pôs-se de molho num banho muito quente durante horas».

O plano falhou (graças a Deus) e, em abril de 1921, nasceu a filha única de Walter e Margaret, chamada Patricia (ou Patsie), a minha avó.

Quando regressou da Índia para a Irlanda do Norte, Walter concretizou finalmente o seu sonho: construiu uma casa para Margaret no local exato de County Down onde se tinha detido tantos anos antes.

Com a sua mente de diplomata e o seu intelecto perspicaz, dedicou-se ao mundo da política, conseguindo posteriormente ser eleito deputado por North Down, Ulster, na Irlanda do Norte, onde serviu com lealdade.

Porém, num sábado, dia 30 de janeiro de 1953, tudo se viria a alterar. Walter tinha planeado regressar de avião do Parlamento de Londres para Ulster. No entanto, nessa noite estava a formar-se uma tempestade, que trouxe consigo o pior tempo que o Reino Unido tinha visto em mais de uma década. O seu voo foi devidamente cancelado, pelo que ele reservou um lugar no comboio noturno para Stranraer.

No dia seguinte, com a tempestade a tornar-se cada vez mais ameaçadora, Walter embarcou num *ferry* para automóveis, o *Princess Victoria*, destinado a Larne, na Irlanda do Norte. Os passageiros receberam garantias de que a embarcação tinha condições para navegar. O tempo era dinheiro, e o *ferry* prontamente soltou amarras.

O que aconteceu nessa noite afetou as cidades de Larne e de Stranraer até aos dias de hoje. Os acidentes evitáveis (onde o homem desafiou incautamente a Natureza e perdeu) têm esse efeito nas pessoas.

Nota a mim mesmo: aprender a lição.

CAPÍTULO 3

A casa de Walter e Margaret na costa de Donaghadee era simplesmente conhecida como «Portavo Point».

O edifício de construção admirável oferecia uma vista deslumbrante sobre a costa. Num dia de céu limpo, era possível avistar-se ilhas distantes e o mar alto.

Era, e ainda é, um lugar mágico.

Mas não nessa noite.

A bordo do *ferry*, Walter viu desaparecer a costa escocesa enquanto o navio de aço e casco oco se dirigia perigosamente para a tempestade que o esperava. A travessia foi-se tornando mais difícil à medida que o tempo piorava. Até que, a apenas algumas milhas do seu destino na Irlanda do Norte, o *Princess Victoria* se viu no meio de uma das piores tempestades de todos os tempos no mar da Irlanda.

No início, o *ferry* aguentou, mas um defeito nas portas da popa revelou-se fatal.

Lentamente, essas portas começaram a meter água. À medida que a água do mar entrava e as ondas começavam a rebentar sobre o bordo livre, o navio ia perdendo a capacidade de manobra e de avançar.

Os porões também estavam em dificuldades. Infiltrações nas portas da popa e uma incapacidade de expulsar o excesso de água são uma combinação mortífera em qualquer tempestade.

Era uma questão de tempo até o mar vencer a embarcação.

Pouco depois, projetado de lado no sentido da rebentação pela força do vento, o *Princess Victoria* começou a tombar com o peso da água que o fustigava. O capitão ordenou que baixassem as baleeiras salva-vidas.

Um sobrevivente declarou no Supremo Tribunal de Ulster que ouviu Walter a dar instruções: «Continuem a dar coletes salva-vidas às mulheres e às crianças».

Fustigados pelo vento e pela tempestade, o capitão e a sua tripulação fizeram entrar os passageiros em pânico nas baleeiras.

Mal sabiam que estavam a conduzir as mulheres e as crianças para a morte certa.

Quando lançaram as baleeiras, os passageiros ficaram presos numa «zona mortífera» entre o casco de aço do *ferry* e a rebentação branca das ondas.

Com o vento forte e a chuva, não havia saída daquele local.

As baleeiras oscilaram fortemente em todos os sentidos com a violência da rebentação. Não conseguiram evitar a zona lateral do *ferry*. A tripulação não conseguiu avançar devido à ferocidade do vento e das ondas e, uma por uma, quase todas as baleeiras acabaram por se afundar.

O tempo de sobrevivência nas águas geladas do mar da Irlanda em janeiro seria apenas de alguns minutos.

A tempestade estava a vencer, e a velocidade com que as ondas começavam a levar a melhor sobre a embarcação aumentava. O *ferry* estava a perder a luta contra os elementos; tanto o capitão como Walter tinham consciência disso.

O navio salva-vidas de Donaghadee, o *Sir Samuel Kelly*, fez-se ao mar feroz por volta das 13h40 de sábado e conseguiu chegar ao *ferry* em dificuldades.

Debatendo-se com ondas e ventos tempestuosos, conseguiram salvar apenas 33 dos 165 passageiros.

Como tinha sido piloto na Primeira Guerra Mundial, Walter sempre preferira viajar de avião, em vez de por via marítima. Sempre que entrava no avião Dakota que fazia a travessia até à Irlanda do Norte, pedia o lugar da frente e dizia, em tom de brincadeira, que se tivessem um acidente preferia ser o primeiro a morrer.

Foi uma ironia cruel ter sido o mar a vitimá-lo, e não um avião.

Já tinha feito tudo o que era possível para ajudar; não havia mais nada a fazer. Não restavam baleeiras salva-vidas. Walter retirou-se calmamente para o seu camarote, para esperar – esperar que o mar desferisse o seu golpe final.

A espera não foi longa, mas deve ter parecido uma eternidade. O vidro da vigia no camarote de Walter deve ter-se quebrado em milhares de fragmentos quando sucumbiu à pressão implacável das águas.

Walter, o meu bisavô, o capitão do *Princess Victoria* e 129 outros membros da tripulação e passageiros foram rapidamente engolidos pela escuridão.

Desapareceram.

Estavam apenas a algumas milhas da costa de Ulster, quase ao alcance da vista da casa de Walter e Margaret em Portavo Point.

Da janela panorâmica da sala, enquanto observavam os foguetes de sinalização da Guarda Costeira a iluminarem o céu (convocando a tripulação do navio salva-vidas de Donaghadee para os seus postos), Margaret e a família não puderam fazer mais do que esperar ansiosamente, e rezar.

As suas orações não foram atendidas.

Capítulo 4

O navio salva-vidas de Donaghadee fez-se ao mar novamente às 07h30 da manhã de domingo, numa calma lúgubre, pós-tempestade. Encontraram destroços espalhados e recolheram os corpos de onze homens, uma mulher e uma criança.

Não encontraram um único sobrevivente, e todos os outros corpos ficaram perdidos no mar.

Nesse mesmo dia, Margaret, em choque, desempenhou a tarefa horrível de identificar os corpos no cais do porto de Donaghadee.

O corpo do seu amado nunca foi encontrado.

Margaret nunca recuperou e, passado um ano, morreu de desgosto.

Numa cerimónia fúnebre na Igreja Paroquial de Bangor, na qual compareceram milhares de pessoas, o bispo de Down declarou, na sua homilia, que Walter Smiles falecera como vivera: «Era um homem bom, corajoso, altruísta, que viveu segundo a máxima "Que cada um procure não somente o próprio interesse, mas também o bem dos outros"».

Quase cem anos antes (contados ao dia), Samuel Smiles tinha escrito as páginas finais da sua obra *Self-Help*. Estava lá incluída esta história impressionante de heroísmo como um exemplo a seguir pelos cavalheiros vitorianos. Se pensarmos no destino do meu bisavô Walter, adquire uma relevância comovente.

O navio viajava pela costa africana com 472 homens e 166 mulheres e crianças a bordo.

Os homens eram sobretudo recrutas que estavam ao serviço há pouco tempo.

Às duas da manhã, enquanto todos dormiam no interior, o navio embateu com violência num rochedo escondido, que penetrou no casco. Percebeu-se de imediato que a embarcação se afundaria.

O rufar dos tambores convocou os soldados ao convés, e os homens posicionaram-se como se estivessem em parada. Receberam ordens para «salvar as mulheres e as crianças», pelo que as pobres indefesas foram trazidas do interior, na sua maioria pouco vestidas, e encaminhadas silenciosamente para as baleeiras salva-vidas.

Quando todas já tinham abandonado o navio, o comandante declarou, sem pensar: – Quem souber nadar, que se atire ao mar e tente chegar às baleeiras.

Porém, o capitão Wright, do 91.º Regimento de Highlanders retorquiu: – Não! Se fizermos isso, as baleeiras com as mulheres irão afundar-se.

Assim, aqueles homens corajosos permaneceram imóveis. Ninguém cedeu ao medo, nenhum fugiu ao seu dever.

– Não se ouviu um murmúrio, nem um único choro entre eles – declarou o capitão Wright, um dos sobreviventes, até a embarcação se afundar totalmente.

O navio foi ao fundo, junto com o grupo de heróis, numa explosão de júbilo enquanto se afundavam no mar.

Os exemplos de homens como estes nunca morrem. Pelo contrário: como a sua memória, são imortais.

Na sua juventude, Walter terá sem dúvida lido e conhecido estas palavras do livro do avô.

É extremamente comovente.

De facto, os exemplos de homens como aqueles nunca morrem. Pelo contrário: como a sua memória, são imortais.

Capítulo 5

A filha de Margaret, Patsie, a minha avó, estava na flor da idade quando o *Princess Victoria* se afundou. A comunicação social cobriu a tragédia com reportagens plenas de heroísmo e sacrifício.

De certa forma, as notícias mitigaram a dor de Patsie durante algum tempo.

Num ímpeto de frenesim mediático induzido pelo sofrimento, Patsie acabou por vencer umas eleições intercalares para substituir o pai como deputado por Ulster no Parlamento.

A filha glamorosa e bonita substituía o pai herói no seu cargo político. Era digno de um guião de filme.

Contudo, a vida não é uma longa-metragem, e o *glamour* de Westminster teria um efeito nefasto na deputada mais jovem de sempre da Irlanda do Norte.

Patsie tinha casado com Neville Ford, o meu avô: um homem enorme e muito terno, que tinha mais seis irmãos e irmãs.

O pai de Neville fora *Dean* de Iorque e diretor da Harrow School. O irmão, Richard, um prodígio do desporto na juventude, tivera uma morte súbita e inesperada um dia antes do décimo sexto aniversário, quando era aluno em Eton. Um dos outros irmãos de Neville, Christopher, morrera tragicamente em Anzio na Segunda Guerra Mundial.

Neville, no entanto, sobreviveu e brilhou.

Foi votado o homem mais bonito de Oxford, e a sua aparência não era a sua única bênção. Tratava-se de um desportista fantástico. Jogou críquete ao mais alto nível e os jornais consideraram-no um grande *hitter of sixes*, com jogadas dignas do seu metro e noventa. Porém, o seu grande interesse era casar com Patsie, o amor da sua vida.

Estava plenamente satisfeito, a viver com a noiva no ambiente rural de Cheshire. Trabalhava na Wiggins Teape, um fabricante de papel, e começara a criar uma pequena família no campo com Patsie.

No entanto, a decisão de Patsie de seguir os passos do pai tão publicamente perturbou Neville. Sabia que a vida de ambos mudaria drasticamente. Ainda assim, consentiu.

O *glamour* de Westminster deslumbrou a sua jovem mulher, e os corredores de Westminster foram igualmente deslumbrados pela bela e inteligente Patsie.

Neville esperou e cuidou pacientemente da casa em Cheshire. Contudo, isso foi em vão.

Não tardou que Patsie se envolvesse emocionalmente com um deputado. O amante prometeu deixar a esposa, caso Patsie abandonasse Neville. Era a habitual promessa vã. Porém, os tentáculos do poder tinham agarrado a jovem Patsie com firmeza. Optou por deixar Neville.

Foi uma decisão da qual se viria a arrepender para o resto da vida.

Como seria de esperar, o deputado nunca abandonou a mulher. Os atos de Patsie, contudo, tinham sido irreversíveis, pelo que só lhe restava avançar com a sua vida.

Os estragos, que afetariam a nossa família, estavam feitos. Para as duas filhas pequenas de Neville e Patsie (Sally, a minha mãe, e a irmã, Mary-Rose), o mundo estava a mudar.

Para Neville, foi um grande desgosto.

Pouco tempo depois, Patsie foi seduzida por outro político, Nigel Fisher, e desta vez casou novamente. No entanto, Nigel, o novo marido de Patsie, foi-lhe infiel desde o início do casamento.

Ainda assim, ela ficou a seu lado e suportou a situação, com a convicção errónea de que, de algum modo, aquilo era um castigo de Deus por ter abandonado Neville, o único homem que a amara de verdade.

Patsie criou Sally e Mary-Rose, e concretizou muitas coisas na vida, incluindo a criação de uma das instituições de caridade mais bem-sucedidas da Irlanda do Norte: a Women's Caring Trust, que ainda hoje ajuda as comunidades a unirem-se através da música, das artes e até da escalada (escalar sempre esteve no sangue desta família!).

A avó Patsie era adorada por muitas pessoas e tinha aquela força de caráter que o pai e o avô sempre haviam demonstrado. Não obstante, aqueles arrependimentos do que fizera em jovem nunca a abandonaram.

Quando a minha irmã Lara nasceu, a avó escreveu-lhe uma carta muito bonita e emotiva sobre a vida, que terminava assim:

Desfruta dos momentos de pura felicidade como se fossem joias precio-sas – chegam quando menos se espera e com uma excitação contagiante. Mas também terás momentos, é claro, em que tudo será negativo – talvez alguém que amas muito te magoe ou desiluda e tudo possa parecer dema-siado difícil ou totalmente vão. No entanto, lembra-te sempre de que tudo passa e nada fica igual (...). Cada dia traz consigo um novo começo, e não há nada, por mais horrível que seja, que não tenha remédio.

A bondade é um dos aspetos mais importantes da vida e pode ser muito relevante. Tenta nunca magoar aqueles que amas. Todos cometemos os nossos erros e estes, por vezes, são terríveis, mas tenta não magoar nin-guém por causa do teu egoísmo.

Tenta sempre pensar no futuro, e não no passado, mas nunca tentes blo-quear o passado, porque é a parte de ti que te tornou quem és. Tenta antes – oh, tenta – aprender alguma coisa com ele.

Só nos últimos dias de vida é que Neville e Patsie quase se «reconcilia-ram».

Neville vivia a umas centenas de metros da casa onde eu passei a ado-lescência, na Ilha de Wight, e Patsie, já idosa, também passou longos verões connosco por ali.

Os dois davam grandes passeios a pé e sentavam-se num banco com vista para o mar. Porém, Neville sempre teve dificuldades em permitir que ela se reaproximasse, apesar do carinho e da ternura que a minha avó lhe demonstrava.

Neville tinha passado cinquenta anos a sofrer depois de a perder, e uma dor dessas é difícil de ignorar. Quando era mais novo, vi-a muitas vezes colo-car suavemente os dedos na mão gigantesca dele, e era uma imagem bonita.

Aprendi duas grandes lições com eles: a galinha da vizinha não é sempre melhor do que a minha, e vale a pena lutar por um grande amor.

Capítulo 6

Nos meus primeiros anos de vida, passava todas as férias escolares em Portavo Point, em Donaghadee, na costa da Irlanda do Norte – a mesma casa onde tinha morado o meu bisavô Walter, e muito perto de onde acabou por falecer.

Eu adorava aquele sítio.

A brisa do mar e o cheiro da água salgada penetravam em todos os cantos da casa. As torneiras chiavam quando as abríamos e as camas eram tão antigas e altas, que eu só chegava à minha trepando pela cabeceira.

Recordo-me do cheiro do velho motor de popa Yamaha do nosso barco de madeira antigo que o meu pai levava para a margem nos dias de acalmia, para nos levar a passear. Lembro-me dos passeios pelos bosques com os jacintos em flor. Gostava especialmente de correr pelo meio das árvores, para que o meu pai viesse à minha procura.

Recordo-me de quando fui empurrado pela minha irmã mais velha, Lara, em cima de um *skate* pelo caminho de acesso à casa e de me ter estampado contra a vedação; ou de estar na cama ao lado da avó Patsie, os dois com sarampo, de quarentena no anexo do jardim, para estarmos isolados do resto das pessoas.

Lembro-me de nadar na água fria do mar e de comer ovos cozidos todos os dias ao pequeno-almoço.

No fundo, foi naquele lugar que encontrei o meu amor pelo mar e pela Natureza.

Só que ainda não o sabia.

Em contrapartida, os períodos escolares eram passados em Londres, onde o meu pai exercia cargos políticos (foi uma ironia estranha, ou talvez não tanto, que a minha mãe tenha casado com um futuro deputado, depois de testemunhar o perigoso poder da política enquanto crescia ao lado de Patsie, a sua mãe).

Quando os meus pais casaram, o meu pai trabalhava como importador de vinhos, depois de ter abandonado os Royal Marine Commandos, onde tinha sido oficial durante três anos. Depois geriu um pequeno bar de degustação de vinhos em Londres, acabando por se candidatar a vereador e, posteriormente, a deputado por Chertsey, nos arredores a sul de Londres.

Acima de tudo, o meu pai era um homem bom: afetuoso, meigo, divertido, leal e estimado por muitas pessoas. No entanto, recordo os tempos de infância que passei em Londres como tendo sido de muita solidão para mim.

O meu pai trabalhava muito, frequentemente até muito tarde, e a minha mãe, como sua assistente, trabalhava com ele. Isso custava-me, pois sentia falta do tempo que passávamos juntos em família – com calma e sem pressões.

Em retrospetiva, vejo que sentia muita vontade de estar algum tempo em sossego com os meus pais. E era provavelmente por causa disso que me portava tão mal na escola.

Lembro-me de uma vez ter mordido um rapaz com tanta força, que o fiz sangrar, e depois um dos professores telefonou ao meu pai a dizer que não sabiam o que fazer comigo. O meu pai disse que sabia o que fazer comigo e foi de imediato ter à escola.

Colocou uma cadeira no meio do ginásio e, com todas as crianças sentadas no chão à volta dele, deu-me uns açoites até o meu traseiro ficar todo negro.

No dia seguinte, larguei a mão da minha mãe numa rua movimentada de Londres e fugi, mas acabei por ser apanhado pela polícia algumas horas depois. Acho que apenas queria atenção.

A minha mãe estava sempre a trancar-me no quarto por me portar mal, mas depois ficava com medo de que me faltasse oxigénio, pelo que mandou um carpinteiro fazer orifícios de respiração na porta.

Dizem que a necessidade aguça o engenho, e eu depressa percebi que, com um cabide torcido, conseguia destrancar a porta através dos orifícios e fugir. Foi a minha primeira investida no mundo da adaptação e do improviso, competências que me foram muito úteis ao longo dos anos.

Simultaneamente, estava a ganhar o gosto pela atividade física. A minha mãe levava-me todos os dias a um pequeno ginásio gerido pelo inesquecível Sr. Sturgess.

As aulas eram dadas numa velha garagem empoeirada nas traseiras de um bloco de apartamentos em Westminster.

O Sr. Sturgess dava as aulas com uma disciplina de ferro, de ex-militar. Todos tínhamos «lugares» no chão, onde devíamos ficar rigidamente em sentido, à espera do exercício seguinte. E ele puxava muito por nós. Sentíamos que o Sr. Sturgess se tinha esquecido de que tínhamos apenas seis anos. Contudo, éramos miúdos e adorávamos aquilo.

Fazia com que nos sentíssemos especiais.

Fazíamos fila debaixo de uma barra de metal com uns dois metros de altura e depois, um a um, dizíamos: «Para cima, por favor, Sr. Sturgess». Ele levantava-nos e deixava-nos pendurados, enquanto continuava pela fila adiante.

As regras eram simples: não podíamos pedir para descer até a fila estar toda pendurada, como se fôssemos animais mortos num talho. E depois tínhamos de pedir: «Quero descer, por favor, Sr. Sturgess». Se fraquejássemos e tombássemos antes do tempo, íamos cheios de humilhação para o nosso lugar.

Cheguei à conclusão de que adorava aquelas aulas e tinha grande orgulho em tentar ser o último homem pendurado. A minha mãe dizia que não aguentava ver o meu corpinho magro ali pendurado, roxo e a contorcer-me, obstinado a aguentar até ao fim.

Um a um, os outros rapazes caíam da barra, e eu ficava ali pendurado, a tentar aguentar até ao ponto em que o próprio Sr. Sturgess decidisse que já chegava.

Depois, corria até ao meu lugar, com um sorriso de orelha a orelha.

«Quero descer, por favor, Sr. Sturgess» tornou-se uma expressão comum na minha família, como exemplo de exercício físico árduo, de disciplina rígida e determinação obstinada. Todas essas qualidades viriam a ser-me muito úteis na vida militar.

Assim, o meu treino estava bem delimitado. Trepar. Ficar suspenso. Fugir.

Adorava tudo aquilo.

A minha mãe dizia, e ainda hoje diz, que, quando crescesse, estava destinado a tornar-me uma mistura de Robin dos Bosques, Harry Houdini, S. João Batista e assassino.

Para mim era um grande elogio.

Capítulo 7

Os meus momentos preferidos dessa época eram as terças-feiras depois da escola, quando ia lanchar ao apartamento da avó Patsie, onde ficava a dormir.

Lembro-me de que cheirava a cigarros Silk Cut e aos feijões cozidos com douradinhos que ela me fazia para o lanche. Mas eu adorava. Era o único sítio longe de casa onde eu nunca sentia saudades.

Quando os meus pais estavam fora, muitas vezes ia passar a noite a casa de uma senhora mais velha que não conhecia, e que também não me parecia conhecer a mim (suponho que fosse uma vizinha amiga ou uma conhecida; pelo menos é o que espero).

Eu detestava.

Recordo-me do cheiro da velha moldura de pele com a fotografia dos meus pais à qual eu me agarrava naquela cama estranha. Era demasiado novo para perceber que os meus pais regressariam em breve.

No entanto, aprendi outra grande lição: nunca se deve deixar os filhos para trás se eles não quiserem.

A vida, como a infância, é muito curta e frágil.

Ao longo desses tempos e desses tenros anos, a minha irmã Lara foi o meu grande apoio. A minha mãe sofreu três abortos espontâneos depois de ter a Lara e, oito anos depois, estava convencida de que não conseguiria ter mais filhos. Contudo, acabou por engravidar e, segundo me conta, passou nove meses de cama para se assegurar de que não abortava.

Funcionou. A minha mãe salvou-me.

O resultado final foi provavelmente um alívio quando eu nasci, e a minha irmã recebeu um precioso irmão mais novo. Ou, na prática, um bebé só para ela. Assim, a Lara acabou por fazer tudo por mim, e eu adorava-a por isso.

Enquanto a minha mãe andava ocupada a trabalhar, a ajudar o meu pai nos seus deveres para com o seu círculo eleitoral, entre outros, a Lara tornou-se a minha mãe adotiva. Foi ela quem me deu quase todas as refeições – desde que eu era bebé até cerca dos meus cinco anos. Mudou-me as fraldas, ensinou-me a falar, e depois a andar (o que, evidentemente, com tanta atenção da parte dela, acabou por acontecer extremamente cedo). Foi ela quem me ensinou a vestir e a lavar os dentes.

Além disso, levou-me a fazer todas as coisas que tinha medo de fazer, ou que simplesmente a intrigavam, como comer *bacon* cru ou descer uma ladeira de triciclo sem travões.

Eu fui a melhor boneca de trapos/irmão mais novo que ela poderia ter tido.

É por isso que sempre fomos tão próximos. Para ela, eu ainda sou o seu irmãozinho. E é por isso que eu a adoro. No entanto, e este é o grande senão, ao crescer ao lado da Lara, nunca tive um momento de paz. Desde o primeiro dia, recém-nascido na maternidade do hospital, fui exibido, mostrado a toda a gente – era o novo «brinquedo» da minha irmã. E nunca mais parou.

Agora dá-me vontade de rir, mas tenho a certeza de que foi por esse motivo que mais tarde desejei a paz e a solidão das montanhas e do mar. Não queria ser um espetáculo para ninguém, desejava apenas espaço para crescer e para me encontrar no meio de toda aquela loucura.

Demorou algum tempo até eu perceber de onde vinha este amor pela natureza selvagem, mas é muito provável que tenha resultado da intimidade que senti com o meu pai na costa da Irlanda do Norte e da vontade que eu tinha de fugir à minha irmã querida, mas mandona (bem haja!).

Hoje em dia posso brincar a este respeito com a Lara, e ela continua a ser a minha maior aliada e amiga. No entanto, mostra-se sempre extrovertida, com vontade de estar num palco ou de ser entrevistada num programa de televisão, enquanto eu tenho tendência a procurar momentos de sossego com os amigos e com a família.

Em suma, a Lara lidaria muito melhor com a fama do que eu. Penso que ela explica bem a situação:

Até o Bear nascer, eu odiava ser filha única – queixava-me aos meus pais por me sentir sozinha. Era estranho não ter um irmão nem uma irmã, quando todos os meus amigos tinham. A chegada do Bear foi uma excitação muito grande (quando me recompus do facto de ser um rapaz, porque sempre tinha desejado uma irmã!).

No entanto, assim que olhei para ele, a chorar desalmadamente no berço, pensei: *É o meu bebé, vou cuidar dele.* Peguei-lhe ao colo, ele parou de chorar, e daí em diante, até se tornar demasiado crescido, arrastei-o comigo para todo o lado.

Um dos fatores positivos dos meus verdes anos na cidade de Londres foi ter aderido aos escuteiros aos seis anos, o que adorei.

Lembro-me do meu primeiro dia nos escuteiros, de entrar e ver todos aqueles rapazes enormes vestidos com camisas muito direitinhas, cobertos de medalhas e insígnias. Eu, pelo contrário, era um miúdo minúsculo e magricelas, e senti-me ainda mais pequeno do que parecia. Porém, assim que ouvi o instrutor a desafiar-nos para assarmos uma salsicha no chão com apenas um fósforo, fiquei viciado.

Um fósforo, uma salsicha... hum. Mas não vai assar o suficiente, pensei.

Mostraram-me primeiro como acender uma fogueira, e depois como assar a salsicha. Foi um momento de iluminação para mim.

Se dissessem a alguém presente naquelas tardes de escutismo que eu um dia viria a ser chefe dos escuteiros, e que viria a ser o representante de vinte e oito milhões de escuteiros de todo o mundo, iria morrer de riso. Contudo, o que me faltava em estatura e confiança era compensado pela minha coragem e pela minha determinação, e essas qualidades são o que realmente importa no jogo da vida e no escutismo.

Assim, encontrei um grande escape no escutismo, bem como uma grande camaradagem. Era como uma família, e os nossos antecedentes não interessavam.

Se éramos escuteiros, éramos escuteiros, e só isso é que importava.

Eu gostava daquilo, e a minha confiança aumentou.

Capítulo 8

Pouco depois, os meus pais compraram uma pequena casa na Ilha de Wight e, entre os cinco e os oito anos, passei os períodos escolares em Londres (o que odiava), e as férias escolares na ilha.

O emprego do meu pai permitia isso, uma vez que, como deputado, tinha praticamente férias coincidentes com as escolares, e, como o seu círculo eleitoral se situava entre Londres e a Ilha de Wight, podia fazer uma «visita de médico» à sexta-feira e dirigir-se à ilha (não era provavelmente uma forma exemplar de cumprir os seus deveres, mas para mim era muito bom).

Eu só queria chegar à ilha o mais depressa possível. Para mim era o paraíso. Os meus pais estavam sempre a fazer acrescentos à nossa pequena casa, na tentativa de a ir aumentando. Em breve, tornar-se-ia a nossa casa principal.

A ilha alternava entre bravia, ventosa e húmida no inverno, e era um autêntico campo de férias no verão, cheia de jovens da minha idade, muitos dos quais ainda são meus grandes amigos.

Pela primeira vez, senti-me à vontade e livre para explorar e ser eu mesmo.

O outro aspeto fantástico da ilha era o facto de o meu avô Neville morar a pouco menos de quatrocentos metros da nossa casa.

Recordo-o como um dos homens mais exemplares que conheci, e tinha-lhe muito carinho. Era meigo, bondoso, forte, religioso e divertido; e adorava enormes tabletes de chocolate. Apesar de sempre as recusar furiosamente quando lhas oferecíamos, estas desapareciam em poucos minutos assim que virávamos as costas.

Viveu até aos 93 anos e fazia os seus exercícios diários religiosamente. Ouvíamo-lo no quarto a dizer entre dentes: «Dobra os joelhos, toca nos pés, estica para cima, e respira...». Segundo ele, era o segredo da sua saúde (não estou muito certo de que o chocolate e as torradas com manteiga se enquadrassem bem nessa filosofia, mas também há que aproveitar a vida).

O avô Neville faleceu sentado num banco onde acaba o caminho que leva à nossa casa, perto do mar. Ainda hoje sinto a falta dele: das suas sobrancelhas compridas e farfalhudas; das suas enormes mãos e dos abraços; do seu calor humano; das suas orações; das histórias; mas, acima de tudo, da forma como representava um bom exemplo de como devemos viver e morrer.

O meu tio Andrew descreveu o avô Neville na perfeição:

No fundo, o Neville nunca deixou de ser um rapaz; era por isso que se dava tão bem com os jovens. Entusiasmo, encorajamento e amor eram as suas palavras de ordem.

Fez parte do cortejo fúnebre de Winston Churchill e dava-se com a realeza, mas estava igualmente à vontade em qualquer companhia. Viveu segundo a máxima de Kipling: «Se conseguires falar com as multidões e manter a tua virtude, ou caminhar entre reis – sem te dares a ares de grandeza (...)».

Era detentor de um grande *fair play* e era um autêntico cavalheiro. Nunca o ouvi falar mal de ninguém; nunca o vi ter um ato de maldade.

Era, em todos os aspetos, um homem maravilhoso.

A minha avó Patsie também desempenhou um grande papel na minha educação na ilha: era uma senhora impressionante com um passado extraordinário.

Era bondosa, calorosa e, no entanto, frágil. Mas, para nós, era apenas «a avó». À medida que foi envelhecendo, com uma vulnerabilidade comovente, travou um combate contra a depressão. Talvez a doença se devesse, em parte, ao sentimento de culpa pela sua infidelidade ao avô Neville, quando era mais jovem.

Porém, como antídoto, desenvolveu o hábito de comprar coisas caras (e praticamente sem utilidade), na convicção de que se tratava de grandes investimentos.

Entre eles, a avó comprou uma caravana de ciganos antiga, totalmente equipada, e uma loja junto ao *snack-bar* da aldeia, a menos de duzentos metros de nossa casa. O problema foi que a caravana apodreceu por falta de manutenção e o estabelecimento transformou-se na loja das suas próprias antiguidades/quinquilharias.

Foi, como é evidente, um desastre.

Se acrescentar o facto de a loja precisar de funcionários (normalmente alguns dos membros da nossa família, incluindo o Nigel, que passava a maior parte do tempo a dormir numa espreguiçadeira à porta da loja, com um jornal a tapar-lhe a cabeça), talvez entenda que aquela vida não era muito lucrativa, nem levada muito a sério. No entanto, era, acima de tudo, sempre divertida.

O Nigel era o adorável traidor, o segundo marido da avó, que também tinha sido um político de muito sucesso. Tinha recebido a *Military Cross* durante a Segunda Guerra Mundial e teve posteriormente um cargo ministerial secundário. Para mim, no entanto, era como um avô, meigo e carinhoso, adorado por toda a família.

Assim, crescer na minha casa era sempre animado, apesar de indubitavelmente caótico. Contudo, isso era típico dos meus pais – sobretudo da minha mãe, que, mesmo para os seus padrões loucos, era (e continua a ser) muito fora do normal... No melhor sentido da expressão.

De facto, costumo dizer que a minha família «é muito querida, mas muito doida».

A parte boa é que, enquanto família, estávamos sempre a andar de um lado para o outro e a conhecer imensas pessoas interessantes de todo o mundo que vinham ter com a minha mãe – tudo isto era normal na nossa vida. Estivéssemos nós a acampar numa caravana velha, a viajar para ouvir um orador motivacional americano, ou a ajudar a minha mãe no seu novo negócio de venda de batedeiras e filtros de água.

As refeições eram tomadas a diferentes horas do dia e da noite, e chegava-se a tirar costeletas de porco do lixo com as palavras imortais: «Ainda estão boas» (mesmo quando o meu pai as tinha deitado fora no dia anterior por estarem com mau aspeto).

Parecia que o único objetivo da minha mãe era engordar a família ao máximo. Este aspeto acabou por ter o efeito contrário em mim, e deu-me a obsessão, provavelmente «pouco salutar», que tenho com a saúde. No entanto, julgo que devo à minha mãe o estômago de ferro que tanto me ajudou nas filmagens dos meus programas de sobrevivência ao longo dos anos. Afinal aquelas costeletas podem ter sido uma dádiva divina.

As pessoas à nossa volta tinham tendência a ver apenas o lado divertido da excentricidade da minha mãe, mas para nós, a família, o lado negativo era o facto de por vezes ser muito exasperante. Significava que ela tinha sempre razão, apesar de algumas das suas ideias e convicções roçarem indubitavelmente a loucura.

Era frequente darmos com ela a percorrer o jardim com uma vara de cobre. Dizia-nos que tinha de descarregar a eletricidade estática que estava a sobrecarregar a casa. Tendo em conta que nunca ligávamos o aquecimento e que usávamos sobretudo velas em vez de ligar as luzes, este comportamento levava-nos a suspeitar de que algo não seria muito normal na nossa mãe.

Mas a minha mãe era assim e, salvo raras exceções, a minha infância foi abençoada com amor e divertimento, dois aspetos que sempre pautaram a minha vida com a minha própria família.

CAPÍTULO 9

Os meus pais conheceram-se quando ela tinha 21 anos e ele 29. Tiveram uma relação amorosa bastante louca, com inúmeras separações e reconciliações, até acabarem por se casar em Barbados sem dizerem nada a ninguém.

A relação entre os dois foi sempre cheia de amor, apesar de, em muitos aspetos, a minha mãe ter sido influenciada pelo divórcio dos pais. Tinha um receio profundo de ser abandonada, o que muitas vezes a tornava demasiado possessiva em relação ao meu pai.

Assim, para irmos os dois fazer escalada ou velejar, eu e o meu pai tínhamos de nos escapulir (o que, evidentemente, nos dava uma grande satisfação). Acho que este aspeto tornava cada saída uma missão. E tivemos imensas dessas missões quando eu era criança.

Porém, à medida que fui crescendo e planeando as minhas próprias expedições, ainda que pequenas, ficava triste por não poder ter a companhia do meu pai e não podermos estar só nós os dois. Sei que ele adorava as nossas aventuras, mas também sentia que a sua lealdade estava dividida entre mim e a minha mãe.

Quando cresceu, o meu pai nunca teve muita intimidade com os seus próprios pais.

O pai dele era um oficial do Exército, trabalhador, dedicado, que ascendeu à patente de brigadeiro, mas era muito austero. Talvez tenha abdicado de uma vida familiar confortável para conquistar a sua patente. Só sei que o meu pai sofreu com a frieza do meu avô.

Quando era miúdo, tive sempre um pouco de medo do avô Ted. Na verdade, não era justificado. Não há dúvida de que era austero, mas, agora que penso nisso, era um homem bondoso, leal, estimado por muitas pessoas.

O mais assustador no avô Ted eram os seus cães grandes.

Uma vez, tinha eu seis anos, um deles atacou-me quando eu estava sentado no chão a tentar brincar com ele. O cão mordeu-me mesmo no centro do rosto, rasgando-me a carne no nariz e nos lábios.

Levaram-me de urgência para o hospital para ser suturado. A minha mãe decidiu que a enfermeira de serviço estava a demorar muito tempo para me atender, pelo que decidiu ser ela mesma a dar os pontos.

Diga-se que fez um ótimo trabalho. Só se olharem de perto para a minha cara é que notam as cicatrizes – apesar de o meu nariz parecer bastante torto. De facto, o editor da revista *Men's Journal*, dos Estados Unidos, quando me tiraram uma foto de grande plano para a capa, perguntou-me em tom de brincadeira se tinha perdido muitos combates de boxe quando era mais jovem. A verdade é que, desde que o cão me atacou, o meu nariz ficou sempre esquisito.

Se o avô Ted era muito austero com o meu pai, a minha avó era ainda mais rígida com ele. Não só tinha a reputação implacável de ser uma mulher extraordinária, como de alguém que não tolerava tolices – e o meu pai não sabia fazer outra coisa. Por conseguinte, ele cresceu com uma aversão igualmente implacável à sua educação séria e austera – e tornou-se um brincalhão desde o início.

Lembro-me de ouvir histórias intermináveis, como a da vez em que, da janela do quarto, deitou baldes de água em cima da irmã mais velha e do novo namorado.

Em muitos aspetos, o meu pai nunca cresceu verdadeiramente. Era isso que o tornava um pai, cavalheiro e amigo tão maravilhoso. Eu, por conseguinte, também nunca tive a ambição de crescer demasiado depressa.

Recordo-me de uma ocasião, numa viagem para fazermos *ski* nos Alpes, em que as brincadeiras do meu pai nos causaram uma situação complicada.

Eu devia ter uns dez anos na altura e fiquei moderadamente entusiasmado quando o meu pai percebeu que seria facílimo pregar uma partida à família suíço-alemã que estava alojada no quarto ao lado do nosso.

Todas as manhãs, a família saía do quarto. A mãe ia vestida dos pés à cabeça com peles, o pai com um fato de *ski* muito justo e um lenço branco ao pescoço, e atrás vinha o filho de 13 anos, ligeiramente obeso e com um ar muito arrogante, fazendo muitas vezes caretas na minha direção.

O hotel tinha por norma disponibilizar um impresso que se pendurava na porta do quarto na noite anterior caso se pretendesse tomar o pequeno-almoço no quarto. O meu pai pensou que seria divertido preencher o impresso com uma encomenda de 35 ovos cozidos, 65 salsichas alemãs e 17 arenques fumados, e depois pendurá-lo na porta do quarto da família suíço-alemã.

Era uma partida demasiado fantástica para que conseguíssemos resistir.

Não contámos à minha mãe, que teria ficado furiosa. Em vez disso, preenchemos o impresso, a rir-nos à gargalhada, e fomos pendurá-lo à socapa na maçaneta da porta antes de nos deitarmos.

Às sete da manhã ouvimos o pai a recusar furiosamente o pequeno-almoço. Por isso, repetimos a partida no dia seguinte.

E no seguinte.

Cada manhã que passava, o senhor do quarto vizinho ficava ainda mais irritado. Até que a minha mãe descobriu o que andávamos a fazer e me obrigou a ir lá pedir desculpa. Não percebi por que motivo tive de ser eu a pedir desculpa, quando tinha sido tudo ideia do meu pai, mas julgo que ela terá pensado que eu, por ser tão pequeno, talvez tivesse menos problemas.

Enfim, eu senti que era má ideia assumir a autoria da partida, e não estava enganado.

A partir desse momento, apesar do meu pedido de desculpas, o filho deles nunca mais me deixou em paz.

Tudo terminou na última noite, quando eu estava a percorrer o corredor depois de um dia a esquiar, vestido apenas com as minhas calças interiores térmicas e uma *t-shirt*. O adolescente gordo e sardento saiu do quarto e viu-me a passar com o que, na prática, não eram mais do que *collants* de mulher.

O rapaz apontou para mim, chamou-me mariquinhas, começou-se a rir sarcasticamente e levou as mãos à cintura numa atitude muito trocista. Apesar da diferença de idades e de tamanho entre nós, saltei-lhe em cima, atirei-o ao chão e bati-lhe com toda a força.

O pai dele ouviu o barulho e saiu a correr do quarto. Encontrou o filho com o nariz a sangrar e a chorar histericamente (e exageradamente).

Foi a gota de água para aquele homem, que me arrastou até à porta do quarto dos meus pais e me obrigou a explicar-lhes o meu comportamento.

O meu pai disfarçou um sorriso malandro, mas a minha mãe ficou horrorizada, pelo que fiquei de castigo.

E assim terminaram mais umas fantásticas férias em família!

Capítulo 10

Quando eu era miúdo, a minha tia Mary-Rose e o meu tio Andrew (outro ex-brigadeiro do Exército) costumavam passar o Natal em nossa casa.

Lembro-me de uma vez o meu pai (comigo a reboque, a aprender) ter colocado fita adesiva no assento da sanita deles (é sempre uma boa partida). No entanto, os meus tios não ficaram nada satisfeitos.

Por conseguinte, o meu pai tentou outra partida.

Por fim, após várias outras brincadeiras mal recebidas, os meus tios decidiram que era a altura de voltar para casa... mais cedo.

O que eles não esperavam era que o meu pai tivesse previsto essa mesma decisão e lhes tivesse retirado antecipadamente as velas do carro. Assim, o máximo que conseguiram fazer foi ficar sentados no carro, furiosos, com as malas todas arrumadas, a dar à chave vezes sem conta.

Ainda assim, os meus tios sempre foram nossos amigos íntimos e, quando relembro a minha vida, sempre foram maravilhosos, simpáticos e fiáveis comigo. Estimo muito a amizade deles.

Apesar das brincadeiras, o meu pai sempre partilhou da minha opinião. É a prova de que também se pode pregar partidas àqueles de quem se gosta.

A educação rígida do meu pai tornou-o determinado a não fazer o mesmo. Eu e a Lara recebemos a dobrar a comunicação e o carinho que lhe faltaram.

Acima de tudo, o meu pai queria ter intimidade connosco, e tinha – a melhor possível. Sinto-me muito grato por isso e, apesar de o ter perdido muito cedo, quando tinha apenas 26 anos, a verdade é que não poderia ter tido uma melhor preparação e um melhor treino para a vida do que os que recebi do seu exemplo.

O meu pai exerceu cargos políticos durante mais de vinte anos e foi um deputado leal e trabalhador, mas nunca chegou aos mais altos níveis da política. No entanto, também nunca me pareceu que fosse essa a sua vontade.

O que ele mais queria da vida era estar perto da família.

Não há dúvida de que adorava o seu trabalho, e de que se esforçava para mudar o mundo e melhorar a vida das pessoas, mas as suas ambições careciam da obstinação que tão frequentemente vemos na política. Graças a isso, a vida dos filhos foi muito mais rica.

Acho que a sua carreira foi a de ser um bom pai.

Lembro-me, por exemplo, de uma vez na escola primária em que fui escolhido para a equipa de *rugby* dos menores de nove anos. Bem, para dizer a verdade, fui escolhido para ser juiz de linha, uma vez que não tinha qualidade suficiente para fazer parte da equipa.

Em suma, foi num dia de inverno, frio e horrível, e não havia espetadores, o que era invulgar (normalmente, pelo menos alguns dos alunos e professores vinham assistir aos jogos da escola). Porém, nesse dia frio e ventoso as bancadas estavam desertas, à exceção de uma figura solitária.

Era o meu pai, em pé, à chuva, a ver o filho a desempenhar os seus deveres de juiz de linha.

Fiquei muito contente por o ver, mas também me senti culpado. Ou seja, eu nem sequer tinha conseguido entrar na equipa e ele estava ali para me ver a correr de um lado para o outro a agitar uma bandeirinha idiota.

Mas foi muito importante para mim.

Quando chegou o intervalo, ouviu-se o apito e surgiu o meu grande momento.

Entrei a correr no campo, com o prato de laranjas nas mãos, e o meu pai a aplaudir na assistência.

A vida é feita de momentos como aquele.

Da mesma forma, recordo-me do meu pai no jogo de críquete entre pais e filhos. Todos os outros pais levavam aquilo muito a sério, e depois lá estava o meu pai, com um chapéu velho de safári em África, a vir ser batedor e a tropeçar nos postigos – e a não fazer um único ponto.

Adorava aquele lado divertido do meu pai, e todas as outras pessoas pareciam gostar dele pelo mesmo motivo.

Sorrio sempre quando penso que participei em tudo aquilo.

Capítulo 11

Lembro-me muito bem de, na minha adolescência, ter encontrado uma fotografia antiga do meu pai de quando tinha 17 anos e era comando dos Royal Marines de rosto pueril. Era muito parecido comigo... mas muito mais elegante, com risco ao lado.

Ao lado dessa fotografia do álbum vinha outra dele a escalar na neve com os seus camaradas dos comandos, na encosta norte de Ben Nevis no inverno: um local muito traiçoeiro se as coisas correrem mal.

Perguntei-lhe a respeito dessa escalada e ele contou-me que quase tinha morrido nesse dia por causa de uma derrocada, quando um pedregulho do tamanho de uma bola de basquetebol se tinha soltado cerca de cinquenta metros acima dele.

Passou-lhe a menos de trinta centímetros da cabeça e desfez-se em mil pedaços num patamar mesmo abaixo dele.

O meu pai sentiu que tinha recebido o seu cartão «Você está livre da prisão» nesse dia, naquele abençoado momento de sorte. Ele sempre me disse: «Nunca dependas desses momentos de sorte – são dádivas – e cria sempre o teu próprio plano B».

Recorro muito a esse raciocínio atualmente no meu trabalho. Obrigado, pai, se conseguires ler isto no outro mundo.

Quando era miúdo, adorava qualquer viagem com o meu pai.

Ao recordar, percebo que o meu pai também encontrava a sua liberdade nas nossas aventuras em conjunto, quer fosse a galopar numa praia da Ilha de Wight comigo atrás dele, quer fosse a escalar os montes íngremes e os penhascos em torno do litoral da ilha.

Era nesses momentos que eu tinha uma verdadeira intimidade com ele.

Também foi aí que reconheci aquela sensação de «aperto» no estômago como algo maravilhoso que deveria perseguir na vida. Há quem lhe chame medo.

Lembro-me da alegria de fazer escalada com ele no inverno. Era sempre uma aventura e muitas vezes tornava-se algo mais do que uma simples escalada. O meu pai decidia que não só tínhamos de trepar um penhasco de rocha calcária, como também que o cume era controlado por paraquedistas alemães. Por conseguinte, tínhamos de escalar sem sermos vistos nem ouvidos e, uma vez no cume, tínhamos de tomar o posto alemão com granadas.

Na prática, isto resumia-se a atirarmos torrões de estrume a um banco vazio no cume do monte. Era fantástico.

Que forma fantástica de passar um dia chuvoso e ventoso de inverno quando se tem oito anos (ou 28, na realidade).

Eu adorava voltar das escaladas totalmente coberto de lama, ofegante, depois de alguns sustos. Aprendi a adorar a sensação de ter o vento e a chuva a fustigarem-me o rosto. Isso fazia-me sentir um homem, quando na realidade não passava de um miúdo.

Costumávamos falar do monte Evereste, enquanto atravessávamos os campos até aos penhascos. Eu adorava fingir que algumas das nossas escaladas eram feitas nas encostas do próprio Evereste.

Costumávamos movimentar-nos cuidadosamente nas encostas brancas de rocha calcária, a imaginar que eram de gelo. Eu estava plenamente confiante de que conseguiria subir o Evereste se tivesse o meu pai ao meu lado.

Não fazia ideia de como seria realmente escalar o Evereste, mas adorava que partilhássemos aquele sonho.

Eram momentos intensos, mágicos. De confraternização. Íntimos. Divertidos. E ainda hoje sinto muitas saudades deles. Que bom que seria ter mais uma oportunidade de o repetir com ele.

Creio que é por isso que hoje em dia me emociona tanto levar os meus filhos a fazer caminhadas de montanha ou a escalar. As montanhas criam laços intensos entre as pessoas. É esse o seu grande atrativo para mim.

No entanto, não era só a escalada. O meu pai e eu íamos muitas vezes a picadeiros da zona e alugávamos um par de cavalos por dez libras, para irmos cavalgar na rebentação da praia.

Cada vez que eu caía na areia molhada e estava prestes a chorar, o meu pai aplaudia e dizia que, aos poucos, eu me estava a tornar um bom cavaleiro. Por outras palavras, não nos podemos tornar bons cavaleiros se não cairmos e nos levantarmos muitas vezes.

Aqui está um bom resumo do que é a vida.

Capítulo 12

Uma vez estávamos em Dartmoor, uma zona agreste do Reino Unido (independentemente da estação do ano), onde fazíamos caminhadas e andávamos a cavalo todos os dias. Alojámo-nos numa pequena estalagem.

Estávamos no pico do inverno, com o chão coberto de neve, e lembro-me de que fazia sempre muito frio.

Parecia que o meu rosto de criança estava literalmente a tornar-se um cubo de gelo. Não sentia a ponta do nariz, o que, para alguém como eu, que já o tinha tão grande aos dez anos, era um novo fenómeno físico assustador.

Comecei a chorar. Normalmente era assim que mostrava ao meu pai que o caso era sério e que os seus cuidados eram necessários. No entanto, ele limitou-se a dizer-me: «Agasalha-te melhor e continua. Agora estamos numa expedição a sério, não há tempo para lamentações. O desconforto vai passar».

Assim, calei-me, e provou-se que ele tinha razão. Acabei por me sentir orgulhoso por, apesar de ser tão pequeno, ter aguentado à minha maneira.

Momentos como aquele levaram-me a acreditar que podia sempre aguentar – sobretudo quando me sentia gelado e maldisposto.

Apesar de nunca ter sido forçado a nada, esperava-se muito de mim quando me juntava a estas aventuras. À medida que a minha confiança foi crescendo, também aumentou a vontade de testar os meus limites, um pouco mais de cada vez.

Também passámos muitos dias juntos a velejar. A minha mãe tinha ganhado aversão a andar de barco com o meu pai desde o início do casamento, devido àquilo a que chamava «atitude fanática» da parte dele. Eu, pelo contrário, adorava os seus momentos de fanatismo e ansiava pelo mau tempo e pelas ondas enormes.

O meu objetivo era um dia ter o meu próprio barco de corrida; ser capaz de conduzi-lo e de mexer no motor. É claro que um barco de corrida a sério estava fora de questão, mas consegui construir um com o meu pai. Era um bote de madeira com dois metros e meio e um motor de 1,5 cv.

O barco mal tinha força para avançar contra a maré, mas para mim era perfeito. Criámos um sistema de cabos improvisados, ligados a um volante preso ao assento, e lá fui eu.

Ia ter com os meus pais a uma pequena baía a alguns quilómetros de distância da costa. Eu ia de barco; eles a pé. Adorava a liberdade que sentia por ter o barco a meu cargo no mar.

Estava sempre a pedir ao meu pai para me deixar sair sozinho com o barco à vela da Lara, um Laser em segunda mão. Era um barco de corrida para uma pessoa, extremamente propenso a virar-se, e que exigia bastante mais peso do que o do meu corpo franzino de 11 anos.

Não conseguia resistir ao desafio, à solidão, aos salpicos e às grandes ondas.

Adorava passar aquele tempo sozinho, apenas com a Natureza e eu, contando que tivesse aquela rede de segurança de saber que o meu pai estava por perto para me ajudar se houvesse problemas (o que acontecia frequentemente).

Não havia maior satisfação do que navegar até ao porto, encharcado que nem um pinto, com um sorriso de orelha a orelha, e as mãos e os músculos doridos de agarrar as cordas com tanta força contra aquele vento forte que tinha feito todos os outros barcos regressarem ao porto.

Era o sentimento de que poderia ser um pouco diferente de todos os outros miúdos da minha idade e de que, com algum estímulo, poderia lutar contra as forças da Natureza – e vencer. Estas aventuras pareciam-me a coisa mais natural do mundo; era nelas que me sentia vivo. Era o que, pela primeira vez, me dava um sentido de identidade.

À medida que fui crescendo e o resto do meu mundo se ia tornando mais complicado e menos natural, procurei cada vez mais essa identidade e essa realização que as aventuras me proporcionavam.

Em suma, quando estava encharcado, enlameado e com frio, sentia-me ótimo; quando estava com os amigos, com todos eles a tentarem «ter estilo», sentia-me mais desadequado e inseguro. Estava à vontade na lama, mas nunca era bem-sucedido nas tentativas de ter estilo. Por conseguinte, aprendi a amar a lama e a evitar os outros esforços.

Não obstante, ainda tentei ter estilo durante um breve período na minha adolescência, no qual comprei umas botas bicudas e passei um longo inverno a ouvir discos de *heavy metal* (nada disso me satisfez e acabei por achar tudo muito aborrecido).

Em vez disso, vestia muitas vezes as minhas roupas «piores» (ou seja, melhores) e mais sujas, tomava um banho de mangueira no jardim até ficar encharcado – em dezembro –, e depois ia correr sozinho para a montanha.

As pessoas da zona achavam que eu era maluco, mas o meu cão adorava, e eu também. Sentia-me selvagem, uma sensação que me agradava cada vez mais.

Uma vez, quando regressava duma corrida dessas, coberto de lama, passei por uma rapariga por quem tinha um fraquinho. Perguntei-me se ela gostaria daquele aspeto enlameado. Pensei que, no mínimo, era original. No entanto, ela atravessou a estrada muito rapidamente para o outro lado da rua e olhou para mim como se eu fosse meio louco.

Demorei algum tempo a perceber que as raparigas nem sempre gostam de homens totalmente desalinhados e cobertos de lama. Aquilo que eu considerava natural, cru e selvagem não era necessariamente *sexy*.

É uma lição que ainda estou a aprender.

Capítulo 13

Recordo-me de uma vez, quando devia ter uns 11 anos de idade, ter sido desafiado por um amigo lá da Ilha de Wight para tentar atravessar o porto com ele na maré baixa.

Eu conhecia a reputação do porto e pressenti que não seria boa ideia tentar vencer a lama e o lodo.

Porém, também me parecia bastante divertido.

Ora, atravessar o porto com a maré baixa não seria nada fácil, uma vez que o lodo era do tipo mais espesso, profundo, escorregadio e movediço. Em suma, era um plano muito estúpido, condenado à partida.

Assim que me afastei dez metros da costa, percebi que era má ideia, mas continuei estupidamente a avançar. Como é evidente, quando chegámos a um terço do caminho ficámos encalhados, sem conseguir avançar um milímetro.

Estava enfiado até ao pescoço em lodo preto, malcheiroso e barrento, e em lama.

Tínhamos consumido tanta energia no curto trajeto que já tínhamos percorrido, que estávamos derreados, sem nos conseguirmos mexer, e metidos num grande sarilho.

Cada vez que nos tentávamos mover éramos arrastados ainda mais para o fundo, e eu sentia aquela terrível sensação de pânico por me aperceber de que estava metido em algo fora do meu controlo.

Graças a Deus, aconteceram duas coisas. Em primeiro lugar, descobri, por tentativas, que se tentasse «nadar» à superfície do lodo, em vez de esbracejar, conseguia avançar muito lentamente. Bem, pelo menos não ficava exatamente no mesmo sítio. Assim, demos lentamente meia-volta e rastejámos literalmente para a margem, um centímetro de cada vez.

A segunda coisa que aconteceu foi que alguém na margem nos viu e chamou o barco salva-vidas. Agora tinha a certeza de que estávamos em maus lençóis, quer chegássemos à margem, quer não.

Quando o salva-vidas chegou ao local, já tínhamos atingido a margem e, com aspeto de monstros das profundezas, já nos tínhamos escapulido.

A minha mãe acabou inevitavelmente por ter conhecimento do que acontecera, incluindo a parte de o barco salva-vidas ter sido enviado para nos salvar. Obrigou-me, com razão, a ir pessoalmente pedir desculpa ao timoneiro do salva-vidas, bem como, em penitência, a oferecer-me para fazer trabalhos pela tripulação.

Foi uma boa lição: devemos conhecer os nossos limites e nunca embarcar numa aventura sem um plano B consistente, e nunca devemos ceder à instigação dos outros quando os nossos instintos nos dizem que isso é má ideia.

Não obstante um acidente ou outro, à medida que fui crescendo fui descobrindo que estava a ser atraído cada vez mais para as atividades ao ar livre. Como a minha mãe nunca gostou de que eu e o meu pai saíssemos nas nossas missões conjuntas, infelizmente essas aventuras foram diminuindo.

De facto, a única vez que consegui, em adulto, levá-lo comigo para as grandes montanhas foi cerca de um ano depois de ter passado nas provas de seleção das Forças Especiais. Sugeri que fizéssemos uma caminhada de montanha até Brecon Beacons para escalar alguns dos cumes do sul de Gales, que tinham sido o objetivo de tantas das minhas marchas e de tantos dos meus testes militares.

Pedi ao sargento Taff, do meu pelotão, para ir buscar o meu pai à estação de comboios de Merthyr Tydfil.

– Como é que eu vou reconhecer esse Taff? – perguntou o meu pai.

– Vais reconhecê-lo – respondi. O Taff tinha todo o ar de militar: baixo, entroncado, de cabelo curto e com o clássico bigode retorcido dos soldados.

O Taff foi buscar o meu pai e encontrámo-nos no sopé de Brecon Beacons. As montanhas estavam a ser assoladas por uns ventos fortíssimos. Quando chegámos a metade da primeira montanha, depois de uma excitante travessia de um curso de água com uma corrente fortíssima (e que normalmente não passava de um riacho), reparei que o meu pai estava a sangrar muito do nariz.

Estava com um ar pálido e cansado, pelo que decidimos descer.

Tivemos mais alguns dias divertidos como aquele nas montanhas, mas, quando ele chegou a casa, a minha mãe acusou-me de quase o ter assassinado e disse-nos: «Foi a última das "aventuras mortais"».

Eu percebi os motivos dela, mas achei que tinha exagerado, porque a proibição das nossas incursões fez com que eu e o meu pai perdêssemos muitas aventuras divertidas. E eu sei que ele gostava muito daquilo.

Agora que o meu pai já não está entre nós, sinto-me triste por não termos aproveitado mais aqueles preciosos anos que tivemos juntos. No entanto, a vida às vezes é assim.

A última verdadeira aventura que tive com o meu pai foi também o meu primeiro gosto pelo que é estar numa situação de risco de vida, de verdadeira sobrevivência. Apesar do perigo, descobri que era algo que adorava.

Essa derradeira missão também deve ter tido algo a ver com o facto de a minha mãe ter proibido as minhas escapadelas selvagens com o meu pai. Porém, como todas as grandes aventuras, começou de forma muito inocente...

Capítulo 14

Estávamos de férias em família, de visita aos meus tios em Chipre. Na época, o meu tio Andrew era o brigadeiro que tinha a cargo todas as forças militares britânicas na ilha, e tenho a certeza de que, com um estatuto militar de tanto destaque, devia estar cheio de medo da nossa visita.

Depois de alguns dias sem sairmos do aquartelamento, o meu tio sugeriu inocentemente que talvez gostássemos de uma ida às montanhas. Ele já sabia qual seria a minha resposta e a do meu pai. Concordámos de imediato.

As montanhas Troodos são uma pequena cordilheira nevada no centro da ilha, e todos os soldados destacados em Chipre as utilizam para esquiar e treinar. Existem algumas pistas de *ski*, mas no inverno a maioria dos cumes estão abandonados e no estado natural.

Ou seja, são o cenário ideal para uma aventura.

O meu pai e eu pedimos emprestados dois conjuntos de *skis* e botas do Exército na guarnição que ficava nas montanhas e passámos uma tarde fantástica juntos a esquiar por algumas pistas oficiais. Mas as pistas oficiais podem tornar-se aborrecidas. Olhámos um para o outro e pensámos num atalho rápido fora de pista.

É claro que eu estava disposto a isso... tinha 11 anos.

Não avançámos muito neste desvio intenso «pelo meio das árvores» até, de repente, o tempo piorar drasticamente.

Caiu um nevoeiro de montanha, reduzindo a visibilidade para o mínimo. Parámos para localizar, ou adivinhar, o caminho de volta à pista, mas o nosso palpite estava errado, e depressa nos apercebemos de que estávamos perdidos (ou temporariamente com dificuldades geográficas, como aprendi a dizer depois).

O meu pai e eu caímos num erro comum em situações destas e avançámos às cegas, na vã esperança de que ocorresse algum milagre. Não tínhamos mapa, nem bússola, nem água, nem telemóvel (ainda não tinham sido inventados). Na verdade, não tínhamos hipóteses de encontrar o caminho.

Éramos os candidatos ideais para uma desgraça.

Avançar com neve profunda, quando se é miúdo e se está com frio, molhado e cansado, é difícil. Os minutos tornaram-se horas, e as horas foram passando.

Não tardou a anoitecer.

Continuámos a avançar. Eu percebi que o meu pai estava preocupado. Era um homem habituado às montanhas, mas não estava à espera de fazer mais do que algumas descidas rápidas de *ski*. Não tinha previsto aquilo. Tinha sido um erro simples, que ele reconheceu. Continuámos a descer e depressa nos vimos rodeados de floresta densa, e de neve ainda mais profunda.

Depois, chegámos a uma encruzilhada no vale. Deveríamos ir para a direita ou para a esquerda? O meu pai sugeriu a esquerda. Eu tinha um forte pressentimento de que deveríamos optar pela direita. O meu pai insistiu na esquerda. Eu insisti na direita.

As probabilidades de sucesso eram de 50%, e o meu pai cedeu.

Duzentos metros mais à frente, demos com um caminho na neve que avançava pela floresta e seguimo-lo com entusiasmo. Passado pouco mais de um quilómetro, chegámos a uma estrada de montanha, e em dez minutos já tínhamos apanhado boleia de um carro que subia a montanha no meio da escuridão.

Tínhamos encontrado a salvação, e eu estava esgotado.

O carro deixou-nos à porta do aquartelamento trinta minutos depois. Entretanto, a noite já ia longa, mas de repente senti-me enérgico e animado.

O cansaço tinha passado. O meu pai sabia que eu tinha feito a escolha certa lá em cima – se tivéssemos optado pela esquerda, ainda estaríamos a tatear no desconhecido.

Senti-me tão orgulhoso.

A verdade é que deve ter sido sorte, mas aprendi outra lição preciosa nessa noite: devemos ouvir a nossa voz interior. A intuição é o som da nossa mente.

Enquanto passávamos pelo meio do aquartelamento, notámos que havia uma agitação invulgar para aquela madrugada de um dia de semana. Não tardámos a perceber porquê.

Primeiro apareceu um sargento, seguido de outro soldado, e depois fomos levados para a secção das altas patentes.

Aí estava o meu tio, fardado, com um ar sério e cansado. Comecei a esboçar um grande sorriso. O meu pai também. Bem, eu estava excitado. Tínhamos evitado a morte por hipotermia, lenta e penosa, os dois perdidos nas montanhas. Estávamos vivos.

O nosso entusiasmo foi contrariado pelas palavras memoráveis do meu tio, o brigadeiro:

– Se fosse a vocês não sorria – disse. – A equipa de salvamento de montanha do Exército está toda neste momento a esquadrinhar as montanhas à vossa procura, a pé e por via aérea, com o helicóptero de busca e salvamento. Suponho que terão uma boa explicação…

É claro que não tínhamos nenhuma, a não ser que fomos descuidados e que tivemos sorte, mas a vida por vezes é assim. E a expressão «se fosse a vocês não sorria» passou a pertencer ao historial da família Grylls.

Capítulo 15

Esses foram apenas alguns de muitos momentos divertidos. No entanto, a vida não pode ser só divertimento – o que me leva ao assunto da escola.

Quando era miúdo, estava assumidamente aberto ao mundo e sedento de aventuras, mas também era muito carente de carinho e da minha casa. Por isso, infelizmente estava mal preparado para o que se seguiria.

Os meus pais decidiram que o melhor para um menino inglês como eu seria ir para uma escola em regime de internato. Para mim, com oito anos, era uma ideia de loucos. Afinal, eu ainda mal tinha tamanho para atar os meus próprios atacadores.

No entanto, os meus pais acharam que isso seria o melhor para mim e, com a melhor das intenções, enviaram-me para viver e dormir numa escola longe de casa, o que eu odiei.

Quando nos aproximámos dos grandes portões da escola, vi lágrimas a descerem pelo rosto do meu pai. Sentia-me confuso em relação ao aspeto da natureza ou do amor que tornava aquilo uma boa ideia. Não era o meu instinto, de certeza, mas o que sabia eu? Só tinha oito anos.

Assim, embarquei numa missão chamada colégio interno. Como é que nos preparamos para ela?

De facto, achei aquilo muito difícil. Tive momentos fantásticos, como quando construímos abrigos na neve no inverno, ou como quando me selecionaram para a equipa de ténis, ou como quando ganhei um botão da Marinha. Contudo, no geral, era um exercício de sobrevivência que consistia em aprender a aguentar.

Lidar com o medo era o mais difícil. O medo de ser posto de parte e o medo de ser perseguido – ambos muito reais.

O que aprendi foi que não podia lidar muito bem com esses dois aspetos sozinho.

Não tinha nada que ver com a escola em si (de facto, o diretor e os professores eram quase todos simpáticos e bem-intencionados), mas isso infelizmente não facilitava muito a minha sobrevivência.

Estava a aprender nessa tenra idade que, para sobreviver naquele lugar, teria de desenvolver competências que me permitissem enfrentar a situação.

A minha escolha foi portar-me mal, e aprender a lutar, de modo a evitar que os rufias me escolhessem como alvo. Era também uma forma de evitar pensar na minha casa. Mas é difícil não pensar na nossa casa quando o nosso maior desejo é estar lá.

Tinha imensas saudades dos meus pais e, nas noites em que me sentia pior, lembro-me de abafar o choro com a almofada enquanto todos os outros colegas de camarata dormiam.

Na verdade, não era o único. Quase todos choravam, mas aprendíamos a escondê-lo, e quem não escondesse era alvo dos rufias.

Quando somos miúdos, as lágrimas depressa se esgotam, e aprendemos a ser duros.

Hoje em dia conheço muitas pessoas que dizem que os colégios internos são bons para endurecer as crianças. A mim parece-me um pouco disparatado. Eu era muito mais duro antes da escola. Tinha aprendido a adorar o ar livre, a entender a Natureza e a testar os meus limites.

Quando cheguei à escola, de repente a única coisa que sentia era medo. O medo força-nos a parecer duros no exterior, mas enfraquece-nos por dentro. Isso era o contrário de tudo o que tinha aprendido enquanto crescia.

O meu pai tinha-me mostrado que era bom ser-se divertido, carinhoso, despretensioso – mas igualmente duro de roer quando fosse preciso. No colégio interno eu estava a desaprender essa lição e a adotar novas formas de sobrevivência.

Com oito anos de idade, as minhas opções nem sempre foram as melhores.

Capítulo 16

Lembro-me de que todos na minha camarata contavam os dias (como prisioneiros!) que faltavam para a próxima *exeat*, ou seja, a próxima ida a casa no fim de semana.

O tempo demorava tanto a passar, e depois esses fins de semana maravilhosos passavam tão depressa.

Era sempre uma grande alegria no dia em que podíamos sair, quando via os meus pais a chegarem antes de todos os outros, e depois o meu pai encostava o enorme nariz ao vidro da janela da nossa sala de aula, a fazer caretas. Era embaraçoso, mas divino.

Em contraste, regressar à escola de carro ao domingo à noite era uma autêntica tortura. Prefiro um dia de testes nas Forças Especiais – e posso garantir que estes não eram pera doce.

O meu pai parecia sofrer ainda mais do que eu quando me levava à escola, o que, pelo menos, sempre era uma consolação. No entanto, também tornava mais difícil compreender o motivo pelo qual me estavam a deixar ali.

O que me assustava mais, porém, não era estar longe de casa – era ser alvo da perseguição dos rufias do colégio.

Alguns pobres rapazes, totalmente inocentes, eram escolhidos por um ou dois rufias que lhes infernizavam a vida. Não apenas fisicamente, mas também emocionalmente – alienavam-nos sistematicamente e provocavam-nos sem descanso nem compaixão.

Ainda hoje, na vida adulta, detesto este tipo de perseguição. Fico furioso sempre que me deparo com essas situações.

Tive a sorte de evitar ser alvo desse tipo de assédio naquela tenra idade, mas isso implicou encolher-me e manter-me fora do radar. Ora, ter de andar encolhida e a esconder-se provoca maus sentimentos numa criança.

Tal como a maioria dos medos com que chegamos à vida adulta, baseiam--se muito no que «pode ou poderia» acontecer, em vez de terem origem no que realmente aconteceu.

Não obstante, à parte dos rufias e da ausência dos pais, o colégio interno não foi assim tão mau, e a verdade é que tive a sorte de ter uma educação fantástica nas melhores instituições.

O diretor do colégio e a mulher eram extraordinários, preocupavam-se verdadeiramente com todos os rapazes e zelavam o melhor possível pelo bem-estar dos alunos. Mas uma escola é uma escola, e a essência de uma escola é o que acontece nas costas dos professores.

Devo dizer, em abono do colégio, que aprendi muito mais do que como me esconder dos rufias, e fomos verdadeiramente encorajados a ser pessoas pequeninas, com interesses reais.

Deixavam-nos acampar na floresta com os amigos e fingiam que não viam quando nos escapulíamos para acampamentos melhores, secretos, nas zonas proibidas. Fazíamos campeonatos de *conkers*[1] (deixávamos as castanhas de molho em vinagre durante semanas, para as endurecer) e, uma vez por período, tínhamos um campeonato de ténis de mesa, que era encarado como se de Wimbledon se tratasse.

Todos os sábados à noite, a escola em peso juntava-se no anfiteatro para ver um filme clássico da Segunda Guerra Mundial, exibido com um projetor antigo e instável, e depois cada aluno recebia uma tablete de chocolate, como recompensa semanal.

Eu cortava a minha tablete em pedaços e racionava-os durante o máximo de dias que conseguia.

Tudo isso era extremamente divertido. Era como viver num século diferente, e tenho a certeza de que era essa a intenção da escola.

Era *old school*, na melhor aceção do termo.

No inverno, patinávamos no lago gelado, depois de o nosso pobre professor de latim testar a resistência do gelo com uma escada horizontal, e deixavam-me praticar corrida a corta-mato independentemente das condições atmosféricas, o que sempre adorei. Para bem da nossa saúde, as normas de «saúde e segurança» eram ignoradas.

Acima de tudo, aprendíamos a olhar uns pelos outros e a pensar em grande – competências essenciais para a vida –, o que ainda hoje me enche de gratidão.

No final dos meus cinco anos naquele colégio, estava também a ficar muito malandro, e uma vez (com alguns colegas) abusei da minha sorte. Fui apanhado com latas de cerveja escondidas nas botas de *rugby*, e com cigarros

---

[1] *Conkers* é um jogo infantil, disputado por dois jogadores (cada um pendura uma castanha da Índia num cordel e bate na do adversário até a primeira se partir). (*N. do T.*)

debaixo da almofada, e a tentar entrar furtivamente nos alojamentos do vice-diretor para lhe roubar charutos.

O diretor disse-nos inequivocamente: «O que é de mais cheira mal. Mais um deslize e serão expulsos».

A gota de água foi quando fui apanhado a beijar a filha do diretor de outra escola, na qual ficámos no regresso de uma visita de estudo. A ironia é que a culpa nem sequer tinha sido toda minha.

Éramos quinze a dormir no chão de um ginásio dessa escola, onde íamos passar uma noite. Durante o serão, tinha notado que a filha adolescente do diretor nos andava a espiar. Nessa noite, ela entrou no nosso dormitório às escuras (foi corajosa por entrar numa sala cheia de rapazes de 13 anos). Depois, voluntariou-se para beijar um de nós.

Levantei a mão à pressa e ela veio logo na minha direção e encostou a boca na minha. Com 13 anos, ainda não tinha percebido que era possível respirar e beijar ao mesmo tempo, pelo que, trinta segundos depois, tive de me afastar, a arfar desalmadamente. Ela olhou para mim como se eu fosse um tarado e foi-se embora a correr.

Porém, quando ia a correr, deu de caras com o pai na sua ronda de diretor e, evidentemente, inventou a história de que eu a tinha atraído até ao nosso dormitório e que depois a tinha tentado beijar!

Foi a gota de água.

Fui educadamente «convidado a abandonar» o colégio, juntamente com alguns dos outros desordeiros que me tinham feito companhia na maioria dessas tropelias.

No entanto, como faltava tão pouco para acabar o último período, pouco depois de termos sido expulsos já estávamos a ser convocados para voltar. Ao que parece, os nossos pais tinham-se juntado e decidido que o melhor castigo seria enviar-nos *de volta* para o colégio quando o período terminasse, e obrigar-nos a passar uma semana das férias de verão a copiar os nossos livros de latim.

Funcionou.

Para mim foi a última gota. Deixei o colégio com a determinação de que os meus filhos nunca seriam forçados a sair de casa contra a sua vontade e de que faria todos os possíveis para que eles crescessem sem medos.

O colégio do ensino secundário não pode ser pior do que isto, pois não?, pensei eu.

Pelo menos não haveria mais filhas de diretores atrevidas a fazer queixa de mim.

Capítulo 17

O colégio de Eton tem a honra duvidosa de ser o estabelecimento de ensino mais famoso do mundo, o que o torna simultaneamente um local privilegiado e intimidante para quem vai para lá.

No entanto, como a maioria das coisas nesta vida, tudo depende da forma como as encaramos.

No meu caso, admito que foi assustador, mas também foi, em muitos aspetos, o que me tornou o que sou hoje em dia.

Ao contrário de muitos colégios privados, Eton tem muito mais em comum com uma universidade do que com uma escola. Concede-nos muitas liberdades, desde que demonstremos que somos dignos delas. Eu gostava desse aspeto. Sentia-me emancipado e livre para explorar e para me dedicar àquilo em que era bom.

Porém, no início não foi bem assim.

Eton deve ser um dos locais mais intimidantes para se chegar quando se é um miúdo nervoso de 13 anos.

Eu estava entusiasmado, mas também apavorado (desde então, já me habituei a essas emoções, devido a muitas expedições e missões, mas na altura eram sentimentos novos).

O único aspeto positivo foi o facto de eu não ser o único a sentir-me assim quando cheguei. Tive muita sorte por ter ido parar a uma «república» com pessoas divertidas, e isso fez toda a diferença na minha passagem por Eton.

Não tardei a fazer alguns grandes amigos, que ainda hoje são os meus companheiros mais íntimos. Foram amizades forjadas nas trincheiras, por assim dizer, e não há nada mais rápido para criar amigos do que enfrentar os rufias do colégio ou escapar deles em conjunto.

É impressionante como um rapaz se pode sentir tão pequeno e insignificante quando chega pela primeira vez a Eton. Os alunos mais velhos parecem deuses e gigantes.

Gigantes que fazem a barba, que se masturbam, cheios de testosterona.

Cada «república» é constituída por cinquenta alunos, de todos os anos escolares, com idades compreendidas entre os 13 e os 18 anos, que vivem todos juntos.

Logo no início, cada rapaz novo é chamado individualmente à sala comum do último ano (chamada biblioteca), sendo obrigado a cumprir um conjunto de rituais bizarros, determinados pelos caprichos e perversões dos mais velhos.

Fomos chamados um de cada vez.

Eu fui um dos primeiros. Para mim era bom – significava que os alunos mais velhos ainda não estavam no auge do seu entusiasmo. Escapei sem grandes mazelas; só tive de demonstrar como se pode dar um beijo de língua a uma garrafa de leite.

Como eu ainda só tinha beijado uma pessoa (a filha do diretor do colégio alguns meses antes, o que em si já tinha sido um desastre completo), não tive um desempenho muito virtuoso com a garrafa de leite. Os rapazes mais velhos depressa se fartaram de mim e fui dispensado; tinha passado no teste e sido aceite na república.

Depressa me ambientei, e tive muito menos saudades de casa do que na escola anterior. Graças a Deus. Aprendi que, com muito tempo livre nas mãos e com encorajamento para o preencher com «interesses», poderia inventar grandes aventuras.

Eu e alguns dos meus melhores amigos começámos a trepar aos enormes carvalhos centenários dos terrenos do colégio e encontrámos caminhos de macaco pelos ramos que nos permitiam passar de umas árvores para as outras, lá em cima, sem vir ao chão.

Era fantástico.

Não tardámos a construir um esconderijo digno do Robin dos Bosques, com baloiços nos ramos, roldanas e barras de equilíbrio no topo das árvores.

Atravessámos o Tamisa pelas vigas superiores de uma ponte ferroviária, construímos jangadas de esferovite e até fizemos um barco com uma banheira velha para descermos o rio (infelizmente, a embarcação afundou devido a um defeito básico: metia água pelo orifício superior). Nota a mim mesmo: testar as jangadas antes de me lançar em grandes rios com elas.

Espiámos umas lindas raparigas francesas que trabalhavam nas cozinhas, e até fizemos acampamentos no topo das árvores que permitiam observar o caminho que elas utilizavam para regressar do trabalho. Quando elas passavam, tentávamos, em vão, meter conversa com elas.

Nos intervalos de todas essas tropelias, tínhamos de nos esforçar academicamente e de nos vestir com roupas ridículas, que consistiam em fraques e coletes. Foi por isso que desenvolvi a arte de fazer com que roupas elegantes pareçam farrapos e, desde então, mantive uma predileção inesgotável por usar vestuário de boa qualidade de uma forma desalinhada. Este aspeto valeu-me a alcunha de *Scug*, inventada pelo vice-diretor do colégio. Em calão de Eton, *Scug* significa algo como *pessoa insignificante e de aspeto sujo*.

Capítulo 18

O regime do colégio recusava-se a facilitar-nos a vida no que dizia respeito ao vestuário e ditava que, mesmo que decidíssemos ir passear à cidade vizinha de Windsor, teríamos de envergar *blazer* e gravata.

Este facto tornava-nos alvos de eleição para os muitos habitantes locais que pareciam adorar passar uma tarde a bater nos janotas de Eton.

Uma vez, fui à casa de banho do McDonald's de Windsor para urinar. As instalações sanitárias ficavam num andar inferior, nas traseiras do restaurante de *fast food*. Quando ia para sair, a porta abriu-se e entraram três rapazes de ar agressivo.

Pareceram radiantes quando descobriram aquele miúdo de Eton, enfezado e vestido de *blazer*, pelo que percebi instintivamente que estava em sarilhos e sozinho (entretanto, os meus amigos estavam à minha espera lá em cima, pelo que não me serviriam de nada).

Tentei esgueirar-me pelo meio deles, mas eles atiraram-me contra a parede e desataram-se a rir. Depois começaram a discutir o que iriam fazer comigo.

– Metam-lhe a cabeça na sanita e puxem o autoclismo – foi uma das primeiras sugestões (*Bem, já me fizeram isso muitas vezes em Eton*, pensei para comigo).

Até aí não havia problema.

Depois sugeriram defecar na sanita primeiro.

Agora já estava a ficar preocupado.

De seguida, veio o golpe fatal: – Vamos rapar-lhe os pelos púbicos!

Ora, não existe maior humilhação para um jovem adolescente do que alguém descobrir que ele ainda *não tem* pelos públicos.

Foi a gota de água.

Atirei-me a eles, empurrei um contra a parede, dei um encontrão no outro, esgueirei-me pela porta e desatei a correr. Ainda vieram atrás de mim, mas quando cheguei ao piso principal do McDonald's soube que estava em segurança.

Esperei com os meus amigos lá dentro até termos a certeza de que os brutamontes tinham saído e depois, com cautela, atravessámos a ponte que conduzia ao colégio. Acho que tivemos de esperar umas duas horas, por precaução. O medo ensina-nos a ser muito pacientes.

Depois de mais alguns incidentes, decidi aprender *karaté* e *aikido*, as duas artes marciais que eram ensinadas em Eton.

Um desses incidentes teve que ver com um dos rapazes do sexto ano da nossa república. Não vou revelar o nome dele – apesar de não passar de um rufia –, porque é provável que agora seja um homem de negócios respeitável e casado. No entanto, na altura era cruel, agressivo e tinha a estatura de um culturista.

Tinha olhar de mau e, depois de mais uma das suas sessões de inalação de cola, tinha tendência a passar-se.

As veias dos músculos dos braços, do pescoço e da testa pareciam que iam explodir, e ele tinha o péssimo hábito de anunciar que ia fazer estragos fazendo soar uma sirene de nevoeiro (não faço ideia de como a arranjou).

Durante algum tempo, eu e o meu vizinho do quarto ao lado, o Ed, éramos os alvos preferidos para os espancamentos dele e, quando soava aquela sirene, nós já sabíamos que tinha chegado a hora de fugir.

Lembro-me de uma vez termos ouvido a sirene e de o Ed e eu corrermos para o meu quarto, desesperadamente, à procura de um lugar para nos escondermos. Abrimos o armário, escondemo-nos lá dentro... e rezámos para que ele não nos encontrasse.

O ruído da sirene foi aumentando, até que a porta do meu quarto se abriu com estrondo... e depois fez-se silêncio.

Sustivemos a respiração enquanto aquele louco revirava o quarto, a arfar e a maldizer-nos em voz baixa.

Por fim, houve uma pausa na destruição do quarto. Depois, ouvimos os passos dele a dirigirem-se para o armário. Mais uma pausa.

Foi então que a porta do armário se abriu com violência e, de repente, estávamos perante o olhar frenético do nosso maior inimigo.

Gritámos.

Ele agarrou-nos e empurrou a cabeça de um contra a do outro, e depois a minha memória do resto é um pouco confusa. Atirou-nos de um lado para o outro do quarto durante um bocado e acabou por nos torcer os braços de tal forma, que pensei que o meu ombro se ia deslocar.

Por fim, quando se fartou, deu-nos pontapés – para mostrar aquilo a que chamava um «pontapé à ninja» –, e depois saiu.

Já chega, pensei eu, *tenho mesmo de aprender a defender-me.*

Além de certas ocasiões como esta, e de me porem algumas vezes a cabeça na sanita e puxarem o autoclismo (ah, e de muito frequentemente me pendurarem pela roupa interior na corda da roupa que havia atrás da porta do quarto), os dias eram muito atarefados.

A diferença entre o medo e o *bullying* em Eton e aquilo que tinha sentido na escola anterior era o facto de ao menos agora não ter de enfrentar aqueles demónios sozinho. Normalmente havia sempre alguém com quem partilhar aquelas experiências negativas.

Desta vez éramos nós, eu e os meus amigos, juntos, a sofrer nas trincheiras.

E, de certo modo, acabei por progredir com as nossas desventuras.

Capítulo 19

Assim que pude, inscrevi-me nas aulas de *karaté* e de *aikido*, e descobri que adorava as artes marciais – a concentração, a camaradagem e, acima de tudo, a aprendizagem de uma arte que requer o uso da astúcia contra a força, da técnica contra o ímpeto.

E nunca desisti. Era esse o verdadeiro segredo para me tornar bom nas artes marciais: tempo e motivação – e não havia dúvida de que tinha motivação, graças à sirene de nevoeiro.

Alguns dos meus amigos também se inscreveram comigo e vieram às primeiras aulas. Na verdade, eram quase sempre melhores do que eu quando comecei (normalmente eram mais fortes, estavam em melhor forma e tinham mais flexibilidade), mas algumas semanas depois começaram todos a desistir.

Aos domingos à noite, quando todos os outros alunos estavam a jogar ténis de mesa ou a ver televisão, era difícil ter de me arrastar na escuridão do inverno para ser trucidado durante duas horas no ginásio por um louco instrutor de artes marciais.

No entanto, continuei a ir sempre, e acho que foi uma atitude à Forrest Gump: agarrei-me àquilo, e ainda bem que o fiz.

Um verão, tive a oportunidade de ir em digressão ao Japão com a KUGB (Karate Union of Great Britain). Era a realização de um sonho.

Lembro-me de a minha mãe me deixar na estação dos autocarros em Londres e de me dizer adeus com ansiedade. Estava todo aprumado, de *blazer* e gravata, com o emblema da minha equipa de *karaté* bordado na lapela.

O autocarro estava cheio com os outros membros da minha equipa, oriundos de todo o Reino Unido – ainda não conhecia nenhum deles.

Percebi de imediato que eram todos maiores, mais duros e sonoros do que eu, e fiquei muito assustado. O Japão pareceu-me ameaçadoramente longe.

Respirei fundo e sentei-me no autocarro, a sentir-me muito pequeno e insignificante.

A equipa era uma mistura eclética de peritos em *karaté* – desde taxistas de Londres a lutadores profissionais a tempo inteiro (o único outro aluno de Eton que foi escolhido para a equipa foi o Rory Stewart, o futuro deputado que se tornaria conhecido pela épica travessia a pé no Afeganistão, bem como por administrar uma província do Iraque ocupado, com apenas 30 anos de idade). *Vai ser uma viagem interessante*, pensei eu.

No entanto, não havia nada a temer.

A equipa apadrinhou-me totalmente (era o seu membro mais jovem), e chegar a Tóquio enquanto jovem adolescente, longe de casa, foi uma experiência muito instrutiva.

Dirigimo-nos para as montanhas nos arredores de Tóquio e instalámo-nos num campo de treino, onde começámos a treinar sob a orientação do *sensei* Yahara, um dos mais respeitados grandes mestres de *karaté* do mundo. À noite, dormíamos no chão em pequenas cabanas japonesas de madeira, e de dia aprendíamos a lutar – a sério.

O treino era mais esforçado e exigente do que aquele que eu alguma vez tinha praticado. Se as nossas posições ou os nossos movimentos não fossem perfeitos, levávamos uma valente vergastada com uma vara de bambu.

Depressa aprendemos a não ser preguiçosos nos nossos movimentos, mesmo que estivéssemos cansados.

Ao fim da tarde, quando terminávamos o treino, eu caminhava três quilómetros montanha abaixo até chegar a uma pequena banca de beira de estrada, onde comprava pães de leite, que comia lentamente no caminho de regresso para o acampamento.

Depois ia tomar banho nas nascentes vulcânicas naturalmente aquecidas, onde punha os músculos de molho. E adorava tudo aquilo.

Quando regressámos a Tóquio, no caminho de volta para o Reino Unido, assistimos a uma sessão de treino privada dos vinte principais lutadores de *karaté* do mundo. Era intenso só de assistir. Rápido, por vezes violento, e ainda assim uma autêntica poesia de movimentos.

Fiquei ainda mais viciado do que antes.

Um dia hei de ser assim tão bom, prometi a mim mesmo.

Nunca esquecerei o dia em que finalmente recebi o meu cinturão negro, nem do orgulho que senti.

O dia dessa graduação demorou três anos a chegar, e durante esse tempo dei o meu máximo: treinei pelo menos quatro a cinco vezes por semana, escrupulosamente.

Quando chegou o dia do meu último combate, a minha mãe veio assistir. Ela odiava ver os meus combates (ao contrário dos meus amigos do colégio, que retiravam disso um prazer estranho, que ia aumentando à medida que eu melhorava).

Porém, a minha mãe tinha um mau hábito.

Em vez de ficar em pé na bancada do ginásio onde decorriam os combates e as graduações das artes marciais, deitava-se no chão – no meio de todas as outras pessoas que procuravam um bom lugar para assistir.

Não me perguntem porquê. Ela diz que era porque não suportava ver-me a magoar-me. No entanto, se era esse o seu raciocínio, nunca percebi por que motivo é que ela não ficava lá fora.

Contudo, já aprendi que a minha maravilhosa mãe nunca é muito lógica, ainda que seja sempre motivada por um grande amor e pela preocupação, características que sempre estiveram patentes nela.

Seja como for, tinha chegado o grande dia. Eu tinha realizado todas a rotinas e *katas*, e agora era a altura do *kumite*, a parte do combate na graduação para cinturão negro.

O grande mestre europeu *sensei* Enoeda tinha comparecido para a atribuição. Eu estava simultaneamente excitado e aterrado – uma vez mais.

O combate começou.

O meu adversário (um ás do *rugby* de um colégio vizinho) trocou murros, bloqueios e pontapés comigo, mas não houve grandes avanços.

De repente, vi-me encurralado num canto e, por instinto (ou desespero), baixei-me, dei uma volta e acertei em cheio na cabeça do meu adversário com um ataque de punho invertido.

Ele tombou.

Ora, isso não era bom para mim.

Era um mau procedimento, e mostrava falta de controlo.

Além disso, não era suposto fazermos cair o nosso adversário. A ideia era vencer recorrendo a golpes de semicontacto, aplicados com velocidade e técnica, que atingem mas não ferem o oponente.

Assim, retraí-me, pedi desculpa e ajudei o tipo a levantar-se.

Depois, olhei para o *sensei* Enoeda, à espera de ver uma careta de desaprovação. No entanto, deparei-me com um olhar deliciado, o tipo de expressão que uma criança tem quando recebe um presente inesperado.

Acho que o seu lado de lutador adorou aquilo, e com isso fui aprovado e recebi o meu cinturão negro.

Nunca me tinha sentido tão orgulhoso como quando pude finalmente usar aquele cinturão, depois de ascender a custo pelos níveis amarelo, verde, laranja, vermelho e castanho – todos eles.

Tinha atingido tudo aquilo sozinho e da forma mais difícil; não se pode comprar um cinturão negro.

Lembro-me de o meu instrutor ter dito que o mais importante nas artes marciais não são os cinturões, é o espírito. E eu concordo... Ainda assim, não resisti a dormir com o cinturão negro na primeira noite.

Ah, e o *bullying* acabou.

CAPÍTULO 20

Quando o meu tempo em Eton terminou, tinha-me tornado um dos mais jovens cinturões negros de segundo *dan* do país, um nível acima de cinturão negro.

Também tinha começado a treinar *aikido*, algo que adorava. Era uma arte marcial que consistia mais em prender e derrubar o adversário, em contraste com o lado mais físico dos murros e pontapés do *karaté*. Porém, quando era adolescente, agradava-me esse aspeto físico do *karaté*.

Depois da escola, e durante o meu serviço militar, deixei de treinar *karaté* todas as semanas, sobretudo porque estava sempre demasiado cansado quando voltava dos exercícios militares. Já não aguentava mais uma sessão de esforço àquele nível.

Em vez disso, desde então mantive as minhas artes marciais praticando, sempre que possível, *ninjutsu* ou *aikido*, bem como ioga. Todas estas disciplinas implicam menos esforço físico do que o *karaté*, e parecem mais uma forma de arte para aprender a dominar ao longo da vida. Eu ainda estou no início dessa viagem.

Mas tudo começou com a sirene de nevoeiro e com aquelas sessões implacáveis de domingo à noite.

A única outra história de *karaté* dos meus tempos de escola digna de menção é a do meu dúbio momento de fama por ter pontapeado um assassino em massa nos testículos.

O príncipe Dipendra do Nepal foi aluno em Eton ao mesmo tempo que eu, e também adorava *karaté*. Treinávamos muitas vezes juntos e tornámo-nos amigos em muitos aspetos, apesar de por vezes ele ter uma personalidade bastante invulgar.

Os combates contra ele exigiam algum respeito, uma vez que era, afinal, um membro da realeza e uma semidivindade no seu país natal.

Dito isto, ele era também bastante irrequieto e, além de mais velho e forte do que eu, era um lutador intimidante, com o seu bigode preto e o seu rabo de cavalo. Por conseguinte, senti-me à vontade para dar o meu máximo.

Numa ocasião, tentei dar-lhe um pontapé no estômago, mas acabei por me desviar do alvo e por lhe acertar em cheio na virilha.

Ui!

Todos os meus pedidos de desculpa não mitigaram o facto de ele não conseguir andar em condições durante uma semana.

Uns dez anos depois, já no seu país, passou-se completamente e, num acesso de fúria causado pelo consumo de drogas e álcool, a pretexto de uma disputa familiar, matou a tiro quase todos os membros da família real enquanto estavam sentados à mesa a jantar.

Foi a hora mais negra do reino do Nepal.

Capítulo 21

O karaté proporcionou-me uma ótima via para me testar fisicamente, constituindo um desafio que me fez evoluir muito.

Eu queria mais.

Comecei a correr, mas não do modo habitual. Carregava uma mochila com pesos e corria grandes distâncias à noite, encharcado em suor. Puxava mesmo muito por mim, por vezes até vomitar. Estava a explorar os meus limites e sentia-me vivo naquele limiar. Nunca fui o mais rápido, o mais forte, nem o melhor em nada, mas isso só serviu para me motivar.

Sentia uma grande ânsia de me testar, e descobri que conseguia ir buscar forças ao meu íntimo quando necessitava delas. Não sei de onde vinha aquela ânsia, mas eu tinha-a. Eu chamo-lhe o «fogo».

Talvez estivesse à procura da minha identidade neste grande mundo novo. Talvez fosse frustração dos meus anos de juventude. Não tenho a certeza, mas sabia que começava a ser capaz de fazer coisas que mais ninguém conseguia lá no colégio, o que me agradava muito.

Uma dessas coisas era fazer escalada. Não era apenas escalada normal. Ganhei o gosto por escalar os edifícios mais altos e os campanários do colégio, de noite.

E adorava.

Explorava todas as zonas proibidas do colégio e a zona envolvente, e sabia que era mais rápido e ágil do que todos os seguranças que patrulhavam as instalações.

Lembro-me de uma noite ter tentado subir à cúpula da biblioteca do colégio, que tinha cerca de trinta e cinco metros de altura e ficava no cimo de um edifício clássico enorme.

A cúpula superior era revestida a chumbo e lisa como mármore, mas tinha um ponto fraco clássico – o fio condutor para descargas de relâmpagos que percorria a zona lateral da cúpula.

Sir Ranulph Fiennes, enquanto aluno em Eton, também se tinha debatido com o problema de escalar esta cúpula, e tinha acabado por ser bem-sucedido, improvisando um escadote com pequenos pedaços de madeira que tinha «pedido emprestado» no barracão de carpintaria do colégio.

Eu sabia que a tarefa era possível sem «equipamentos de apoio» à escalada, desde que o fio condutor aguentasse o meu peso.

A noite da primeira subida estava límpida e as estrelas cintilavam no céu. Movimentei-me com destreza de jardim em jardim, trepei muros, passei debaixo de passadiços e percorri ramos de árvores para chegar à base traseira do edifício. Tinha um cúmplice comigo, o meu bom amigo Al.

Depois de um conjunto de telhados e de algerozes, ficámos a cinco metros do telhado da biblioteca, onde começava a cúpula. No entanto, para chegarmos ao telhado em si, cerca de vinte metros mais acima, tínhamos de trepar primeiro por um beiral de aspeto clássico.

Em pé, equilibrados precariamente no topo estreito de um algeroz, tínhamos de dar um bom salto para agarrar o beiral exíguo, e depois balançar o corpo todo para cima dele.

Era preciso alguma coragem e não ter vertigens.

Se falhássemos, a queda seria longa, até aterrarmos no cimento.

Com o intuito de dificultar tentativas destas, os seguranças do colégio tinham posto arame farpado a toda a volta do telhado, de modo a garantir que estas escaladas fossem «impossíveis» (o arame foi provavelmente instalado depois das incursões de Ran Fiennes na cúpula, muitos anos antes). Contudo, o arame farpado acabou por me ajudar na escalada. Proporcionou-me algo a que me pudesse agarrar.

Já no telhado, chegava o momento crucial da escalada.

Encontrar a base do fio condutor de descarga de relâmpagos era fácil; a parte difícil era pendurar-me nele.

O fio aguentou o meu peso. Foi um grande sentimento de sucesso, trepar ao pequeno campanário revestido a chumbo, de silhueta ao luar, e gravar as iniciais BG ao lado das RF de Ran Fiennes.

Foram pequenos momentos como aquele que me deram um sentido de identidade.

Eu não era apenas mais um aluno; estava plenamente vivo, era plenamente eu, a utilizar as minhas capacidades ao máximo.

Foi também nesses momentos que me apercebi de que adorava aventuras.

Julgo que estava a descobrir que aquilo em que era bom era um pouco fora do normal. No entanto, estava ao mesmo tempo a reconhecer uma sensação na boca do estômago que dizia: «Muito bem, Bear, muito bem».

O meu cúmplice não conseguiu ultrapassar o arame farpado; ficou pacientemente à minha espera na base. Disse-me que observar-me tinha sido uma experiência arrepiante, o que me fez sentir que tinha sido ainda mais divertido.

No regresso, atravessámos em segurança o jardim de uma república e já tínhamos percorrido em silêncio metade do seguinte.

Estávamos agachados atrás de um arbusto no meio do relvado do supervisor daquela república, à espera de fazer a última estirada. A luz do supervisor estava acesa; provavelmente estaria a fazer serão para corrigir trabalhos. Foi nesse momento que ele decidiu que era altura de soltar o cão para fazer as suas necessidades. O cão farejou-nos imediatamente, ficou louco, e o supervisor começou a correr na direção do barulho.

Era o momento de tomar uma decisão.

– Corre – sussurrei. Saímos juntos do esconderijo e começámos a fugir para a extremidade do jardim.

Infelizmente, o supervisor em questão era também o instrutor de corrida a corta-mato do colégio, pelo que não foi fácil.

Ele começou imediatamente a correr atrás de nós, a acelerar na nossa direção pelos cinquenta metros que nos separavam. O último obstáculo era um muro de três metros, e nós os dois, estimulados pela adrenalina, saltámo-lo de uma só vez. O supervisor era um corredor, mas não era um trepador, pelo que nos livrámos por pouco de sermos agarrados e desaparecemos a correr na noite.

Depois de subir um último algeroz e entrar na janela do meu quarto, a minha missão estava concluída.

No dia seguinte, não conseguia deixar de sorrir.

Capítulo 22

Além de *Bear* [urso], alcunha que tinha desde bebé, graças à minha irmã Lara, ganhei outra alcunha no colégio – *Monkey* [macaco].

Foi o Stan que me começou a chamar isso, e penso que terá sido por causa da minha predileção por trepar edifícios e árvores. Nunca me importei com o facto de me chamarem *Bear* ou *Monkey*, uma vez que não gostava do meu verdadeiro nome, Edward (parecia-me muito austero e aborrecido). *Monkey* ou *Bear* por mim estavam bem, e ambas as alcunhas se mantiveram na minha vida adulta.

Durante a minha estada em Eton, mantive aventuras noturnas regulares, e a minha fama espalhou-se. Cheguei mesmo a pensar em cobrar dinheiro para levar os outros comigo nas incursões.

Recordo-me de uma aventura em que tentámos atravessar toda a cidade de Eton pelos esgotos antigos. Eu tinha encontrado uma velha entrada de esgoto debaixo de uma ponte, que dava acesso a túneis de tijolo com pouco mais de um metro de altura.

Foi preciso ter alguma coragem para os explorar totalmente às escuras, sem fazer ideia de onde nos levariam – além de que tresandavam.

Levei um baralho de cartas e uma lanterna, e enfiava uma carta entre os tijolos a cada dez passos, de modo a marcar o meu caminho. Por fim, acabei por encontrar uma tampa que dava acesso à superfície, e que nos deixou num pequeno caminho mesmo ao lado da casa privada do diretor do colégio.

Eu adorei aquilo.

– Toda a porcaria jorra por aqui – lembro-me de dizermos, na brincadeira, nessa ocasião.

No entanto, também me dediquei a aventuras de escalada menos clandestinas. Na companhia de Mick Crosthwaite, o meu futuro companheiro de escalada no Evereste, ajudámos a reanimar o clube de montanhismo do colégio.

O grande trunfo de Eton é o facto de nos encorajar a ter interesses, por mais loucos que sejam. Da filatelia ao clube de queijo e vinhos, do montanhismo ao malabarismo, se alguém tiver vontade, a escola ajuda-o.

Eton só não tolerava duas coisas: a preguiça e a falta de entusiasmo. Desde que nos dedicássemos a «alguma coisa», então a maioria das nossas transgressões eram perdoáveis. Eu gostava daquilo: não se valorizava apenas os mais populares e os melhores no desporto, mas encorajava-se o indivíduo (o que, no jogo da vida, interessa muito mais).

Assim, Eton ajudou-me a entrar, com apenas 16 anos, no curso de Seleção de Potenciais Oficiais dos Royal Marines. Tratava-se de três dias de uma sucessão de intermináveis corridas, marchas, travessias na lama, percursos de assalto e testes de confiança em altura (tenho jeito para esses!) e de tarefas de liderança.

No fim, consegui à justa ser um dos três selecionados de entre vinte e cinco candidatos, e o relatório dizia: «Aprovado para a Seleção de Oficiais – o Grylls está em forma, tem entusiasmo, mas confia demasiado na sorte e deve refrear isso» (felizmente para a minha vida futura, não liguei à última parte desses conselhos).

O facto de ter sido aprovado nestes testes deu-me muita confiança, pois pelo menos poderia, se quisesse, seguir as pisadas do meu pai e ir para os comandos quando terminasse a escola.

Também tive muita sorte por ter tido em Eton um supervisor de república fantástico, uma vez que muitas das experiências dos alunos do colégio depende do feitio desse professor.

Eu tive sorte.

O supervisor de república é o equivalente ao diretor de uma pequena escola. É ele que supervisiona tudo o que fazemos, desde os jogos até à escolha das disciplinas que nos propomos fazer nos exames nacionais, e é sem dúvida o professor que melhor nos conhece – tanto o nosso lado bom como o mau.

Em suma, são eles que mandam.

O Sr. Quibell era da velha guarda e algo excêntrico, mas tinha duas características muito positivas: era justo e zeloso. No caso dos adolescentes, essas duas qualidades são muito importantes para a sua autoestima.

Porém, ele também sofreu muito connosco.

O Sr. Quibell não gostava de duas coisas: de pizas e da cidade de Slough.

Muitas vezes, por brincadeira, encomendávamos um monte de pizas de Slough para serem entregues à sua porta. Mas nunca era uma ou duas, eram logo umas trinta pizas.

Quando o rapaz das entregas chegava, estávamos todos escondidos, a espreitar pelas janelas. Víamos a reação de horror, e depois de fúria, com que o Sr. Quibell mandava embora o rapaz, com instruções bem claras para nunca mais voltar.

A brincadeira funcionou duas vezes, mas a loja das pizas não tardou a perceber o logro.

Uma das disciplinas de opção que podíamos estudar em Eton era mecânica automóvel. Em poucas palavras, significava «encontrar um chaço velho, alterá-lo, tirar-lhe o tubo de escape e arrastá-lo pelos campos até avariar de vez».

Perfeito.

Encontrei uma carrinha Ford Cortina castanha e antiga, com ar podre, que comprei por trinta libras. Eu e alguns amigos renovámo-la em grande.

Como só tínhamos 16 anos, não podíamos conduzi-la na estrada. No entanto, achei que, como se avizinhava o meu décimo sétimo aniversário, seria perfeita para o meu primeiro veículo a sério. O único problema era que a carrinha precisava de passar na inspeção para poder circular na estrada, e para isso tinha de a levar a uma oficina. Isso implicava ter um «adulto» que a conduzisse por mim.

Convenci o Sr. Quibell de que não havia melhor forma de passar um sábado à tarde do que a levar-me à oficina (na sua adorada cidade de Slough). No jogo de críquete do dia anterior, em que joguei pela nossa república, tinha conseguido apanhar a bola num mergulho de sorte, pelo que estava nas boas graças do Sr. Quibell. Consegui convencê-lo.

Contudo, assim que chegámos aos arredores de Slough, o motor começou a deitar fumo, e muito. Pouco depois, o Sr. Quibell já tinha os limpa-para-brisas a trabalhar no máximo, só para afastar o fumo que saía do *capot*.

Quando chegámos à oficina, o motor já estava a ferver. Como seria de esperar, o carro chumbou na inspeção. Segundo os mecânicos, há muito tempo que não viam um carro a chumbar por tantos motivos.

Voltava à estaca zero, mas foi um bom exemplo da figura paternal que o Sr. Quibell representava para os alunos que tinha a seu cargo – sobretudo para os rapazes que se esforçavam verdadeiramente, fosse em que domínio fosse. E eu sempre fui, acima de tudo, uma pessoa que se esforça.

Nem sempre fui bem-sucedido, e nem sempre fui o mais talentoso, mas sempre me dediquei com grande entusiasmo, e isso conta muito. De facto, o meu pai sempre me disse que, se eu conseguisse ser a pessoa mais motivada que conhecesse, não teria problemas.

Nunca me esqueci desse conselho. Ele tinha razão.

Afinal, quem é que não gosta de trabalhar com uma pessoa motivada?

Capítulo 23

Vou contar apenas mais duas histórias dos meus tempos de escola.
A primeira refere-se à minha primeira expedição de montanhismo, realizada no inverno e tendo como destino o monte Snowdon, o ponto mais alto do País de Gales; a segunda é sobre como conquistei a minha primeira namorada (bem, quando digo namorada, quero dizer que a beijei mais do que uma vez e que estivemos juntos quase uma semana).

Mas primeiro a missão em Snowdon.

Como a expedição estava planeada para o inverno, eu e o Watty, um dos meus melhores amigos do colégio, tivemos dois meses para nos entusiasmarmos com ela e para fazermos as malas. Quando a viagem finalmente chegou, as nossas mochilas estavam tão pesadas, que mal as conseguíamos levantar.

Lição número um: levar poucas coisas na mochila, a não ser que se queira carregar aquele peso pelas montanhas noite e dia.

Chegámos ao Snowdonia National Park a uma sexta-feira à noite e, escoltados por um jovem professor de educação física, iniciámos a nossa escalada. Pouco depois, como é típico de Gales, começou a chover.

Quando chegámos ao local do acampamento, perto de um pequeno lago a meio caminho do cume, já passava da meia-noite e chovia muito. Estávamos todos cansados (de carregarmos as nossas mochilas ridiculamente pesadas), e montámos as tendas o mais depressa possível. Eram tendas ao estilo antigo de estrutura em A e cavilhas, que normalmente não são muito resistentes aos fortes ventos invernais do País de Gales. De facto, pelas três horas da manhã o inevitável aconteceu.

Pop!

Uma das cavilhas que apoiavam a estrutura da minha tenda partiu-se e metade desta caiu-nos em cima.

Hum, pensei.

No entanto, o Watty e eu estávamos demasiado cansados para sair e reparar os primeiros danos. Em vez disso, esperámos convictamente que tudo se resolvesse sozinho.

Lição número dois: as tendas não se reparam a si próprias, por mais cansados que estejamos, mesmo que o desejemos muito.

Como seria de esperar, a cavilha seguinte partiu-se e, quando demos por isso, estávamos deitados num monte de lona molhada, encharcados, a tremer, e muito deprimidos.

A última lição essencial que aprendemos nessa noite foi que, quando se trata de acampar, mais vale prevenir do que remediar. E o tempo passado a montar um bom acampamento nunca é em vão.

No dia seguinte, chegámos ao cume de Snowdon, molhados, com frio, mas deslumbrados. A minha melhor memória é a de ter acendido um cachimbo que tinha pedido emprestado ao meu pai e de o fumar com o Watty, fustigados pelo vento, atrás do marco de pedra do cume, na companhia do professor de Educação Física.

Uma parte do que aprendi a amar desde muito jovem nas montanhas é que nos põem a todos em pé de igualdade.

Para mim, fumar um cachimbo com um professor era algo fantástico, e foi um sinal claro de que, nesta vida, é bom procurar as montanhas e os laços que se criam com as pessoas na Natureza.

Ainda melhor foi o facto de o tabaco ter sido feito artesanalmente pelo Watty e de ter sido mergulhado em sumo de maçã, para ganhar aroma. Posteriormente, fizemos sidra com esse mesmo sumo, que deixou o Chipper, um dos rapazes da nossa república, cego durante vinte e quatro horas. Ups!

Se as pessoas me perguntarem hoje o que me agrada em subir a montanhas, a verdadeira resposta não é a adrenalina ou a satisfação pessoal. O mais importante nas montanhas são os laços das experiências partilhadas, tão difíceis de criar na vida quotidiana. Adoro o facto de as montanhas desalinharem as roupas e o cabelo de toda a gente, de exigirem que demos muito de nós, de nos fazerem lutar e nos apresentarem dificuldades. Também nos levam a descontrair, a rir à gargalhada de coisas tolas, e a estar simplesmente sentados a olhar para um pôr do sol ou para uma fogueira.

Esse tipo de camaradagem cria laços maravilhosos entre as pessoas, e estou convicto de que onde há laços há quase sempre força.

Enfim, passemos então à segunda história: e ao tema das raparigas.

Ou da falta delas.

Capítulo 24

Apesar de todas as suas virtudes, Eton tinha uma escassez grave de rapa-rigas (quero dizer, à parte das cozinheiras que espiávamos a partir do telhado, noite após noite).

Fora isso, e de uma ou outra filha atraente de um professor, era um deserto. Por falar em filhas atraentes, eu tinha um grande fraquinho pela bela Lela, a filha do professor de clarinete. Porém, ela acabou por se casar com um dos meus melhores amigos de Eton, o Tom Amies – e ficámos todos cheios de inveja. Belo casal. Bem, mas voltemos ao assunto.

Como já referi, fora isso... era um deserto.

Todos nos correspondíamos com raparigas que conhecíamos vagamen-te ou com as quais nos tínhamos encontrado uma vez, mas, para ser sincero, era tudo uma grande fantasia.

Eu cheguei mesmo a conhecer uma rapariga simpática que até andava num colégio perto de Eton (por «perto» refiro-me a cerca de cinquenta qui-lómetros).

Num domingo à tarde, pedi emprestada a bicicleta de um amigo, muito velha, enferrujada, sem mudanças, e lá fui ter com essa rapariga. Demorei horas a encontrar o colégio, e a bicicleta foi-se tornando cada vez mais difícil de manobrar, não só ao nível do guiador, mas também dos pedais, pois a correia enferrujada chiava e fazia tração.

Por fim, lá acabei por chegar aos portões do colégio, encharcado em suor.

Foi então que descobri que era a escola de um convento, gerida exclu-sivamente por freiras.

Bem, pelo menos devem ser muito meigas e não será difícil fugir delas, pensei.

Esse foi o meu primeiro erro.

Encontrei-me com a rapariga conforme combinado, e fomos passear por um caminho rural muito lindo que atravessava a floresta da zona. Eu estava a reunir coragem para avançar quando ouvi um apito, seguido de um grito, vindo de algures atrás de nós.

Quando me virei, vi uma freira com um pastor-alemão a correr na nossa direção e a gritar.

A rapariga olhou para mim, aterrada, e suplicou-me que fugisse, para me salvar – o que não tardei a fazer. Consegui escapar e tive mais um regresso esforçado de bicicleta ao colégio, a pensar: «Bolas, esta coisa das raparigas está a revelar-se mais difícil do que eu pensava».

Mas não desisti.

Uma forma boa de conhecer raparigas era aderir ao Strawberry Cricket Club de Eton, que era uma equipa do colégio para pessoas que queriam ser mais ou menos boas no críquete, mas que não queriam levar aquilo muito a sério.

Em vez de jogar contra outras escolas, destinava-se a jogar contra os clubes locais. Na sua maioria eram equipas de *pubs*, mais as suas apoiantes femininas. O conceito era extremamente divertido – ainda mais pelo facto de usarmos camisolas cor-de-rosa forte –, e nada daquilo era levado muito a sério.

Era o meu tipo de equipa, e alistei-me de imediato.

Uma das nossas tradições era que o primeiro jogador a assumir o lugar de batedor teria de beber uma determinada quantidade de uma bebida alcoólica que a equipa tinha obtido (por oferta, empréstimo ou roubo) antecipadamente no caminho para o jogo.

Houve um jogo específico em que fui o primeiro. Logo surgiu uma lata gigantesca de sidra, vinda das profundezas do saco de críquete de um dos jogadores. Bebi aquilo tudo, caminhei para a zona do batedor, assumi a minha posição e fiquei a postos.

A primeira bola do dia veio disparada, e eu dei-lhe uma enorme pancada e consegui um *six* fantástico. *Brilhante*, pensei. *Agora vamos lá repetir.*

Veio a segunda bola e, na tentativa de dar outra enorme pancada, falhei totalmente, dei uma volta sobre mim mesmo, tombei e aterrei em cima dos meus postigos. Fora!

Quando saí de jogo, reparei que, na bancada, estava sentada uma bela rapariga com um vestido de verão, a beber *coca-cola* e a sorrir para mim. Se as minhas pernas não estivessem já a tremer por causa da sidra, tê-lo-iam ficado naquele momento.

Começámos a conversar, e descobri que se chamava Tatiana e que o irmão jogava na equipa contrária. Ela também tinha achado a minha saga como batedor divertida.

O melhor de tudo era que tinha 20 anos – mais dois do que eu – e não andava numa escola de freiras, mas sim numa universidade alemã.

Ora, no dia seguinte começava um fim de semana, e eu tinha planeado passá-lo na minha casa na Ilha de Wight com mais dez amigos do colégio. Tive o atrevimento de convidar a Tatiana para vir connosco (estava excitadíssimo com a adrenalina e a sidra, e nem acreditava que tinha tido coragem para a convidar).

Ela aceitou e, sem que eu tivesse tempo de me aperceber do que se estava a passar, estávamos na minha casa na Ilha de Wight, sem os meus pais, com todos os meus amigos e esta bela rapariga (que, por alguma razão, não se fartava de estar ao pé de mim).

Aquilo era sem dúvida algo de muito novo para mim.

Foi um fim de semana fantástico e eu passei trinta e seis horas a beijar ininterruptamente a Tatiana, que até dormiu na minha cama duas noites inteiras.

Inacreditável.

Infelizmente, ela voltou depois para a universidade na Alemanha e tudo ficou por aí. Acho que me deve ter esquecido.

A verdade é que uma sorte daquelas não se proporcionava muitas vezes num colégio masculino. Quando acontecia, tínhamos de nos dar por agradecidos.

Capítulo 25

Além das raparigas, o outro aspeto que descobri nos últimos anos de escola foi uma fé cristã tranquila, mas forte – que me tocou profundamente, estabelecendo uma relação de religiosidade que me acompanhou desde então.

Sinto-me tão grato por isso. Desde então, a fé constituiu um verdadeiro pilar na minha vida e a força secreta para muitas grandes aventuras.

Porém, foi algo que aconteceu de forma muito simples um dia no colégio, quando tinha apenas 16 anos.

Na infância, sempre achei que a fé em Deus era muito natural. Era um conforto simples que eu tinha: inquestionável e pessoal.

No entanto, quando fui para a escola e fui forçado a assistir a algumas novecentas missas monótonas, em latim, nas quais ouvi típicos membros da Igreja a debitar a liturgia, acabei por pensar que estava totalmente enganado em relação à fé.

Talvez Deus não fosse íntimo e pessoal, mas muito mais como a missa... monótono, crítico, entediante e irrelevante.

A ironia é que, se a missa era tudo isso, a verdadeira fé é o contrário. De alguma forma, e sem pensar muito, tinha desistido do mais belo por causa do lado aborrecido. Julguei que, se ir à igreja era aborrecido, então a fé também o deveria ser.

A fé preciosa, natural, instintiva que tinha conhecido quando era mais jovem tinha sido devastada por esta nova ilusão de que, se eu estava a crescer, então era a altura de «acreditar» como um adulto.

Afinal, o que é que uma criança sabe da fé?

Foi preciso um mau momento no tempo de escola, quando o meu padrinho Stephen faleceu, para eu ser impelido a procurar um pouco mais e reencontrar a fé de outrora.

A vida é assim. Às vezes é preciso um safanão para nos lembrar de quem somos e do que é importante para nós.

O Stephen tinha sido o melhor amigo do meu pai. Para mim, era como um segundo pai. Vinha connosco em todas as férias de família e, de verão, passava quase todos os fins de semana connosco na Ilha de Wight, a velejar comigo e com o meu pai. Faleceu repentina e inesperadamente em Joanesburgo, de ataque cardíaco.

Fiquei inconsolável.

Uma noite, no colégio, lembro-me de estar sozinho sentado no cimo de uma árvore, e de ter rezado a oração mais simples e sentida da minha vida.

– Por favor, Deus, consola-me.

E não é que consolou mesmo...

A minha viagem desde então tem sido uma tentativa de evitar que a vida, os padres ou a Igreja compliquem a fé simples que encontrei. Quanto mais descubro a fé cristã, mais me apercebo de que, no fundo, é simples (que alívio foi descobrir, mais tarde na vida, que existem algumas comunidades cristãs fantásticas, com amizades sinceras e carinhosas que me ajudam com tudo isto).

Para mim, a fé cristã consiste em ser-se amparado, consolado, perdoado, fortalecido e amado – no entanto, de alguma forma, essa mensagem acaba por se perder na maioria das pessoas, e tendemos a recordar apenas os fanáticos religiosos ou o Deus dos intermináveis serviços religiosos do colégio.

A culpa não é de ninguém, a vida é assim. Cabe-nos manter a abertura de espírito e a afetuosidade, de modo a podermos ouvir quando chegar o momento de baterem à porta do nosso coração.

A ironia é que nunca conheci ninguém que não quisesse ser amado, amparado ou perdoado. Porém, conheci muitas pessoas que odeiam a religião. À semelhança de Jesus, eu compadeço-me delas. Na verdade, Ele não se limitou a compadecer-se, foi muito mais longe. Creio que Jesus veio para destruir a religião e trazer a vida.

É este o cerne do que descobri quando era adolescente: Cristo veio para nos libertar, para nos trazer a vida em toda a sua plenitude. Ele existe para nos perdoar quando fazemos asneiras (quem as não fez?), e para ser a estrutura de todo o nosso ser.

A fé em Cristo foi a grande presença de força na minha vida, ajudando-me a caminhar sempre de cabeça erguida quando tantas vezes me sinto fraco. Não admira que tivesse sentido que tinha encontrado algo de notável naquela noite no cimo da árvore.

Tinha encontrado um sentido para a minha vida.

Devo muita da minha fé a alguns dos meus melhores amigos do colégio, que, sobretudo nos primeiros dias, estimularam essa fé em mim. Ajudaram--me, guiaram-me e têm sido meus amigos desde então: o grande Stan, o Ed e o Tom.

Quanto aos meus outros grandes amigos do colégio, como o Mick, o Al, o Watty, o Hugo e o Sam, consideraram apenas que esta minha nova fé cristã era um desperdício monumental quando se tratava de tentar conquistar raparigas!

Por falar em conquistar raparigas, para o caso de se estarem a perguntar, foi por causa da minha fé que me limitei a beijar aquela bela rapariga alemã que conheci, e não chegámos a ter relações (apesar de, tenho de admitir, terem sido precisas todas as minhas forças para resistir a isso!).

Apesar de todos os meus amigos pensarem que eu era doido varrido, no fundo senti uma forte determinação para tentar manter a minha virgindade para aquela que, um dia mais tarde, fosse a minha esposa.

No entanto, isso é outra história...

Capítulo 26

Assim foi Eton para mim, e recordo esses tempos com um grande sentido de gratidão: gratidão por ter tido uma educação tão boa, e gratidão
pelo facto de o meu pai ter trabalhado tão arduamente para me poder mandar para aquele colégio.

Nunca lhe cheguei a agradecer devidamente, mas espero que ele saiba
que lhe estou muito grato por tudo o que me deu.

Eton ensinou-me de facto algumas lições essenciais: mostrou-me o calor de alguns amigos íntimos, e como essas amizades realmente importam no
decorrer das nossas vidas. Ensinou-me igualmente que a vida é o que dela
fazemos, o que acarreta alguma responsabilidade.

Ninguém irá fazer tudo por nós; cabe-nos a cada um de nós ir à luta,
tomar as rédeas da vida e torná-la nossa.

Na minha estada em Eton desenvolvi uma faceta que, suponho, seja
muito inglesa: a noção de que é melhor ser o tipo de pessoa que brinca e se
faz de tola, mas que, quando realmente interessa, é dura de roer.

Creio que é algo que remonta à mentalidade do *Pimpinela Escarlate*
inglês: a nobreza de aspirar a ser o herói secreto. De facto, estou certo de
que não foi por acaso que tantos oficiais das Forças Especiais, ao longo
dos anos, eram também ex-alunos de Eton. Podem explicar-me esse facto,
sendo as Forças Especiais uma verdadeira meritocracia? Não é a gravata
do colégio que nos consegue a qualificação. Esta só se consegue com suor
e trabalho árduo. No entanto, as Forças Especiais atraem um determinado
tipo de personalidade e de atitude. Favorecem os individualistas, aqueles que
arriscam, e os discretamente talentosos. Estas são também características de
Eton.

Trata-se essencialmente de uma mentalidade inglesa: trabalha a sério e diverte-te a sério; sê modesto; dá o máximo nas tuas tarefas, ri-te de ti mesmo e, por vezes, se tiver de ser, improvisa.

Descobri que estas qualidades eram as minhas preferidas e que estava a aspirar a elas subconscientemente.

Para mim, há uma certeza que nunca se alterou em Eton: por mais que me dedicasse às atividades do colégio, a verdade é que continuava a viver para as férias – para voltar a casa e estar com a minha mãe, o meu pai e a Lara, na Ilha de Wight.

Era lá que estava sempre o meu coração.

À medida que fui crescendo, o âmbito do meu mundo foi aumentando.

A minha mãe ajudou-me a comprar uma *scooter* em segunda mão (pensando bem, era mais em oitava mão). Era um modelo de «pessoa idosa» – e roxo. No entanto, tratava-se de um meio de locomoção, apesar ter apenas 50 cm³.

Era o meu meio de transporte para todo o lado: para visitar os meus amigos na nossa vilória, e para ir ao ginásio na cidade (tinha encontrado um ginásio manhoso de culturistas, que adorava frequentar sempre que podia). Ia na mota para a praia à noite, e acelerava pelos caminhos de terra (dentro do possível para uma *scooter* roxa de idosos).

Sentia-me livre.

A minha mãe foi sempre muito generosa comigo e com a Lara ao longo do nosso crescimento, e isso ajudou-me a desenvolver uma atitude muito saudável em relação ao dinheiro. Ninguém poderia acusar a minha mãe de ser sovina: ela era livre, divertida, louca e estava sempre a dar o que tinha – sempre. Às vezes este último aspeto tornava-se um pouco desesperante (como nos casos em que ela decidia que algo nosso seria mais útil a outra pessoa), mas na maior parte das vezes éramos os beneficiários da sua generosidade, e era fantástico crescer nesse ambiente.

A generosidade da minha mãe fez com que, em adultos, não nos tornássemos demasiado apegados ao dinheiro, nem demasiado atraídos por ele.

Com ela aprendi que, antes de recebermos, temos de dar, e que o dinheiro é como um rio – se o tentarmos bloquear e conter (ou seja, se nos agarrarmos a ele), então, como um rio represado, a água ficará estagnada e pútrida, e a nossa vida começará a cheirar mal. Se mantivermos a corrente, e continuarmos a dar coisas e dinheiro sempre que pudermos, então o rio e as recompensas continuarão a fluir.

Adoro a frase que ela citou uma vez: «Quando parecer que os teus recursos acabaram, procura imediatamente à tua volta algo para oferecer».

É uma lei do Universo: para termos coisas boas, primeiro temos de as dar (o mesmo se aplica, claro, ao amor e à amizade).

A minha mãe também era muito tolerante face às minhas aspirações invulgares. Quando descobri uma escola de *ninjutsu* numa revista, fiquei determinado a procurá-la e a treinar lá. O problema era que esta ficava no outro extremo da ilha, numa zona muito manhosa de habitação social. Isto foi antes do tempo da *scooter*, pelo que a minha mãe tinha de me levar de carro todas as semanas – e de esperar lá por mim. Provavelmente nunca lhe agradeci como deveria.

Por isso, obrigado, mãe... por todas aquelas vezes e por muito mais.

Já agora, o *ninjutsu* foi-me muito útil em certas ocasiões.

Capítulo 27

Um dos muitos aspetos positivos de se crescer na Ilha de Wight era o facto de, no inverno, a comunidade se tornar sossegada: o tempo ficava ventoso e o mar agitado.

Eu adorava aquilo – tinha tempo para escalar, treinar, e para praticar todas as atividades ao ar livre de que tanto necessitava.

Depois, no verão, era a loucura total, com famílias de Londres, e de mais longe ainda, a virem alugar casas para as férias. De repente, a zona ficava cheia de miúdos da minha idade com quem podia brincar, velejar e passar o tempo. Nessa altura ainda gostava mais da zona.

Combinava com os amigos esgueirarmo-nos à noite e encontrarmo-nos na praia para fazermos churrascos e fogueiras e para bebermos todo o álcool que conseguíssemos obter ilegalmente (aos 15 anos, era quase sempre uma garrafa grande de sidra que tínhamos «levado de empréstimo» dos nossos pais, na esperança de que não dessem pela falta dela).

Sentávamo-nos na praia, bebíamos da garrafa, atirávamos pedras ao mar e acendíamos uma grande fogueira. Gostava tanto daquelas noites.

O Mick Crosthwaite era um dos meus melhores amigos na ilha nesses verões, e também andava em Eton como eu. Acabámos por ir para o Exército, por escalar o Evereste e por atravessar o oceano Ártico juntos. A nossa amizade, porém, começou naquela praia.

Sair de casa às escondidas era relativamente fácil. O telhado inclinado em frente à janela do meu quarto conduzia a um algeroz, e daí bastava apenas deslizar cerca de três metros e meio na vertical até à relva.

Comparado com o que fazia no colégio, era canja.

Os meus pais vinham despedir-se à noite, saíam, apagavam a luz, fechavam a porta, e lá ia eu.

A vida na praia à noite era fantástica. O primeiro beijo a sério que dei a uma rapariga de quem gostava na adolescência aconteceu num banco com vista para o mar – e o mundo tornou-se um mar de rosas.

Quando não estávamos na praia, estávamos em casa uns dos outros. Porém, tinha de ser em casa de quem tivesse pais mais liberais do que os meus, e que não se importassem de ter um monte de miúdos a ver filmes até às quatro da manhã. Os meus pais, com alguma razão, nunca permitiram isso.

Lembro-me de uma semana em que começámos todos a jogar *strip poker*. *Gosto disto*, pensei eu.

Nem sequer era mesmo *poker*, era mais algo como: quem tirasse um ás do baralho tinha que tirar uma peça de roupa. Uma vez tentei aldrabar as cartas para no fim acabar nu com a Stephie, uma rapariga de quem gostava.

Contei cuidadosamente as cartas e os ases e, sem grandes subtilezas, certifiquei-me de que ficava sentado ao lado dela quando começássemos a jogar. Para azar meu, ela trocou de lugar quando chegou mais uma pessoa para jogar, e eu acabei nu ao lado do Mick, sem jeito e cheio de vergonha (foi bem feito para não ser batoteiro).

Na maioria das vezes, as tentativas de conquistar uma rapariga eram infrutíferas.

Para dizer a verdade, sempre que gostava de uma miúda, ela acabava sempre com outra pessoa, sobretudo porque eu tinha muitas dificuldades em declarar os meus sentimentos e não tinha coragem para a convidar para sair comigo.

Lembro-me de um amigo que veio passar uns dias na ilha no fim do verão e, em vinte e quatro horas, conseguiu ir para a cama com a rapariga de quem eu tinha andado atrás as férias todas!

Eu nem queria acreditar. Que diabo tinha ele que me faltava a mim?

Reparei que ele usava umas botas de *cowboy* de camurça castanha, pelo que fui a correr comprar um par em segunda mão. No entanto, ficava ridículo com elas. Para piorar a situação, esse «amigo» descreveu-me depois, com muitos pormenores, o que tinham feito na cama.

Aaaaah!

De certo modo, este episódio resume bem as minhas tentativas de conquistar o sexo oposto.

Capítulo 28

Uma das memórias mais vívidas que tenho dos tempos em que cresci na ilha é a de ler os meus relatórios escolares e de abrir os resultados dos meus exames.

Agarrava sempre no envelope oficial antes que alguém o abrisse «acidentalmente» antes de mim, e ia a correr até ao fundo do nosso jardim, onde havia um plátano lindo, enorme.

Tinha uns ramos impressionantes, espaçados de forma ideal para se trepar como um macaco. Ao longo dos anos, eu tinha aperfeiçoado essa escalada ao ponto de conseguir chegar aos ramos mais altos numa questão de segundos, e daí tinha uma vista abrangente sobre toda a localidade.

Nenhum dos meus amigos foi comigo até ao topo daquela árvore, pois esta começava sempre a baloiçar perigosamente quando estávamos a chegar aos ramos mais altos.

Mas eu adorava aquela parte da árvore.

Abrir os envelopes com os relatórios ou os resultados dos exames ali em cima significava que, independentemente do resultado, tinha tempo e espaço para manter um sentido de perspetiva.

«Tudo bem, chumbei em mais um exame de matemática e o professor de latim diz que devo parar com os risinhos nas aulas. Ainda assim, daqui de cima o mundo parece-me muito bonito.»

Quando descia da árvore, já estava preparado para encarar a situação.

Quando se tratava de relatórios escolares, nunca tinha nada a temer da parte dos meus pais. Os relatórios nunca eram totalmente maus, mas também não eram totalmente bons. No entanto, os meus pais adoravam-me independentemente dos resultados, e isso ajudou-me muito na vida: fomentou a minha confiança para ser quem era e para tentar obter as coisas que queria.

Nunca me importei com o risco de falhar, porque nunca fui castigado pelo insucesso.

O que importa na vida é a viagem – e o divertimento e as aventuras que temos no caminho. O destino nunca foi o mais importante, quer se tratasse de obter ótimos resultados nos exames, quer se tratasse de pertencer à melhor equipa (o meu pai sempre foi um caso perdido no desporto e nos estudos, mas não deixou de ter sucesso e de ser acarinhado – e isso para mim era suficiente).

O meu pai dizia sempre que o importante na vida é «seguirmos os nossos sonhos e, nesse percurso, cuidarmos dos nossos amigos e da família». Para ele, a vida resumia-se a isso, e é essa a mensagem que espero passar aos meus filhos quando crescerem.

Assim sendo, deitava os meus relatórios escolares no caixote do lixo e recebia um grande abraço.

Outra memória que gostaria de partilhar, do tempo em que era miúdo na ilha, é a de um dia ter ido fazer uma grande corrida e ter ficado com as virilhas muito assadas no último quilómetro a caminho de casa.

Já vinha a sofrer com as assaduras há uns doze quilómetros, mas naquele momento a situação estava a tornar-se insuportável. Não havia ninguém por perto, a aldeia estava deserta, era uma noite quente de verão, pelo que tirei os calções e fiz a última etapa da corrida nu.

Assim que corri cerca de cem metros, ouvi uma sirene da polícia mesmo atrás de mim.

Nem queria acreditar.

É que, em toda a minha vida, nunca tinha visto um carro-patrulha na ilha. Havia uma esquadra na localidade, mas estava sempre vazia, servia apenas como um local para a polícia fazer escala quando era preciso – e de certeza que não tinha o seu próprio carro-patrulha. A esquadra permanente mais próxima ficava a meia hora de distância.

Era azar a mais.

A viatura aproximou-se de mim e o agente disse-me para entrar para o banco de trás: «Imediatamente!»

Saltei lá para dentro, tentei explicar, mas disseram-me para estar calado. Estava tramado.

Acabei por chegar a casa, depois de grandes esforços para explicar que não era um exibicionista nem um tarado. Até lhes mostrei as virilhas em carne viva como prova.

Lá acabaram por me deixar ir embora com uma admoestação.

Esta é a verdade: já tinha sido preso por nudez, tinha chumbado nos exames, e não conseguia arranjar uma namorada. No entanto, tinha sede de aventura e o amor de uma grande família comigo.

Não poderia estar mais pronto para fazer a minha entrada no grande mundo cruel.

Capítulo 29

No meu primeiro verão depois de acabar a escola, apercebi-me de que a minha prioridade, se queria viajar, ter aventuras e ver um pouco do mundo, era ganhar algum dinheiro.

Desde muito jovem, tinha sempre sido encorajado a ser empreendedor, quer fosse a entregar jornais na Ilha de Wight, quer fosse, no colégio, a tentar vender sidra caseira feita a partir de sumo de maçã (grande receita! Obrigado, Watty).

Assim, decidi-me a fazer algum dinheiro... a vender os filtros de água da minha mãe, de porta em porta. Era um trabalho duro, ingrato, mas descobri que um número suficiente de pais dos meus amigos era condescendente ao ponto de me conceder meia hora do seu tempo, para que eu demonstrasse os benefícios da água sem cloro.

Os adaptadores, que se ajustavam mal às torneiras e jorravam água em todas as direções em cozinhas imaculadas, custaram-me uma percentagem considerável dos lucros, mas não desisti e, durante o verão, consegui amealhar dinheiro suficiente para comprar um bilhete de *inter-rail* para percorrer a Europa.

Dormi em comboios e explorei muitas cidades europeias. No entanto, o trânsito e o ruído de cidade após cidade não tardaram a deixar-me muito deprimido.

Em Berlim, como não queria carregar a minha pesada mochila até ao centro da cidade depois de escurecer, escondi os meus pertences por detrás de uma fileira de caixotes do lixo, enquanto fui explorar a zona. Quando regressei, dei com um sem-abrigo agachado no escuro, a vasculhar a minha bagagem.

Comecei a gritar e corri na direção dele e da minha bagagem.

Nesse momento, ele sacou da faca de mergulho que eu tinha na mochila e começou a agitá-la na minha direção como um louco. Felizmente, estava demasiado bêbado para ser capaz de usar a faca e eu consegui desarmá-lo e recuperá-la com um movimento relativamente certeiro. Contudo, o medo e a adrenalina da situação tiveram o seu efeito, pelo que agarrei nas minhas coisas e desatei a correr.

Aquela situação foi a gota de água para mim. Já estava farto das cidades cinzentas do norte da Europa e de dormir em plataformas de estações de comboios.

Decidi que era altura de ir para a praia.

Perguntei a algumas pessoas qual era a melhor estância balnear na Europa, acessível de comboio, e muitas responderam St. Tropez.

Perfeito.

St. Tropez é uma pequena localidade francesa, famosa por ser um destino de veraneio para os ricos e famosos na costa sul de França. Nessa época, eu não era de forma alguma rico (de facto, estava mais pobre a cada dia que passava), e não era certamente famoso. Ainda assim, dirigi-me obstinado para o sul – e senti-me de imediato melhor.

Quando cheguei a St. Tropez, a Berlim cinzenta parecia estar a um milhão de quilómetros. Porém, os meus fundos eram agora muito escassos e depressa descobri que não se encontrava alojamento em conta em St. Tropez. No entanto, estava convencido de que este seria o local onde passaria a última semana antes de regressar a casa.

Encontrei um beco sossegado, que ficava nas traseiras do campanário da cidade.

Olhei para cima.

Um algeroz com ar resistente conduzia ao primeiro nível do telhado, e aí havia um fio de descarga de relâmpagos que percorria a parede vertical do campanário.

Como eu adorava fios de descarga de relâmpagos.

Certifiquei-me de que ninguém estava a olhar, e depois trepei com segurança pelo tubo do algeroz e pelo fio de descarga de relâmpagos, antes de me enfiar no campanário em si, a uns trinta metros de altura – num plano superior à cidade.

Era o acampamento perfeito. Tinha uma vista espetacular sobre a costa e conseguia observar e ouvir o bulício dos restaurantes de praia lá em baixo. Havia espaço à justa para me deitar. Desfiz a mala com cuidado e fiz a minha casa naquele espaço de cimento com dois metros e meio por dois metros e meio.

As duas falhas no meu plano foram: em primeiro lugar, os inúmeros pombos que estavam igualmente alojados no campanário; em segundo, o sino, que tocava a todas as horas, a cinco centímetros da minha cabeça. Eu podia viver bem com a primeira falha (de facto, pensei que, se ficasse sem dinheiro, poderia sempre alimentar-me facilmente de um pombo), mas a segunda, o repicar do sino, tornou-se insuportável.

Às três da manhã da primeira noite, com a ajuda da minha lanterna, encontrei a caixa dos fusíveis do sino automático e parei temporariamente o relógio da cidade. Daí em diante dormi como uma pedra.

De dia, nadava horas pelas belas enseadas e praias, e depois passeava sem rumo pelas ruas estreitas e bebia chá em cafetarias.

Era o paraíso.

No entanto, os meus fundos não tardaram a esgotar-se, pelo que tive consciência de que chegara a altura de regressar ao Reino Unido.

Tinha prometido ao meu grande amigo Stan que, antes de regressar a casa, me juntaria a ele numa viagem à Roménia para ajudar uma pequena igreja a construir um orfanato. Nesse tempo, a Roménia era um país típico da Europa de Leste, e a pobreza era generalizada e evidente.

Essa missão mudou a minha vida em muitos aspetos, e mostrou-me até que ponto somos afortunados no Reino Unido.

Fomos recebidos como irmãos na casa dos membros da igreja. De dia ajudávamos na construção do orfanato, assentávamos tijolos e carregávamos areia, e de noite participávamos em eventos locais de angariação para apoiar a pequena igreja. Estes últimos destinavam-se sobretudo a ajudar e a receber a população local de ciganos, que eram tratados como párias pela maioria dos residentes.

Durante essa viagem, aprendi que não tinha o direito de me queixar das minhas condições e que deveria tentar sempre ser generoso e manter um sentimento de gratidão. Acima de tudo, recordarei sempre a bondade e o carinho que me demonstraram aqueles que tinham tão pouco.

Desde então, já testemunhei muitas vezes esta generosidade e esta bondade da parte de pessoas de todo o mundo, e sinto-me sempre em dívida.

É uma situação que, frequentemente, revela o meu próprio ego engrandecido.

Admito a minha culpa.

Capítulo 30

Uns dos meus amigos mais íntimos é alguém que conheci aos 16 anos. Sempre nos demos bem.

O Charlie Mackesy é alguns anos mais velho do que eu, mas ninguém o diria, a julgar pelas diabruras que fizemos.

Durante aquele primeiro ano após o colégio, em que aluguei um pequeno quarto no apartamento da minha irmã, o Charlie e eu passámos muito tempo juntos em Londres.

Não parávamos de fazer disparates, pendurávamo-nos de cabeça para baixo nas barras para trepar dos parques da zona, fazíamos sanduíches gigantes de *bacon*, abacate e tomate, e bebíamos pacotes sem conta de sumo Ribena (na esperança de ganhar o prémio de cinco mil libras que era dado a quem bebesse o pacote que continha o brinquedo mágico do *Harry the Lime*).

Assim foi mais ou menos a nossa amizade desde então.

Ele é padrinho do meu filho Jesse, e foi o padrinho do meu casamento com a Shara (ainda estou à espera de ser padrinho dele – vá lá, meninas, não o deixem escapar! Ele é um bom partido!).

O Charlie ajudou-me, numa fase muito importante do meu crescimento, a perceber que não existem recompensas para quem se leva a si mesmo ou a vida demasiado a sério, e que esta deve ser vivida livremente. O Charlie foi o primeiro rapaz que conheci que vivia exatamente como eu gostava. Também usava roupas desalinhadas, dormia muito ao ar livre, ria-se de coisas ridículas e pendurava-se de cabeça para baixo em árvores.

Na verdade, pouco mudou ao longo dos anos – talvez ambos tenhamos mais alguns cabelos brancos, e espero que ambos nos portemos um pouquinho melhor. No entanto, a nossa amizade foi reforçada por tudo o que passámos, à medida que o barco da vida nos foi sacudindo de um lado para o outro.

Os velhos amigos são maravilhosos, não são? Não são precisas explicações.

Pedi recentemente ao Charlie para se tentar lembrar de algumas das suas histórias preferidas desse ano que passámos juntos depois do colégio. Os episódios variam entre o sublime e o muito ridículo.

Como aquela vez em que construímos o nosso próprio trapézio de circo no jardim e eu me pendurei de cabeça para baixo. Depois a corda partiu-se e eu caí de cabeça de uma altura considerável (o Charlie diz que ouviu as minhas vértebras a estalarem fortemente e ficou convencido de que eu tinha morrido – ainda não sei como saí incólume dali).

Há também a história do dia em que ambos pegámos num pacote (muito caro) de argila do mar Morto que era da minha irmã Lara. Ela tinha-o comprado alguns anos antes, mas nunca se tinha decidido a utilizá-lo. Barrámo-nos da cabeça aos pés com aquela mistela e adormecemos na relva. Acordámos sobressaltados quando ela regressou a casa e nos confrontou, vermelha de fúria.

O Charlie e eu encontrávamos sebes enormes nos parques de Londres e saltávamos repetidamente para cima delas dos ramos altos das árvores, utilizando-as como colchões naturais para atenuar a queda.

Vestíamos fatos de gorila e sentávamo-nos nos pedregulhos que davam para o café de um parque no centro de Londres, frequentado sobretudo por idosos da zona. Nem imaginam as expressões nos rostos deles.

Recordo-me igualmente de ter conseguido fazer passar os joelhos do Charlie pelo corrimão desse mesmo café, e de o ter deixado ali preso, de castigo por outra partida que me tinha pregado. Ele tentou tudo para se libertar (desde azeite até à ajuda dos transeuntes, que o puxaram e tentaram libertar), e só quando os funcionários do café chamaram os bombeiros é que eu desisti e lá o ajudei a libertar-se.

Juntos, atravessámos o enorme rio Tamisa por baixo de uma das suas grandes pontes (e não por cima dela). Foi uma escalada muito excitante e extremamente divertida – até ao momento em que as chaves do carro e da casa do Charlie lhe caíram do bolso e desapareceram no rio.

Chegámos mesmo a cair juntos através do gelo de um lago na Irlanda, na passagem de ano, e quase não escapávamos dessa. As raparigas com quem estávamos passaram horas a curar as nossas mazelas com bebidas quentes e cobertores (e fizemos render a solidariedade delas durante vários dias).

A lista é interminável, e é com orgulho que declaro que ainda continua atualmente. Ele ainda é um dos meus amigos mais queridos, leais e divertidos, e sinto-me muito grato pela sua amizade.

Ah, e, já agora, ele é um dos artistas mais talentosos deste mundo e ganha muito dinheiro a tocar a vida das pessoas através da arte. Achei que era importante referir este aspeto.

Voltando ao assunto, eu tinha mais uma viagem planeada para aquele ano e, depois disso, decidi (com relutância) que devia provavelmente ir para a universidade.

No entanto, primeiro precisava de mais dinheiro.

Tentei ser *barman*, mas fui despedido por ter má aparência. Por fim, o Ed, um dos meus velhos amigos do colégio, sugeriu que eu começasse a dar umas aulas de defesa pessoal em Londres, exclusivamente para raparigas.

Foi um ato de inspiração.

Mandei imprimir uns folhetos e convenci alguns ginásios a deixarem-me dar as aulas nas suas salas de aeróbica. Adorei aquilo desde o início (apesar de, infelizmente, os ginásios me terem dissuadido de ter aulas exclusivas para jovens do sexo feminino!).

Muitas vezes, quem lá aparecia eram tipos machões que vinham determinados a mostrar aos outros que eram muito duros. Felizmente, esses tipos não ficavam muito tempo, uma vez que eu basicamente ensinava uma mentalidade de mínimo recurso à força e a arte de usar a força do agressor contra ele mesmo. Os machões depressa se fartavam desta passividade.

Na generalidade, as pessoas que se inscreviam era dedicadas e bem-intencionadas, e queriam apenas aprender a defender-se caso alguma vez se vissem numa situação difícil.

O número de ginásios em que dava aulas não tardou a aumentar, e comecei a ganhar algum dinheiro. Porém, tinha sido sempre um meio para um fim – e a finalidade era viajar.

Tinha chegado o momento de seguir em frente.

Senti-me um pouco culpado quando deixei de dar aquelas aulas, porque os alunos regulares eram muito divertidos, mas tive o cuidado de deixar nos ginásios outros bons instrutores que conhecia.

Adorei a camaradagem de tudo aquilo, mas tinha sonhos maiores a perseguir.

Capítulo 31

Pouco tempo depois já tinha poupado dinheiro suficiente para aceitar a proposta do Watty, o meu velho amigo do colégio, para viajarmos pelo Afeganistão, a percorrer as montanhas a pé e em exploração.

A família dele conhecia um oficial reformado do Exército indiano que pretendia fundar uma empresa de *trekking* para jovens que abandonaram a escola. Nós seríamos as suas cobaias inglesas, com as quais iria testar vários caminhos e aventuras.

Era uma oportunidade de sonho.

Passámos um mês a caminhar pelos Himalaias indianos, em redor de Darjeeling e mais longe. Viajámos no topo de comboios, dormimos em remotas aldeias de montanha, em camas de madeira, e descemos as águas cristalinas de rios de montanha.

Também explorámos as regiões espetaculares de Bengala Ocidental e do norte de Siquim, quando ambas eram zonas com acesso limitado para turistas, devido a disputas territoriais com o Paquistão. No entanto, o oficial do Exército indiano tinha obtido salvos-condutos especiais.

Visitámos o Instituto de Montanhismo dos Himalaias, nos arredores de Darjeeling, onde funcionava uma escola de montanhismo de inverno, que eu adorei, gerida por guias dos Himalaias indianos. Aquele lugar parecia um santuário dedicado aos grandes montanhistas, e as histórias de morte e aventura nos picos mais elevados do Planeta cativaram-me.

Entretanto, o Watty tinha-se apaixonado por uma rapariga de lá, o que se revelou um enorme entrave à nossa aventura, pelo menos na minha opinião. Ele anunciava que ia visitar a família dela, mas eu só queria fazer caminhadas de montanha na esperança improvável de ver o próprio Evereste.

Numa manhã gelada na montanha, quando me levantei, infelizmente mal equipado em termos de roupa, calçado e saco-cama, consegui finalmente vislumbrar à distância o sol a nascer sobre o Evereste, uma presença gigantesca no horizonte.

Ora, à semelhança do Watty, também eu estava apaixonado.

No nosso regresso a menores altitudes, comprei um grande *poster* enrolado e plastificado do Evereste (maior do aquele que o meu pai me tinha dado quando eu era miúdo, depois de uma das nossas aventuras de escalada), e jurei a mim mesmo que um dia haveria de arriscar tudo e subir à maior e mais alta montanha do mundo.

A verdade é que, naquele momento da minha vida, não fazia ideia do que uma expedição dessas implicaria. A minha experiência em grandes altitudes era mínima, e eu, segundo todos os livros, era demasiado jovem para ser um verdadeiro montanhista de grande altitude.

Porém, eu tinha um sonho, e isso torna sempre as pessoas perigosas.

Ainda assim, os sonhos são baratos, e o verdadeiro trabalho tem início quando damos os primeiros passos necessários para os realizar. Nunca tinha sido pessoa de faltar à palavra, e anunciei a intenção de escalar o Evereste a todas as pessoas à minha volta.

Todas acharam que eu era louco.

Antes de abandonar a Índia, tinha mais uma ambição que desejava concretizar – sempre tinha sonhado conhecer a Madre Teresa.

Descobri que a sede da sua «missão de misericórdia» estava localizada em Calcutá, pelo que apanhámos um comboio para a enorme e assustadora metrópole, uma das maiores cidades do mundo. Só isso já era uma aventura.

A estação dos comboios era uma massa agitada de corpos em movimento, apressados, que se empurravam. Era fisicamente impossível andar mais depressa do que a arrastar os pés, e éramos levados na mesma direção que a multidão. O ruído e o cheiro a fezes e a suor eram insuportáveis. Não conseguia ver ali outros ocidentais para além de nós.

É difícil estar-se preparado para o que eu vi nas ruas miseráveis de Calcutá, fora do bulício principal e do centro da cidade. Nunca tinha visto pessoas a morrerem à minha frente na rua. Nunca tinha visto corpos sem pernas, cegos, esfarrapados, deitados em esgotos, de braço esticado a mendigar algumas rupias.

Senti-me impressionado, inadequado, impotente e envergonhado – tudo ao mesmo tempo.

O Watty e eu lá acabámos por encontrar o pequeno hospital e infantário onde ficava a missão da Madre Teresa. No meio de uma cidade de sofrimento, tínhamos encontrado um refúgio de amor, asseio, calma e carinho.

Voltámos lá todos os dias que passámos em Calcutá, doámos as últimas notas de rupias que tínhamos à caixa de esmolas da Madre Teresa, e eu deixei-lhe um recado manuscrito, dobrado, a dizer que o trabalho dela me tinha emocionado muito.

Queria apenas agradecer-lhe e encorajá-la.

Nunca esperei uma resposta.

Para minha grande surpresa, dois meses depois recebi uma carta pessoal dela a agradecer-me. Ainda a tenho. Acreditem quando vos digo que lhe deixámos apenas um total de algumas libras.

A resposta dela foi um ato de graça, e deslumbrou-me.

Aquela mulher, e todo o seu modo de vida (apesar de nunca a termos chegado a conhecer), era um exemplo puro da presença de Deus na terra, e mudou radicalmente a forma como eu via o mundo à minha volta e me via a mim mesmo. Apercebi-me de que tinha recebido privilégios muito superiores àquilo que alguma daquelas pessoas poderia desejar e de que temos o dever de cuidar do mundo e dos seus habitantes.

No entanto, ainda não tinha a certeza do que isso significaria no meu caso.

Sei apenas que abandonei a miséria, a sujidade e o sofrimento de Calcutá com a sensação de que, através da vida da Madre Teresa, tínhamos tido um contacto maravilhoso e muito real com Deus.

Há um versículo simples da Bíblia, Mateus 23: 12, que diz: «Aquele que a si mesmo se exaltar será humilhado, e aquele que a si mesmo se humilhar será exaltado». Esta frase exprime bem como eu encaro a questão da fama, e influenciou muito do que vejo nas pessoas hoje em dia.

Quanto mais vivo, mais fico ciente da grandeza do homem comum (não pretendo aqui lisonjear ninguém). Quando viajo para todos os cantos do mundo, nas filmagens, todos os dias vejo pessoas duras a realizarem trabalhos duros.

Pode ser um trabalhador solitário, a escavar uma vala à beira da estrada a meio da noite, debaixo de chuva intensa, num pequeno caminho da selva, numa parte remota da China; ou alguém mais «comum» (passe a expressão), como um vendedor de café numa cidade perdida no meio da América, a ganhar o pão de cada dia.

Seja qual for o esforço, dou por mim a admirar cada vez mais essas pessoas. Pouco reconhecidas. Pouco valorizadas. Nunca se queixam.

Porém, estou a adiantar-me. Naquela altura ainda era um jovem inocente de rabo de cavalo louro platinado, acabado de chegar a casa depois de um périplo pela Índia, determinado a viver a vida ao máximo.

CAPÍTULO 32

O vigor com que pretendia seguir com a minha vida contrastava com a forma passiva com que encarava a ideia de ingressar no ensino superior.

Só tinha feito alguns exames pré-universitários, nos quais obtive as notas ACDC (no entanto, adorava o facto de serem iguais ao nome de uma banda de *rock* pesado).

Também reparei na ironia de o único exame para o qual não tinha estudado literalmente nada (tinham-me dito que o mais importante era o senso comum) ter sido aquele em que tive a nota mais alta – A.

Estudos Gerais é uma disciplina na qual podem surgir perguntas como: «Descreva como um barco à vela pode navegar para trás»; «Explique como se pode demonstrar que as árvores comunicam». Eu era bom nesse tipo de exercícios, mas não tinha jeito para memorizar nem para economia.

Ora, tendo acabado de escapar de anos de aprendizagem académica, tinha pouca motivação para me candidatar à universidade. Ao mesmo tempo, não me sentia confiante para abandonar totalmente a ideia. «Oh, meu Deus, tenho mesmo de ir para a universidade?»

Numa tentativa desesperada de encontrar uma alternativa divertida, passei três dias do mês que antecedia o início do ano académico sentado no *hall* de entrada do MI5, o serviço de contraespionagem britânico, na esperança de que me entrevistassem para um emprego.

Tinha começado por escrever uma carta ao MI5, e recebera uma resposta sucinta a agradecer o contacto, mas indicando que, de momento, não havia empregos para mim. A carta estava assinada por uma Sra. Deborah Maldives.

Ora, eu nasci à noite, mas não nasci ontem à noite. Até eu percebi que «Sra. Deborah Maldives» era um nome falso.

Decidi-me a ir lá e oferecer os meus serviços em pessoa.

Agora que penso nisso, admiro a coragem que tive em ir a cada uma das muitas entradas da sede do MI5 no centro de Londres, vezes sem conta, dia após dia, para pedir para falar diretamente com a Sra. Deborah Maldives.

Em cada ocasião, disse ao segurança que tinha uma reunião marcada com ela, e esperei.

Em cada ocasião, disseram-me educadamente que não trabalhava ali ninguém chamado Deborah Maldives e que o meu nome não fazia parte da lista de reuniões.

Por conseguinte, eu saía, e tentava a entrada seguinte.

Por fim, na enésima tentativa, disseram-me, para minha surpresa, que a Sra. Deborah Maldives iria descer e falar comigo.

De repente, já não tinha tanto a certeza do que fazer, enquanto esperava ansiosamente no *hall* de mármore do MI5. *Oh, meu Deus, Bear. E agora, seu idiota?*

Lá acabou por aparecer um senhor forte, que não tinha nada ar de Deborah Maldives, do outro lado de uma porta giratória de vidro com um dispositivo de segurança. Fez-me sinal para avançar e a porta começou a girar à minha frente.

Chegou o momento da verdade, pensei. E avancei.

A Sra. (ou o Sr.) Deborah Maldives mandou-me sentar numa sala de entrevistas e disse-me que havia canais próprios para me candidatar ao MI5, e que sentar-me no *hall* de entrada todos os dias não era um deles.

Chegou mesmo a sorrir.

Admitiu que eu tinha demonstrado o tipo de espírito que era preciso para o trabalho de contraespionagem e sugeriu que me voltasse a candidatar, diretamente junto dele, quando concluísse a minha licenciatura. Recebi o seu cartão, apertei-lhe a mão peluda e fui-me embora.

Afinal sempre há uma motivação para ir para a universidade, pensei.

Em desespero, fiz uma candidatura tardia, na vã esperança de que algures, fosse onde fosse, alguém me aceitasse.

CAPÍTULO 33

A descrição que os Royal Marines fizeram de mim como alguém que «confia demasiado na sorte» é boa para muitas coisas, mas não funcionou muito bem nas candidaturas à universidade.

E com as minhas notas medíocres, comecei a receber um número considerável de rejeições.

Muitos dos meus amigos iam para a Universidade de Bristol. No entanto, eu tinha tantas hipóteses de ir para lá como a Sra. Deborah Maldives tinha de vencer um concurso de beleza. Ainda assim, eu queria muito estar com os meus amigos.

Por fim, acabei por convencer a UWE (University of the West of England), uma versão menos académica da Universidade de Bristol, a oferecer-me um lugar para estudar línguas modernas. Só o consegui indo lá pessoalmente e suplicando à funcionária das admissões, depois de ter estado sentado à porta do seu gabinete o dia todo. Estava a tornar-se um padrão para mim. Bem, pelo menos sempre fui persistente.

Não me deixaram estudar apenas espanhol, que eu adorava, pelo que tive de optar por alemão e espanhol. O meu encontro com a Tatiana, a bela jovem alemã, levou-me a acreditar que a língua alemã poderia ser tão agradável como ela.

Estava bem enganado.

É uma língua dificílima de aprender.

Esse foi o primeiro prego no caixão da minha experiência universitária.

O lado positivo foi ter podido partilhar uma casa com os meus melhores amigos: o Eddie, o Hugo, o Trucker, o Charlie, o Jim e o Stan.

Bem, quando digo «casa», estou a ser simpático. Na verdade, era um hotel abandonado, chamado The Brunel. Situado na zona mais barata e mais mal frequentada de Bristol, onde as prostitutas e os traficantes de droga andavam pelas ruas, o The Brunel não tardou a ganhar um estatuto lendário no nosso círculo de amigos, como um reduto de ex-alunos de Eton, excêntricos, que viviam numa sordidez boémia.

Eu até gostava bastante daquela reputação.

Tomávamos o pequeno-almoço na rua, a fumar cachimbo, vestidos de roupão, e fazíamos corridas pelas ruas íngremes, com os livros debaixo do braço, a caminho das aulas.

Tínhamos todos os tipos de visitas estranhas, que chegavam e partiam constantemente sem serem convidadas, incluindo alguns sem-abrigo que vinham regularmente.

O Neil era um deles, e adorava vir buscar-nos para fazermos rondas em pleno dia aos caixotes do lixo industriais que ficavam nas traseiras de um supermercado local da cadeia Sainsbury's. Chegávamos disfarçadamente no nosso carro (dentro do possível, com um Ford velho, fumarento, cheio de estudantes no banco de trás) e um de nós saltava de cabeça para dentro do contentor. Depois, atirava-nos grandes pedaços de salmão e montes de arrufadas fora do prazo, que recebíamos de braços abertos.

Também íamos algumas vezes por semana ajudar na sopa dos pobres que havia num centro para sem-abrigo perto de nossa casa, e acabámos por conhecer um número crescente de figuras insólitas.

Infelizmente, o Neil faleceu pouco depois, de *overdose*, e suspeito de que poucos daqueles sem-abrigo do The Brunel terão sobrevivido até hoje. Porém, foi uma época de crescimento para nós, enquanto amigos, a vivermos juntos e a darmos os primeiros passos hesitantes no mundo exterior, longe do colégio.

Os momentos altos do The Brunel incluem momentos como aquele em que o Sr. Iraci, o senhorio, lá apareceu e foi recebido por mim, nu em pelo, a pintar bonecos na parede do meu quarto para alegrar o sítio; ou o Eddie a mostrar a uma bela rapariga a sua técnica de marinar veado em vinho de Bordéus numa bacia.

O nosso fundo de despesas caseiras evaporava-se milagrosamente devido aos sucessivos jantares do Hugo, para ele e para dez raparigas diferentes que tinha andado a semana toda a tentar conquistar.

O Stan desenvolveu a bela técnica de assar salsichas deixando-as na grelha até o alarme de incêndio de cem decibéis disparar, indicando que estavam prontas. Houve uma vez que esta técnica de assar salsichas fez com que aparecessem os bombeiros, trajados a rigor, com as mangueiras prontas a atuar. Ficaram muito admirados quando nos viram a andar de um lado para o outro de roupão, a perguntar se as salsichas estavam prontas, enquanto eles estavam ali na entrada, prontos para agir, com o alarme de incêndio ainda a tocar. Foram dias felizes.

Também me lembro de uma vez em que o Sr. Iraci lá apareceu quando eu tinha decidido construir uma piscina artesanal no quintal de 10 m² que tínhamos nas traseiras.

Eu tinha improvisado com um oleado e algumas cadeiras de cozinha e, otimista, tinha-o enchido com água. Aguentou uns vinte minutos, o tempo suficiente para o Sr. Iraci aparecer para receber a renda.

Depois, rebentou para os lados e inundou o rés do chão com mais de cinco centímetro de água, não sem antes deixar o Sr. Iraci encharcado.

Aquele homem era um autêntico santo.

Capítulo 34

Eu e o Trucker ganhámos algum dinheiro juntos a tocar guitarra, percorrendo os vários pontos importantes de Bristol.

A nossa rota incluía o lar de idosos da zona, onde me lembro de cantar inocentemente a letra de *American Pie*. A canção termina com uma afirmação extremamente pouco apropriada: «Este será o dia da minha morte».

Seguiu-se uma longa e embaraçosa pausa, e ambos percebemos o nosso erro.

Depois disso, não houve muito mais concertos naquele lar.

Também tocámos juntos com outro amigo, chamado Blunty, que se veio a tornar um cantor de fama mundial depois do Exército, sob o seu verdadeiro nome: James Blunt. Não sei se o Blunty considerará que aprendeu muito com as nossas sessões de improviso, mas de qualquer modo são umas memórias divertidas.

Fico contente por ele; sempre teve uma voz extremamente agradável para cantar.

Durante o primeiro ano que passei no The Brunel, aconteceram duas coisas importantes.

A primeira foi a amizade que travei com o Trucker. Demo-nos bem desde o início. Rimo-nos muito juntos e descobrimos que tínhamos muito em comum: a nossa fé, a sede de aventuras e uma paixão pelas coisas e pessoas divertidas e extravagantes desta vida.

Juntos, alistámo-nos no OTC (*Officer Training Corps*) da universidade, que era um pouco mais profissional do que os Cadetes do Exército. Contudo, estava cheio de estudantes sisudos com mentalidade militar, que esperavam vir a fazer parte do Exército quando terminassem a universidade.

Para nosso grande divertimento, estes alunos levavam sempre demasiado a sério a mentalidade militar, enquanto nós nos tínhamos alistado para nos divertirmos e para conhecer *GI Janes* atraentes. Era extremamente divertido pregar partidas àqueles carrancudos militares, ao usarmos as boinas como se fossem chapéus de cozinheiro e ao chegarmos tarde e de meias cor-de-rosa.

Eles, por sua vez, olhavam-nos com condescendência, como se fôssemos dois palhaços incompetentes, uma perda de tempo. Nenhum de nós se importava muito com isso. Era tudo tão divertido!

Havia algo no facto de ver tipos da nossa idade a fingir serem algo que não eram que tornava aquelas palhaçadas irresistíveis. Suspeito que o meu pai teria tido o mesmo comportamento (era sempre perigoso quando alguém, independentemente do contexto, se levava demasiado a sério perto dele).

Durante aquele ano de OTC, acabámos por ganhar um grande respeito por um dos soldados a sério, um oficial superior que tinha estado nas Forças Especiais quando era jovem. Ele caminhava com uma confiança discreta, ria-se muito, e nunca se levava demasiado a sério.

Por conseguinte, nunca tínhamos vontade de fazer palhaçadas quando ele estava por perto. Pelo contrário, ele inspirava-nos a ser como ele: a concretizar algo difícil, real e duradouro. É esse o verdadeiro efeito da boa liderança – inspira-nos a chegar mais longe.

Foi assim que discretamente surgiu em mim e no Trucker uma palpitação que dizia: *será que um dia poderíamos tentar ser selecionados para as Forças Especiais?*

Foi esse o segundo acontecimento marcante daquela época, e iniciou uma viagem que me levaria ao limite.

Literalmente.

Capítulo 35

Houve dois aspetos que me motivaram a alistar-me nas Forças Especiais. Um foi a ambição de alcançar algo de especial e duradouro na minha vida, encontrar aquele orgulho que nos acompanha durante uma vida inteira: de ter aguentado, de ter sido testado – e de ter sido bem-sucedido.

É um sentimento difícil de explicar, mas é muito real para mim.

O outro incentivo foi menos digno.

Foi mostrar que era melhor do que todos aqueles sisudos armados em militares do OTC que me tinham olhado com condescendência. Era uma razão muito pouco digna, eu sei! Mas eu queria mostrar-lhes do que era capaz, queria fazê-los ver que o que faz um verdadeiro militar é a persistência – e não a inteligência.

Estes dois motivos podem parecer um pouco disfuncionais, mas, para ser sincero, são provavelmente as verdadeiras razões para o meu alistamento nas Forças Especiais.

Acima de tudo, queria atingir algo de especial, que muito poucas pessoas conseguissem.

O lado negativo era que este objetivo me parecia quase inatingível.

Eu sabia que, dos muitos soldados experientes que se candidatavam todos os anos para as Forças Especiais, só uma pequena minoria era admitida. É uma taxa de aprovação brutalmente baixa, sobretudo para quem se sente muito «mediano» fisicamente. No entanto, os grandes desafios inspiram-me. Julgo que somos todos um pouco assim.

Além disso, acredito convictamente nesta frase imponente: «Tomei o caminho menos percorrido, e isso fez toda a diferença». É um bom conselho.

O último grande incentivo foi o facto de não estar mesmo a gostar nada dos estudos universitários.

Adorava o The Brunel e o nosso pequeno grupo de amigos de lá, mas a experiência universitária em si estava a dar cabo de mim. Não me refiro à carga de trabalho, note-se, pois era agradavelmente descontraída, mas sim àquele sentimento de ser apenas mais um estudante.

É certo que gostava do estilo de vida descontraído (como as braçadas que dava todos os dias, nu, no lago artificial do parque), mas faltava qualquer coisa. Já não gostava daquela falta de motivação.

Não me parecia bem para a alma.

Não era isto que eu esperava da minha vida.

Sentia-me ansioso por avançar e fazer outra coisa (ah, e estava a começar a detestar a língua alemã de um modo que não era saudável).

Assim, decidi que era o momento de tomar uma decisão.

Através do OTC, o Trucker e eu fomos discretamente falar com o oficial que tinha pertencido às Forças Especiais, de modo a obter aconselhamento a respeito das nossas aspirações de qualificação.

Eu estava nervoso quando falei com ele.

Ele sabia que éramos uns desordeiros e que não tínhamos levado o espírito militar do OTC muito a sério. No entanto, para meu espanto, não ficou nada surpreso quando lho dissemos.

Limitou-se a sorrir, quase como se já soubesse, e disse-nos que era provável que nos enquadrássemos bem – isto se passássemos nos testes. Informou-nos de que as Forças Especiais atraem indivíduos excêntricos e que não se enquadram na sociedade – mas apenas aqueles que demonstram ser dignos.

Em seguida, contou-nos algo que nunca esqueci.

– Toda a gente que faz o curso de seleção tem os mesmos elementos corporais: dois braços, duas pernas, uma cabeça e um par de pulmões a funcionar. O que faz a diferença entre os que passam e os que chumbam é o que se passa aqui – referiu, indicando o peito. – O coração é que faz a grande diferença. Só vocês sabem se possuem o que é preciso. Boa sorte. Ah, e se passarem eu pago-vos o almoço aos dois.

Aí estava uma promessa impressionante para um oficial, uma vez que envolvia dinheiro.

E assim foi.

O Trucker e eu escrevemos para o quartel-general das Forças Especiais, solicitando, nervosamente, sermos considerados para o curso de seleção. Eles iriam proceder às habituais verificações de segurança em relação aos dois, e depois, se tudo corresse bem, escreveriam a oferecer-nos um lugar na pré-seleção (indicando as datas, horas e instruções complementares).

Não havia mais nada a fazer do que esperar, começar a treinar intensivamente e rezar.

Sem cerimónias, atirei os meus manuais de alemão para o lixo, e senti-me mil vezes melhor. No fundo, tinha a sensação de que poderia estar a embarcar na aventura de uma vida.

Além disso, não havia nenhuma Deborah Maldives a dizer que eu precisava de uma licenciatura para me alistar nas Forças Especiais. A única qualificação necessária estava dentro do meu peito a palpitar.

Gostaria de prefaciar o próximo capítulo com a seguinte nota:

Enquanto ex-militar do Serviço Aéreo Especial (SAS, na sigla inglesa), assinei um acordo de confidencialidade que me impede logicamente de revelar pormenores, locais, nomes e procedimentos operacionais das Forças Especiais.

A narração que se segue foi alterada para garantir o respeito desse sigilo, e para mim, pessoalmente, é importante honrar aquela irmandade.

O objetivo da próxima parte deste livro é dar-vos um gostinho daquilo por que passei para ganhar o direito de fazer parte da família que são as Forças Especiais.

PARTE 2

«Muitos são chamados, poucos são escolhidos.»

Capítulo 36

Foi assim que a BBC resumiu o SAS num dos seus programas:

A fama do SAS é universal. É conhecido pela eficácia implacável e pelo profissionalismo militar. Há outras Forças Especiais que imitam o modelo do SAS, com longos e árduos procedimentos de seleção. Cerca de nove em cada dez candidatos não são admitidos...

Como muitos outros rapazes na infância, tinha ouvido falar muito do SAS, das figuras sombrias que constituíam a mais dura e exclusiva unidade de combate do mundo.

Nos meus momentos de reflexão, sempre me tinha perguntado como seria tentar passar nas provas de seleção.

Será que eu era um dos que tinham «o que era preciso»? Ou (o que era provável) seria mais um daquela maioria que tenta... e fracassa?

Perguntei-me o que seria de facto necessário para ser um dos poucos que ganham o direito de usar a famosa boina bege com o punhal alado.

O que seria preciso sofrer para fazer parte desta unidade de Forças Especiais? Será que eu tinha as competências necessárias para me juntar à elite, aos melhores?

Com pouco mais de 16 anos, tinha passado no Curso de Seleção de Potenciais Oficiais, para me alistar nos Royal Marines Commandos depois da escola; estava decidido a alistar-me – tal como tinha feito o meu pai.

No entanto, eu tinha uma dúvida: será que não devia tentar as provas para o SAS antes de me comprometer com os comandos?

Só para ver no que dava.

A resposta racional era que eu devia ser honesto comigo mesmo. Eu era forte, estava em boa forma e determinado, mas não era um verdadeiro atleta natural. Tinha sempre de me esforçar muito. Muito mesmo.

Tinha muitos amigos que eram naturalmente mais fortes e que estavam em melhor forma física do que eu (sem terem sequer de treinar). No fundo, esse facto levava a que duvidasse das minhas próprias capacidades. No entanto, como não era «naturalmente» dotado do ponto de vista atlético, tinha desenvolvido a capacidade de lutar e de me esforçar ao máximo, tanto física como mentalmente.

Foi esta capacidade de lutar e a minha determinação que acabaram por ser determinantes na minha decisão de tentar as provas – muito mais do que qualquer outra capacidade natural.

Se a seleção do SAS tem um efeito, é garantir que todos, ao longo de muitos meses, chegam a um ponto em que estão fisicamente «esgotados». Extenuados.

Por mais em forma que estejam.

O que as Forças Especiais procuram é força de espírito e capacidade de luta: os soldados que, quando todos os ossos do corpo reclamam descanso, vão buscar forças ao âmago e continuam a andar, vezes sem conta. Não se trata de forma física natural, está no coração, e é isso que as provas de seleção exigem de todos os candidatos.

Naquela altura, talvez ainda não tivesse a autoconfiança suficiente para perceber que todos temos essa força de espírito.

Sentia-me um pouco mais confortável com os comandos. Tinha tido um pequeno gosto do que me seria exigido enquanto potencial oficial dos Royal Marines.

Sabia que ia ser difícil, mas sentia-me à altura.

Era bom a fazer flexões e elevações, e a fazer longas marchas com uma mochila às costas (uma constante da vida dos comandos). Será que iria aguentar as marchas ultralongas por montanhas de grande altitude, com pesos enormes às costas, algo tão preponderante na seleção do SAS?

De certo modo, não me parecia que conseguisse aguentar aquilo.

No entanto, a voz dentro de mim não se calava.

No fim, concluí que quem não arrisca não petisca (desde então, aprendi que é uma filosofia a seguir na vida, se não queremos que esta seja insípida).

Sabia que devia pelo menos tentar a seleção.

Se chumbasse, teria a consolação de ter fracassado enquanto tentava. Com a cara na lama. Sabendo que tinha dado o meu máximo. Ah, e mais: eu sabia que as Forças Especiais exigiam segredo de quem tentasse a seleção, o que era perfeito. Cheguei à conclusão de que, se eu chumbasse, ninguém o saberia!

Era então esse o plano. Porém, na verdade, se eu fizesse ideia da dor e da pancada que o meu corpo sofreria na seleção, teria percebido que era uma loucura continuar com aquele sonho louco.

Mas, felizmente, nunca sabemos o que o futuro nos tem reservado.

Capítulo 37

Normalmente, antes de um soldado tentar ser selecionado para o SAS, deve cumprir vários anos de serviço no Exército. No entanto, o SAS é composto por três regimentos, sendo que o 21 e o 23 servem de reserva ao 22.

Tanto o regimento 21 como o 23 tendem a ser constituídos por ex-paraquedistas ou comandos que abandonaram o Exército, mas que ainda procuram um desafio e uma utilidade para as competências que conquistaram a grande custo.

O SAS pega nesses ex-soldados e fá-los passar por um curso de seleção rigoroso, destinado a selecionar os melhores. Depois, os poucos eleitos aprendem as competências de um operacional de combate secreto.

Porém, os regimentos 21 e 23 estão igualmente abertos a quaisquer civis que demonstrem estar à altura dos elevados padrões exigidos pelo SAS. Trata-se de um caminho mais longo e amplo, mas ainda assim é uma potencial entrada.

Aquilo de que eu gostei na reserva do SAS foi do facto de nos conceder uma certa flexibilidade.

Não éramos soldados a tempo inteiro, mas muitos reservistas do SAS exerciam essa função em permanência. Podiam ser destacados para qualquer parte do mundo sem aviso prévio, tinham um treino muito exaustivo e especializado, mas podiam escolher quanto tempo queriam dedicar ao regimento.

Eu adorava esse conceito.

O alistamento direto a partir da vida civil implicava uma curva de aprendizagem muito acentuada. No entanto, se fosse bem-sucedido, poderia pertencer à reserva do SAS sem todo o processo aborrecido de ter de fazer a recruta convencional.

E eu nunca tive ambições de ser convencional em nada.

Depois do colégio, muitos dos meus amigos tinham-se alistado num regimento de blindados ou de infantaria, como oficiais. Normalmente, isso envolvia muitos deveres cerimoniais e uma vida pomposa em Londres. Apesar de saber que eles se iam divertir muito, com os meus pouco mais de 20 anos de idade não achava aquele estilo de vida nada apelativo.

Se me quisesse alistar no regimento 21 do SAS, só o poderia fazer como soldado raso, ou seja, na patente mais baixa que existe. Não seria oficial como os amigos do colégio; entraria pelo nível mais baixo, como «grunho» (um termo depreciativo para soldado raso).

No entanto, «grunho» parecia-me um desafio muito mais interessante e divertido.

Além disso, não havia muitos ex-alunos de Eton entre os praças do SAS.

Capítulo 38

No hotel The Brunel, o Trucker e eu tínhamos discutido muitas vezes o curso de seleção das Forças Especiais até de madrugada. A decisão de nos candidatarmos foi em grande medida tomada a dois.

Acabou por se revelar uma das melhores decisões que já tomei, e forjou em nós uma amizade (formada através da partilha de provações) que eu nunca imaginaria possível.

Desde então, tornámo-nos melhores amigos, devido ao que passámos juntos no ano seguinte na seleção do SAS, e posteriormente.

Na altura, porém, reconhecíamos que, se apenas um número muito reduzido de candidatos era aprovado, então seria muito pouco provável que ambos fôssemos aceites no SAS.

Era um assunto que não discutíamos.

No fundo, eu estava preocupado, pois o Trucker era muito mais forte do que eu. Na verdade, ele era o homem mais em forma que eu já tinha conhecido, e invejava-o por isso. Ele era muito forte sem grande esforço quando corríamos e treinávamos juntos – tão diferente de mim –, e isso só servia para alimentar o meu receio de que, ao contrário de mim, ele passaria na seleção.

No dia 23 de março de 1994, chegámos os dois aos portões do quartel, com a guia de marcha na mão, tensos e muito nervosos.

Estávamos a dar início a uma viagem que nos transformaria efetivamente de civis entusiastas em operacionais altamente especializados das Forças Especiais, em pouco menos de doze meses.

Era uma ideia assustadora.

Um amador total ser transformado num profissional completo, com conhecimentos de tudo, desde demolições a operações secretas por via aérea e marítima, iria ser uma viagem que nos levaria aos nossos limites. No entanto, antes de podermos pensar em atividades excitantes, tínhamos de demonstrar que estávamos em forma e que éramos determinados, muito para além do normal.

A única forma de o fazer era com persistência, suor e muito trabalho árduo.

Ambos tínhamos sido destacados para o que considero ser um dos melhores esquadrões do regimento 21 do SAS. Tinha uma forte reputação no seio da família SAS por ser constituído por soldados duros, objetivos e compenetrados. Eram na sua maioria galeses, extremamente protetores uns dos outros, e extremamente profissionais.

Porém, a sua reputação tinha sido conquistada a custo e era bem defendida.

Teríamos de nos esforçar o dobro para conquistar o nosso lugar.

Na primeira tarde, no meio de uma mistura eclética de outros candidatos, recebemos um *kit*, levaram-nos para uma corrida valente (a subir e descer uns montes ali perto), entrevistaram-nos a respeito das nossas motivações, e depois informaram-nos quanto ao que poderíamos esperar.

O empenho parecia ser a palavra de ordem.

Voltei para casa aliviado – quanto mais não fosse por finalmente já ter começado.

Muitas vezes é essa a parte mais difícil de qualquer viagem longa, intimidante.

O Trucker e eu voltávamos uma vez por semana ao fim da tarde, para uma instrução noturna. Aquelas noites eram para nos «familiarizarmos» com o que poderíamos esperar no ano seguinte.

A seleção em si teria lugar ao longo de vários fins de semana, durante muitos, muitos meses – mas aqueles testes de treino e exercícios de dois dias só começariam passadas algumas semanas.

Em primeiro lugar, eles queriam identificar os que não tinham qualquer hipótese.

As noites de exercícios durante a semana eram passadas com um treino físico cada vez mais difícil.

Normalmente, tratava-se de corridas muito rápidas, de nos deixar sem fôlego, seguidas de *sprints* em plano inclinado e do transporte de camaradas às costas – monte acima, monte abaixo – até todos os recrutas estarem de joelhos, muitas vezes cobertos de vomitado.

Uma partida particularmente cruel que nos pregavam era mandar-nos formar no cimo de um monte íngreme com cerca de sessenta metros de altura. Depois, mandavam-nos descer até ao sopé e pôr um camarada às costas, e anunciavam que os últimos dois a chegarem ao topo seriam chumbados.

Arrastávamo-nos até lá acima, esfalfando-nos para não sermos os últimos, mas depois mandavam-nos descer outra vez – menos os últimos dois –, e repetíamos tudo. E depois outra vez.

No fim, já só restaríamos muito poucos, quase sem nos conseguirmos arrastar.

Por vezes cumpriam a ameaça e mandavam os mais fracos para casa; outras vezes levavam-nos a todos de volta para o quartel e não acontecia mais nada. Mas nunca sabíamos o que poderia acontecer.

Era assim que eles geriam a situação.

Só estávamos em segurança se déssemos cento e cinquenta por cento, se ficássemos entre os primeiros, e nunca desistíssemos.

Era evidente que era esse o requisito para ainda lá estarmos na semana seguinte.

Também nos faziam «moer» – eram combates de dois minutos, com luvas de boxe, nos quais o objetivo era esmurrar o adversário com o máximo de força que conseguíssemos. Sem técnica; só garra e sangue.

Eu acabava sempre por defrontar um matulão com quase dois metros. E ficava mais esmurrado do que ele.

Depois eram mais flexões. E elevações. Até já não nos aguentarmos em pé.

Naquela fase não se tratava de passar na seleção – a questão era não sermos desqualificados – naquele mesmo dia.

No entanto, depois de cada sessão de «esgotanço», o entusiasmo superava quase sempre as dúvidas, e comecei a aprender aos poucos a conviver com a dor.

Esse parecia ser o aspeto mais importante para sobreviver ali.

CAPÍTULO 39

O nosso primeiro fim de semana da pré-seleção estava finalmente a aproximar-se.

Cheguei ao quartel por volta das 17h30 de uma tarde de sexta-feira — fomos levados para o quartel-general do SAS, para aquilo a que chamavam «os testes de pré-seleção».

Estas provas destinavam-se apenas a garantir que estávamos «determinados a fazer o curso de seleção e cientes do que seria exigido». Foi isso que o oficial do SAS nos disse na primeira noite, enquanto estávamos sentados no chão frio de cimento de um hangar semissubmerso.

E acrescentou: «Espero que passem todos, acreditem. O regimento precisa sempre de mais homens, mas não é isso que vai acontecer. Posso garantir-vos que, de todos os que estão aqui, contarei com os dedos de duas mãos os que acabarão por ser aceites».

Quase não dormi nessa noite. Fiquei acordado, à espera das 05h30, naquele chão duro de cimento, no hangar escuro e húmido, que tão bem iria conhecer nos meses seguintes.

Às seis horas, começámos a correr num único pelotão enorme (tinham juntado todos os pelotões do regimento 21 do SAS para esse fim de semana de pré-seleção).

Era este o primeiro teste simples: uma corrida de montanha de doze quilómetros para concluir em menos de uma hora. Tive algumas dificuldades quando fizemos o caminho de floresta pelo monte acima pela quarta vez.

O resto da manhã foi passado com lições de «competências básicas», ministradas pelo pessoal da instrução, e com um *briefing* sobre as «atividades» da tarde.

Depois fizeram-nos correr até ao percurso de assalto.

Já tinha feito alguns percursos de assalto difíceis com os Royal Marines. No entanto, este parecia diferente. Antes, os percursos de assalto eram divertidos; este transmitia uma sensação de dor iminente.

Os instrutores queriam ver empenho total e um verdadeiro esforço, e havia sempre um oficial a observar todos os nossos movimentos.

Por vezes aproximavam-se de repente, arrastavam um desgraçado qualquer e diziam-lhe calmamente para recomeçar, com o aviso: «Faz tudo como deve ser, e com o triplo da velocidade e do esforço».

Depois de duas horas sem descanso a rebolar, rastejar, trepar e mergulhar, já não me aguentava de pé. Estávamos todos na mesma.

Os braços e as pernas pediam descanso.

Sem termos um segundo para recuperar, fizeram-nos correr pela mata, depressa, até a uma pequena clareira. A zona estava toda cheia de tampas de alçapão. Eram as entradas ocultas de uma rede de túneis subterrâneos.

Se tivéssemos problemas com espaços confinados, esta seria uma má altura para o descobrir.

No entanto, não nos deram oportunidade para pensar nisso. Fomos empurrados individualmente para dentro desses buracos minúsculos – e depois fecharam as tampas.

Sozinhos, lá fomos avançando por aquele labirinto subterrâneo, escuro e exíguo, de passagens estreitas com apenas um metro de altura.

Os túneis tinham todos uns quinze centímetros de água e lama. Eu rastejei, e rastejei, a tatear com as mãos esticadas para testar o caminho à minha frente. Sempre que chegava a uma tampa de alçapão e via alguma luz pelas frestas, ouvia um par de botas pesadas da tropa a pisarem o metal por cima de mim.

– Segue caminho – gritava um dos instrutores. – Mais depressa!

A claustrofobia era inadmissível no regimento. Tínhamos de ser capazes de trabalhar em condições exíguas, confinadas, de controlar os nossos sentimentos e emoções, e de aprender a canalizá-los.

Se não fôssemos capazes, então era melhor o regimento ficar a sabê-lo logo ali, antes do início da seleção em si.

Por fim, lá fomos libertados das nossas tocas de rato – cansados, cheios de cãibras e extenuados. A seguir, mandaram-nos fazer o percurso de assalto mais uma vez – só para terem a certeza.

Tudo aquilo era só para os instrutores terem hipótese de ver os traços de personalidade de cada um de nós: será que eu era persistente, tinha garra, mantinha a calma sob pressão, e conseguia não perder o controlo numa situação de emergência?

Assim, não tínhamos direito a descanso.

Depois, fomos escoltados até a um grande canhão pesado de artilharia que estava atolado na lama, no meio de um campo.

– Bem, toca a empurrar, rapazes, e depressa!

Fizemos muita força com as pernas e esforçámo-nos por o fazer mover--se. Lentamente, as rodas começaram a rodar.

– Nós dizemos quando for para pararem... Se pararem antes, estarão chumbados...

Os instrutores raramente gritavam, tinham tendência a observar em silêncio: estavam à procura da autodisciplina. Era este o mote deles durante o tempo todo: «Esforcem-se, rapazes. Se forem lentos de mais, irão desiludir--se. Entendido?»

Estava entendido, e era duro, mas eu gostava.

Estranhamente, aquela dependência das minhas capacidades dava-me uma sensação de confiança.

Muitos dos outros soldados que encontrei na seleção tiveram problemas com essa atitude. Muitos recrutas estavam habituados a que gritassem com eles, a serem instigados constantemente pelos sargentos do seu pelotão.

No SAS, contudo, a mentalidade era outra, e aqueles que precisavam de que gritassem com eles para se mexerem não tardavam a ser eliminados.

Tínhamos de ser capazes de ir aos nossos limites, e de o fazermos sozinhos. Como eu aprendi, no caso do SAS, era sempre «um pouco mais longe».

Por fim, quando começou a escurecer, e estávamos totalmente exaustos, deram-nos ordem para destroçar. Tinha sido um dia longo e duro, e eu atirei-me para o meu saco-cama no chão de cimento do hangar.

Ainda estava escuro quando comecei a ouvir os cabos a andarem em redor do hangar, como leões silenciosos, à caça. Comecei a preparar-me. Às 05h50 arrastei a minha mochila pesada e saí para a luz da alvorada. Ainda estava mais frio do que no hangar aberto e húmido.

Cheguei à parada cinco minutos mais cedo. Estava pronto.

Tinham-nos dito claramente que, se nos dissessem para estarmos na parada às seis da manhã, então queria dizer que lá deveríamos estar às cinco para as seis. Com um minuto de atraso levávamos uma admoestação. À segunda vez estaríamos chumbados.

Pesámos as mochilas nas balanças de serviço – quinze quilos no mínimo, mais o que levávamos pendurado à volta: a arma, água e comida. Era pesado (mal sabia eu o que me esperava naquele ano, e o tipo de pesos que acabaria por carregar).

Partimos em pelotão num passo rápido, que rapidamente se tornou numa passada larga, e depois numa corrida, enquanto seguíamos o mesmo caminho em volta dos mesmos montes, até à exaustão.

Os mesmos doze quilómetros – mais de quatro voltas à montanha coberta de mata –, mas desta vez com o equipamento todo.

– Vamos lá, uma volta já está, só faltam três.

A meio da segunda volta, perdemos mais alguns recrutas, que ficaram para trás do grupo, incapazes de aguentar o ritmo. Se aquela velocidade e aquele peso já eram de mais para eles, então seria melhor abandonarem as provas de seleção logo no início – para bem deles.

Na terceira volta já estava com dificuldades, ofegante, com a cara cheia de ranho, sem o mínimo sentido de humor ou de paixão, só com um ardor nos músculos das pernas e nos pulmões.

Não desistas, Bear. Vá lá, mais uma volta. Não vais desperdiçar todo aquele esforço agora.

Por fim, a chegada. Quando me voltei para trás, vi um pequeno grupo e outro conjunto de recrutas mais atrás. Esses que vinham atrás foram postos de parte. Não ouvi o que lhes disseram, mas pareciam extremamente desiludidos e exaustos.

Mandaram-nos arrumar as coisas para se irem embora.

Tinham sido reprovados mais oito, mas o meu verdadeiro receio era não saber se aguentaria muito mais aquele tipo de esforço.

Afinal, era apenas a pré-seleção. E era dura.

Como seria então a verdadeira seleção do SAS?

Capítulo 40

Antes de estarmos perto sequer de dominar todas as competências de um soldado das Forças Especiais, teríamos de passar na fase de seleção de «montanha».

Era apenas uma forma de o SAS reduzir os números elevados de candidatos para apenas alguns. Era sempre contrarrelógio e invariavelmente contra os elementos.

Só quando restassem poucos é que o SAS começaria a formar e a treinar esses recrutas nas verdadeiras competências das Forças Especiais.

É um treino muito caro e demorado para o regimento, e não vale a pena gastar recursos tão valiosos em pessoas que, na verdade, não têm a atitude certa e a forma física exigida.

Por conseguinte, a primeira fase era separar o trigo do joio; a segunda era formar.

Desde o início da pré-seleção, já tínhamos perdido um quarto dos recrutas do nosso pelotão; estávamos agora oficialmente prestes a começar a dita «seleção».

No quartel, fomos escoltados até à zona principal, onde ficava o grosso dos edifícios do esquadrão.

Já não estávamos confinados a um bloco lateral e ao ginásio.

Pelo menos era algum progresso.

Fomos informados a respeito do que seria esperado de nós daí em diante, e depois equiparam-nos com a nossa primeira farda militar e com o equipamento básico.

Em seguida, indicaram-nos o nosso vestiário, cheio de cacifos de metal e com um chão pintado de vermelho. Esta seria a nossa «casa» enquanto estivéssemos no curso de seleção.

A mensagem que nos transmitiam constantemente era clara: «Se o desejarem o suficiente, serão aprovados».

Toda a primeira fase de seleção de montanha teria lugar nos picos selvagens de Brecon Beacons, em Gales.

Nos seis meses seguintes, a maioria do meu tempo seria passado a suar e a calcorrear aquelas montanhas: por vezes com um calor abrasador e sol intenso, rodeado de pragas de mosquitos e encharcado em suor; depois, mais para o fim do ano, a caminhar com neve até à cintura, cheio de frio e encharcado; outras vezes ainda, quase seria levado pela força do vento nos picos elevados.

Em certas ocasiões, carregávamos um total de trinta e cinco quilos – aproximadamente o peso médio de uma criança de oito anos.

A hipotermia e a exaustão iriam tornar-se inimigos constantes, a par do cronómetro. É uma luta constante quando as nossas botas estão cheias de água e a roupa enrijece com os ventos fortes que varrem as montanhas do País de Gales. Como é que conseguimos avançar – e depressa?

Todo o processo de seleção tem que ver com muito mais do que forma física. Exige competências de orientação, agilidade mental, autodisciplina e uma enorme persistência para continuar quando as nossas pernas e todo o nosso corpo pedem descanso.

O SAS pode dar-se ao luxo de ser exigente no recrutamento. Haverá sempre muita gente disposta a testar os seus limites candidatando-se ao regimento.

O nosso primeiro exercício em Brecon Beacons foi aquilo a que chamam uma «visita guiada» – soava a algo muito inofensivo, o que em si já era preocupante.

Seríamos levados em pequenos grupos num périplo pelas montanhas, para ver se, na prática, tínhamos bem a noção da arte da orientação noturna em altitude.

Só depois é que nos poderiam deixar à solta por nossa conta.

À medida que fomos ganhando cada vez mais altitude, os instrutores deram-nos conselhos e dicas, que tinham aprendido a grande custo. Conselhos sobre como nos podemos orientar com eficácia, e sobre como podemos avançar sem perder tempo.

Eu absorvi tudo aquilo.

Revezávamo-nos na navegação de cada etapa, e íamos avançando quilómetros.

Dez horas depois, tínhamos percorrido cerca de trinta quilómetros, a subir e a descer picos e vales remotos.

Todos sentíamos o peso nas costas e doíam-nos os pés – mas estávamos a esforçar-nos juntos, e isso era agradável.

Tivemos igualmente o nosso primeiro gostinho de uma montanha galesa particularmente elevada que viríamos a conhecer intimamente. Era um pico conotado com a seleção do SAS, e todos os recrutas o conheceram muito bem.

Por fim, parámos numa mata e descansámos durante duas horas no sopé de uma montanha. Eu estava encharcado da névoa e do suor de todo o dia, mas sentia-me entusiasmado.

Esperámos até escurecer.

A fase seguinte seria o primeiro de muitos exercícios de orientação noturna.

Capítulo 41

Quando a noite caiu, avançámos em pequenos grupos pela escuridão, à procura do primeiro posto de controlo.

Avançar de noite pelo terreno montanhoso era difícil, e não tardámos a andar todos às apalpadelas, a cair em buracos e em zonas pantanosas.

A orientação noturna era uma arte que em breve dominaríamos. Naquele momento, porém, os nossos pés, olhos e instintos eram novatos e inseguros.

Reparei que os oficiais de instrução que estavam connosco nunca tropeçavam nem caíam. Eram só os recrutas que tropeçavam em tufos de erva e em buracos no escuro.

Era como se os verdadeiros SAS já tivessem aprendido este jogo há muito tempo.

Eu queria tanto desenvolver aquele nível de confiança e de competências. Sabia que isso viria com a prática; e prática a caminhar de noite seria algo que não nos faltaria.

Lá acabámos por dar com o último ponto de controlo na floresta de montanha, cansados, molhados e esgotados. Amarrei a minha capa impermeável a duas árvores como se fosse uma rede, armei a tenda e adormeci profundamente.

Duas horas depois, às 05h55, já estávamos formados no caminho que levava a um dos picos mais elevados, a cerca de dez quilómetros de distância. À nossa frente, o cume quase não se via no lusco-fusco do amanhecer.

Quando olhei para a fileira de recrutas à minha esquerda, vi que estavam todos preparados para o frio.

Gorros de lã verde-tropa, roupas de combate impermeáveis, punhos cerrados ao lado do corpo, para manter o calor, e mochilas arrumadas à sua frente no chão.

A respiração de cada soldado condensava-se no ar frio.

Tinha os pés doridos e apertados nas novas botas da tropa. Sentia que tinham começado a inchar com o esforço.

O comandante de pelotão gritou:

– Se querem passar neste curso, têm de me acompanhar.

Depois, avançou a passos largos.

Fomos a correr atrás dele, enquanto púnhamos as mochilas às costas.

Os recrutas tentavam ultrapassar-se uns aos outros para se chegarem à frente. No entanto, acompanhar aquele ritmo implicava ir quase em passo de corrida, algo que eu sabia ser impossível de manter.

Cada passo era conquistado a custo e, à medida que a inclinação aumentava, sentia a minha energia a diminuir. O meu corpo estava na reserva das suas forças, e já estava suado e ofegante.

É aqui que começa a contar, é a altura de brilhares, dizia a mim mesmo. *Não fiques nem um passo atrás.*

Eu sabia que ficar para trás seria fatal.

Seria ultrapassado pelos outros recrutas e nunca mais conseguiria recuperar o ritmo.

Era a energia deste pelotão da frente que me estava a manter ali, apesar do ritmo esforçado e da inclinação.

Quando chegámos ao cume, dei por mim no meio dos poucos que tinham conseguido acompanhar o comandante, e dei o meu máximo para me manter ali em toda a descida.

Corremos o caminho todo pela montanha inclinada abaixo.

Quando chegámos ao fundo, estávamos uns vinte minutos adiantados em relação à maioria dos outros recrutas.

Quando o grupo se reuniu todo, o oficial anunciou que o nosso desempenho tinha sido uma vergonha e que, se queríamos mesmo passar, deveríamos começar a esforçar-nos.

Depois desse comentário, disse-nos para ficarmos onde estávamos. A seguir, deu ordem para ligarem os camiões e ficámos a vê-los partir, pela estrada principal, vazios.

– Meia-volta, rapazes. Os camiões estarão à vossa espera do outro lado. Demoraram uma vergonha de duas horas e dezassete minutos para concluir o percurso. Agora têm duas horas para fazer o caminho inverso até aos camiões. Os que não cumprirem esse prazo chumbam... e vão a pé para o quartel.

Exausto, voltei-me para iniciar a subida novamente.

Avancei até à dianteira do grupo, determinado a ter um bom começo e a manter-me à frente, e lá fui subindo a montanha.

Quando chegámos ao primeiro patamar, uns vinte minutos depois, estava lá um cabo à espera, a anotar silenciosamente quem vinha à frente e quem já tinha ficado para trás.

Depois, apontou calmamente para o fundo da encosta.

– Podem descer, rapazes. Os camiões vão voltar. Mas foi bom ver quem estava preparado para o esforço – declarou, com um aceno de cabeça no sentido do pelotão da frente, onde estava eu e o Trucker.

Demos meia-volta e começámos a descer, totalmente exaustos.

Deixámo-nos cair silenciosamente dentro dos grandes camiões e demos um suspiro de alívio quando os motores começaram a funcionar e tomámos a estrada em direção ao sul.

Tinha sido apenas mais um pequeno teste. Um teste com um objetivo.

Seríamos o tipo de pessoa que pode dar meia-volta quando já está esgotada, e encontrar aquele ímpeto interior para continuar, ou desfaleceríamos e desistiríamos com a exaustão?

É um jogo mental, e é difícil prever o modo como as pessoas irão reagir sob pressão.

A única coisa que me importava, porém, era que o primeiro fim de semana da seleção tinha terminado.

As provações tinham começado.

Capítulo 42

Como é que estar deitado no chão de metal de um camião militar, cheio de cãibras, exausto e a inalar o fumo do tubo de escape, podia ser a melhor sensação do mundo?

No entanto, momentos como aquele, enrolados nas capas impermeáveis, depois de sobrevivermos com sucesso a mais um exercício de fim de semana, faziam com que todo aquele esforço e aquele sofrimento valessem a pena.

Os exercícios noturnos durante a semana continuaram ao mesmo ritmo – corrida, treino físico (grandes corridas, circuitos de força arrasadores, carregar camaradas às costas, e esforços em geral), lições de leitura de mapas, treino médico e de manuseamento de armas.

Enquanto novos recrutas, tínhamos um fardamento verde, o uniforme-padrão do Exército. Era impossível não reparar no ar confiante e determinado dos verdadeiros soldados SAS que passeavam pelo aquartelamento, altivos.

Nós, os recrutas, pelo contrário, não sabíamos nada e não éramos nada. Éramos apenas números.

Nem mais, nem menos.

Eu olhava com uma admiração velada para as boinas cuidadosamente enformadas e para os cintos com o punhal alado que os tipos do SAS usavam. Começava igualmente a apreciar o esforço que tinha sido necessário para os conquistar.

O nosso fim de semana seguinte de seleção nas montanhas não tardou a avizinhar-se.

Assim que o meu corpo começou a recuperar daquele teste, a tensão e o medo do que se aproximava apoderaram-se de mim novamente.

Afinal, ninguém anseia por ter de se esforçar ao ponto de não se aguentar em pé, várias vezes seguidas.

O enorme camião militar verde parou numa zona de estacionamento no sopé de mais uma montanha fria e fustigada pelo vento, por volta da uma hora da madrugada. Chovia a potes.

Aos pares, tentámos encontrar uma pequena clareira plana para dormir. No entanto, era impossível dormir. Enfiados numa vala que depressa se estava a tornar uma poça, aproveitámos dentro do possível as cinco horas que faltavam para a alvorada.

Às 05h55 estávamos todos em sentido num autêntico pântano, debaixo de chuva intensa. O oficial do SAS responsável pelos exercícios disse-nos que este seria o nosso último passeio «acompanhado» pelos pântanos, e reiterou a importância de aprendermos lições importantes com os instrutores.

Entregou-nos aos cabos, e depois deu meia-volta e foi-se embora.

Assim que o *briefing* terminou, os instrutores gritaram para os seguirmos.

Avançaram apressadamente pelo meio das ervas altas da zona pantanosa e íngreme e, poucos minutos depois, pareciam estar quilómetros à nossa frente. Em seguida, pararam e esperaram, a olhar para trás, enquanto nos aproximávamos lentamente em grupo, espalhados pela charneca.

Estávamos todos molhados, cheios de lama e com péssimo aspeto, a arrastar-nos com o peso das mochilas.

Os instrutores, pelo contrário, pareciam frescos, em forma e aprumados. Nunca gritavam nem eram agressivos; eram apenas diferentes. E tinham sido rápidos, muito rápidos.

Eu não fazia ideia de como tinham conseguido avançar quase um quilómetro e meio num terreno íngreme e pantanoso em tão pouco tempo – e sem que isso os afetasse.

Informaram-nos calmamente de que, posteriormente, na seleção, este seria o ritmo exigido como velocidade «mínima». Tentei não pensar nisso; limitei-me a manter presente que tinha de os acompanhar a todo o custo.

Era evidente que existia uma enorme diferença entre um recruta e um verdadeiro soldado do SAS.

Começámos a avançar novamente e, pouco depois, comecei a sentir-me mais forte, à medida que encontrava o meu ritmo.

Com a orientação dos instrutores, praticámos a travessia de cursos de água caudalosos com o equipamento completo, bem como de encostas íngremes e expostas aos elementos, com o peso da mochila, do equipamento e da arma.

Às 13h30 fizemos um curto intervalo para comer e beber água, e sentámo--nos perto uns dos outros numa pequena vala. No entanto, a paragem não durou muito, e depressa iniciámos a etapa seguinte da marcha, os últimos vinte e cinco quilómetros do dia.

Quando íamos a subir para o pico seguinte, reparei nos outros recrutas ao meu lado: cabisbaixos, em esforço, com o suor a pingar da testa. Ninguém falava. Estávamos todos a dar o máximo para não ficar para trás.

Os últimos quilómetros pelo cume e montanha abaixo prolongaram-se, até que chegámos ao final daquele dia de marcha. Disseram-nos para descansarmos uma hora na floresta, para vermos como estavam os nossos pés, bem como para comermos e bebermos água.

Porém, esse descanso foi totalmente estragado pelos enxames de mosquitos de verão que nos rodearam a todos.

Nunca tinha visto tantos mosquitos juntos a voar.

O repelente de mosquitos do Exército era completamente inútil contra eles, só fazia com que se colassem à pele, pelo que tínhamos de os raspar às camadas com as mãos.

Já só queríamos seguir caminho, sentir o vento no cabelo e deixar os mosquitos para trás.

Pouco depois, formámos na mata e disseram-nos:

– Fiquem quietos, não se mexam.

Havia tantos mosquitos no ar, que, de cada vez que respirávamos, engolíamos um monte deles. Só queríamos era coçar-nos e sacudi-los da cara. Assim, estar ali em sentido, imóveis, rodeados de enxames, era um horror.

– Quietos! – gritou um dos instrutores, a quem tínhamos dado a alcunha de *Sr. Mauzão*.

Em seguida, pôs-se à nossa frente, igualmente coberto de mosquitos, e ficou a observar, à espera de que um de nós desistisse.

Eu ia piscando os olhos e torcendo o nariz, numa tentativa vã de afastar os mosquitos, que não paravam de voar à volta das nossas cabeças. Parecia uma forma antiga de tortura, e os segundos pareciam horas.

Foi desmoralizante e horrível, mas, depois de quarenta e cinco minutos deste exercício psicológico, mandaram-nos destroçar e aguardar ordens para a marcha noturna.

Tinha sido uma lição simples de que a força mental tem de acompanhar o vigor físico. E o lado físico é sempre controlado pelo psicológico.

Naquele dia, todos os recrutas que estavam na mata infestada de mosquitos e perdida no meio do nada aprenderam essa lição.

Capítulo 43

O instrutor veio ter connosco e disse-nos que a marcha dessa noite seria uma «introdução pedagógica» às ervas dos pântanos, ou seja, às zonas pantanosas (com quilómetros e quilómetros de tufos de erva e de buracos bons para torcer os pés, que quase impossibilitam qualquer tipo de progressão).

Nos meses seguintes, iríamos aprender a recear e a odiar aquelas ervas dos pântanos (ou «cabeças de bebé», como muitos recrutas lhes chamavam, pois pareciam milhões de pequenas cabeças espetadas no solo).

Nessa noite estava à espera do pior, e não me desiludi.

Era horrível ter de avançar quilómetros e quilómetros pelo meio daqueles emaranhados de tufos de erva. Ainda para mais, na escuridão, cada passo que dávamos era uma lotaria: ou tropeçávamos, ou não.

Se acrescentarmos o facto de as ervas terem rebentos que chegavam à altura do peito, é fácil perceber o motivo pelo qual os soldados começaram a odiá-las tanto.

Na escuridão total, as minhas pernas deslizavam e torciam-se a cada passo, e por vezes afundava-me até à cintura em lodo viscoso e fétido.

Por fim, quando saímos do planalto elevado, chegámos à vedação exterior de uma quinta.

Fomos avisados de que não devíamos fazer barulho – o dono da quinta era conhecido por expulsar os recrutas do seu terreno com uma caçadeira. Tudo aquilo aumentava a excitação que sentimos quando contornámos cuidadosamente a casa dele e trepámos a vedação. Depois de uma última marcha rápida de arrasar por caminhos de floresta às escuras, chegámos ao nosso destino pelas três da manhã.

Tínhamos três preciosas horas de descanso pela frente, aconchegados no meio do mato.

Para mim, esses momentos de espera sem dormir, molhado, com frio, foram das piores partes da seleção.

Fisicamente, o corpo estava exausto: os joelhos e as solas dos pés estavam inchados e rígidos; e o corpo exigia um descanso adequado. No entanto, raramente tínhamos mais de três horas entre marchas, o que não era suficiente para descansar, mas bastava para cortar a excitação do exercício.

O que acontecia era que eu arrefecia e ficava rígido, com mais sono e exausto – era uma combinação fatal.

Os responsáveis do SAS sabiam isso.

A força de vontade necessária para me voltar a levantar, uma e outra vez, para continuar a arrastar-me pelas montanhas no escuro, encharcado e cheio de frio, era exatamente o que eles procuravam.

No intervalo daquelas horas, entretinha-me a tratar das bolhas dos pés, a comer e a preparar uma bebida quente. No entanto, quando terminava essas tarefas, não podia fazer mais do que deitar-me à espera – à espera da temida chamada matinal para formar para o exercício físico de combate.

Cada fim de semana que passava, o exercício físico de combate tornava-se cada vez mais desagradável e árduo.

Na manhã seguinte, totalmente equipados, formámos ao lusco-fusco. Todos arrastávamos as pernas, rígidas e doridas, e todos tínhamos um ar exausto. Os instrutores, pelo contrário, andavam ligeiros à nossa volta. Sedentos de sangue.

Depois, às 05h55 certas, foi dada a ordem.

– Sigam-nos e não fiquem para trás. Este fim de semana o vosso desempenho foi uma vergonha, e agora vão pagar por isso.

O instrutor arrancou num passo rápido por um dos caminhos de floresta, e nós pegámos nas mochilas e fomos atrás dele. Depois o ritmo aumentou até a um nível em que tínhamos de correr para acompanhar – mas correr com tanto peso em cima era quase impossível.

Em vinte minutos já estávamos todos ofegantes e encharcados de suor, a tentar acompanhar. Uma hora e meia depois, o ritmo ainda não tinha abrandado.

Tínhamo-nos tornado uma longa fila de corpos a gemer, exaustos – desalinhados e sem qualquer ordem –, existindo cerca de um quilómetro entre o primeiro recruta e o último. Já era pleno dia e ninguém se aguentava em pé.

Eu arrastei-me pelo caminho final e terminei algures no meio do grupo. No entanto, estava esgotado. Não tinha mais nada para dar. Nada.

Se me pedissem para andar mais cinquenta metros, teria dificuldade em fazê-lo.

Enquanto estava ali, com o corpo encharcado de suor a fumegar com o frio, um dos recrutas começou a refilar baixinho e a murmurar.

– Estou farto desta merda – resmungou entre dentes. – Isto é uma treta. Isto não é treino militar, é sadismo.

Depois olhou para mim. – Ninguém devia ser obrigado a passar por isto – acrescentou. – Somos tratados como mulas de carga, e até estas acabariam por sucumbir a um esforço destes.

Disse-lhe para ter calma, que ao fim do dia, quando estivesse a tomar um banho quente, já se teria esquecido de tudo. Foi então que ele se virou e me olhou fixamente.

– Sabes qual é a diferença entre nós os dois, Bear? É que tu és mais estúpido do que eu.

E, com isso, voltou-se, atirou a mochila ao chão, dirigiu-se ao instrutor e disse que se queria ir embora.

O instrutor indicou-lhe o caminho para os camiões.

O recruta subiu para um dos camiões e nunca mais o vimos. Era assim que acontecia sempre.

Venciam-nos ao subir cada vez mais a fasquia, até desistirmos ou não conseguirmos cumprir os prazos.

Diziam-nos sempre: «Nós não vos chumbamos; vocês é que chumbam. Se cumprirem os tempos e seguirem em frente, passam».

No regresso, sentado no camião militar, pensei no que o outro recruta me tinha dito: «Tu és mais estúpido do que eu».

Talvez tivesse razão.

Afinal, ser-se levado a um esforço até já não se poder mais parecia muito estúpido, mas receber apenas vinte e sete libras por dia pelo privilégio de continuar a ser sujeito a esse esforço parecia ser ainda mais estúpido.

No entanto, o tipo que desistiu também não percebeu uma coisa: as coisas boas resultam da persistência e do trabalho duro, e tudo o que vale a pena tem um custo.

No caso das Forças Especiais, o custo era cerca de mil barris de suor.

Seria esse um preço que eu estaria disposto a pagar?

No processo de seleção iria ter muito tempo para colocar essa questão a mim mesmo.

Capítulo 44

A seleção parecia ocupar todo o meu tempo.

Já me tinham dito que isso aconteceria, e eu nunca tinha acreditado nisso – mas era verdade. É difícil deixarmos de pensar em algo a que dedicámos tanto esforço e tanto tempo.

A excitação do que aconteceu e a antecipação do que se seguiria consumiam-me nos dias livres.

Eu e o Trucker voltávamos para a nossa vida de «estudantes» em Bristol, onde os nossos amigos se passeavam descontraidamente entre as aulas e a cantina.

Nós íamos também e ficávamos com eles, mas mantínhamos uma certa distância.

Evitávamos as grandes noites de bebedeiras e os dias longos passados na cama, algo que tantos dos nossos colegas pareciam apreciar. Em vez disso, saíamos da cama cedo para ir treinar ou preparávamos os equipamentos para o que se avizinhava.

Em suma, nós os dois tínhamos um objetivo de vida diferente.

O nosso exercício seguinte foi nas Black Mountains, no País de Gales. Por alguma razão, os temidos mosquitos não apareceram, talvez pela altitude e pelo vento. Independentemente do motivo, foi um grande alívio.

Esta seria a nossa primeira marcha em pares, e não em grupo, e eu assegurei-me de que ficava com o Trucker (fazendo algumas manobras subtis na formatura).

Os pares partiam intercaladamente, e nós saímos cedo, às 06h30 da manhã.

Já era dia, a manhã passou a correr, e nós avançámos rapidamente pelas montanhas, mas com muito calor. A visibilidade era boa, o que facilitou imenso a orientação, e estávamos muito confiantes.

Não tardámos a chegar a uma barragem, onde tivemos de tomar uma decisão.

Sabíamos que era proibido atravessar barragens, da mesma forma que não era permitido utilizar caminhos pedestres ou de floresta (a não ser que estes fizessem parte do tão temido exercício físico matinal).

Tratava-se de uma regra básica da seleção para garantir que utilizávamos a orientação devidamente e que percorríamos sempre o caminho mais difícil, o que acontecia inevitavelmente (de facto, ainda hoje me sinto culpado sempre que utilizo um caminho pedestre nas minhas caminhadas de montanha – são hábitos...).

Contudo, se não atravessássemos a barragem, a alternativa seria descer e subir uma ravina de cento e vinte metros.

Estaremos a ser observados por um instrutor, ou podemos arriscar?

No espírito de «quem não arrisca não petisca» do regimento, e por aí adiante, trepámos cuidadosamente um portão trancado e atravessámos os duzentos metros da passagem superior da barragem a correr.

Não houve problemas.

Depois, dedicámo-nos a subir a encosta íngreme que conduzia ao posto de controlo seguinte, a cerca de dez quilómetros.

Depois de seis horas de marcha, estávamos ambos a começar a fraquejar.

O calor tinha sido implacável e, quando queimamos seis mil calorias por dia, carregamos uma mochila pesada, cinturões com acessórios e uma arma por montes e vales, não podemos deixar de nos hidratar convenientemente.

Foi o nosso erro.

Estávamos ambos com aquele espírito de quem está a andar bem, a sentir-se bem, e provavelmente cedemos a um excesso de confiança – que quase nos custou a seleção.

Tínhamos de fazer uma última subida numa encosta de seiscentos metros antes de descermos para o último posto de controlo. Porém, eu já estava em dificuldades. Já não estava a suar, apesar do calor e do esforço. Era mau sinal.

A cada passo que dava, sentia que tinha o mundo às minhas costas. Estava tonto, a delirar, e tinha de me sentar constantemente.

Em suma, estava a ter um golpe de calor.

Nunca me tinha sentido a delirar, nem experienciado aquele tipo de fraqueza. Sentia-me semiconsciente, como se estivesse alcoolizado – e estava constantemente a desfalecer.

A única coisa que queria era parar e deitar-me num lugar escuro, sossegado e fresco. Mas não podia. Tinha de beber e pôr-me a caminho, e esperar que a reidratação funcionasse.

Lá acabei por rastejar até ao cume e deixei o meu corpo cair pelo outro lado até ao último posto de controlo. Comuniquei a minha presença e desfaleci na mata com os outros recrutas.

Tinha uma dor de cabeça insuportável, sentia-me enjoado e tonto. Precisava de me começar a reidratar e a recompor – e depressa.

Entretanto, cinco outros recrutas não tinham conseguido completar o percurso, e dois outros tinham sido resgatados, todos com golpes de calor. Foram todos chumbados.

Em parte invejava-os, pois via-os estirados na ambulância, a serem bem tratados. Pareciam muito melhor do que eu.

No entanto, sabia que só precisaria de me aguentar. Por essa hora, no dia seguinte, já veria tudo aquilo como outro teste concluído e estaria um passo mais próximo do meu objetivo.

Por isso, sentei-me e comecei a fazer um belo chá quentinho, esperando que não tardasse muito para conseguir abrir os olhos devidamente.

Antes de a marcha noturna começar, fomos todos chamados à parada mais cedo. Era mau sinal.

Enquanto estávamos ali, alguém leu os nomes de dois recrutas, que foram chamados a avançar.

Aqueles dois tinham sido vistos a atravessar a barragem umas horas antes e foram mandados para casa, discretamente, sem alarido.

Eu e o Trucker tínhamos tido sorte, mas também aprendemos outra lição importante: se vamos arriscar tudo num ato de atrevimento, então é melhor escolhermos bem o momento, para não sermos apanhados.

Quando iniciámos a marcha noturna, eu já me sentia um pouco mais forte. Ainda me doía a cabeça, mas podia estar em pé sem me sentir tonto. Já era algum progresso.

O Trucker também se sentia muito mal, o que me servia de consolo.

Por sorte, o caminho era relativamente simples e, por fim, às três da manhã, com as forças a voltarem-me (e também o orgulho, por ter superado aquilo e estar outra vez restabelecido), cheguei à nossa base na floresta.

Deitei-me e descansei, à espera do exercício físico de combate às 05h55.

A ginástica do dia seguinte começou de um modo relativamente simples – uma corrida de cerca de cinco quilómetros por um caminho de vale.

Mais uma vez, o grupo espalhou-se, pois o instrutor ia a um ritmo alucinante, mas depressa chegámos ao fim do percurso, onde todos os camiões nos esperavam.

Já me sentia com forças novamente e, de certo modo, estava contente por estar a conseguir acompanhar o ritmo, enquanto quase todos os outros estavam a ficar para trás.

No ponto onde eu julgava que o instrutor iria virar à esquerda, na direção dos camiões militares que nos esperavam, vi-o voltar bruscamente à direita e encaminhar-se para a encosta de trezentos metros que conduzia ao cume.

Foi então que a gritaria começou verdadeiramente, algo que quase nunca tinha acontecido antes.

Capítulo 45

O s instrutores orgulhavam-se muito do facto de nunca precisarem de gritar. A seleção já era suficientemente dura.

Diziam-nos muitas vezes que estavam ali apenas para dar o curso e observar.

No entanto, de repente tinha havido uma mudança de ritmo, e os gritos agora eram firmes, direcionados e sérios.

– Vamos embora! Já! – gritou o instrutor. – Se eu vir alguém a andar, está chumbado, entendem? Vamos subir esta montanha a correr.

Fiz o que me mandavam, virei as costas ao apelo dos camiões e comecei a subir a montanha, no encalço do instrutor. Sabia que teria de dosear o esforço.

Era uma montanha grande e, com o peso da mochila, iria ser quase impossível correr o caminho todo.

Só tinha de me certificar de que não era o primeiro que viam a abrandar. Mentalizei-me e comecei a respirar cada vez mais depressa.

A meio do caminho, o instrutor parou, voltou-se para trás e observou-nos. Eu fiz questão de continuar a correr, ainda que lentamente, até chegar ao pé dele, sem ligar ao meu cansaço.

Lá acabei por o alcançar, algures no meio do grupo. Sentia as pernas e os ombros como se estivessem a arder, e julguei que o coração e os pulmões me iam explodir.

Olhei para trás, pelo meio dos outros recrutas, para ver os últimos a arrastarem-se pela montanha na nossa direção. Dois deles vinham num passo lento. Percebi logo que estavam tramados.

O instrutor tinha ditado as condições: se correrem, passam; se andarem, chumbam.

– Muito bem, todos vocês podem descer e entrar nos camiões. E vocês – apontou para os últimos dois recrutas – venham comigo.

Já no sopé, enquanto subíamos para os camiões no estacionamento lamacento, senti um grande alívio. Da traseira do meu camião Bedford, vi os dois recrutas a serem conduzidos para um veículo diferente.

Era assim que funcionava: quando alguém chumbava, era mantido à parte. Isso ajudava a que nos aproximássemos como equipa, e dava um certo orgulho aos que ainda se aguentavam, por nos mantermos no camião certo.

Não era muito, mas para nós era muito importante.

Nos três fins de semana que se seguiram, o ritmo continuou a intensificar-se: as distâncias aumentaram, bem como os pesos e a pressão.

Normalmente, percorríamos até quase cinquenta quilómetros, pelas montanhas, com mais de vinte quilos às costas. Além disso, agora marchávamos sozinhos – dia e noite.

O SAS estava a começar a testar a nossa capacidade de trabalho solitário. Será que tínhamos a capacidade de encontrar motivação para continuar, de nos orientarmos devidamente e de cuidarmos de nós mesmos, quando estávamos gelados, molhados e cansados?

O mais estranho é que eu estava a sair-me bem.

Raramente gritavam connosco e, até essa altura, só nos pediam para executar três tarefas simples: fazer orientação pelas montanhas; carregar o peso; cumprir os tempos.

A parte militar viria depois, mas apenas para aqueles que demonstrassem ser capazes de se esforçar ao máximo, independentemente das condições.

Eu gostava de toda aquela filosofia.

Pouco depois, o número de recrutas no nosso pelotão já era inferior a dez, e apenas tínhamos concluído metade dos fins de semana de montanha. O Trucker ainda lá estava, mas muitos tipos musculados já tinham sido eliminados.

No entanto, era evidente que a seleção estava a ter um efeito físico em nós.

Depois de cada fim de semana, os meus pés e o meu corpo dorido levavam dias a recuperar. Mal me aguentava em pé, com os pés macerados e os membros a doer.

O meu corpo ainda era relativamente virgem neste tipo de trabalho de resistência na montanha. Tinha apenas 20 anos, era bastante mais novo do que todos os outros soldados da seleção. A resistência vem com a idade.

Não era surpreendente que tão poucos jovens passassem, e que a idade ideal fosse 20 e tal anos.

Iria ser uma viagem longa, e a habituação ao esforço levava tempo. O segredo era aprender a recuperar depressa.

Demorei meses a desenvolver essa capacidade.

Nos primeiros dias, doíam-me muito os gémeos, depois de uma longa sessão a carregar camaradas às costas repetidamente, e os ombros começavam-me a arder poucas horas depois de carregar a mochila pelas montanhas. No entanto, fui endurecendo progressivamente.

Outro aspeto essencial que retive na primeira fase da seleção foi o de aprender a ouvir o meu corpo e a prepará-lo convenientemente: a comida certa, o descanso certo, o treino certo.

A que nível de intensidade é que deveria treinar entre os testes, e com que frequência?

Um grande e frequente erro entre os recrutas, quando se preparavam para a seleção, era o facto de treinarem demasiado e lesionarem-se – com uma lesão, a seleção torna-se impossível.

Trata-se de um equilíbrio complicado, e exige que oiçamos cuidadosamente o nosso corpo.

É uma competência que me tem sido muito útil na vida desde então.

Capítulo 46

Um aspeto que sempre me irritou é o facto de sentir dificuldades em adormecer nas alturas em que, precisamente, mais necessito de dormir.

É uma sensação horrível que se tem na boca do estômago: estar acordadíssimo na cama, com medo do que virá a seguir, ciente de que o corpo necessita de descanso, mas ser incapaz de «desligar».

A minha cabeça não para e, quanto menos durmo, mais se agrava a minha perturbação.

E o que se avizinhava preocupava-me – e muito.

Era o nosso primeiro teste físico eliminatório. Quem chumbasse estava excluído do curso.

Não havia dúvidas disso.

Conhecido nos círculos das Forças Especiais por ser um verdadeiro teste de caráter, esta prova de montanha é uma marcha rápida (corrida) atroz de quase trinta quilómetros, com equipamento completo. Trata-se de uma subida até quase mil metros de altitude, seguida da descida pelo outro lado de um pico específico, culminando no regresso ao ponto de partida.

Quem falha o tempo, por um minuto que seja, é reprovado – sem direito a segunda tentativa.

No sopé da montanha, naquela manhã amena e de céu limpo, eu estava mais nervoso do que nunca, à espera do início da prova.

Será que comi o suficiente? Será que vou ter forças hoje? Será que vou ser capaz de manter o ritmo?

Poucos minutos depois de começarem a subir o caminho íngreme, o Trucker e o grupo da frente já me tinham deixado para trás.

Vá lá, Bear, esforça-te – podes descansar o que quiseres no final, mas agora despacha-te.

Com o peso de vinte quilos da mochila, do cinturão, da arma, da comida e da água, não era fácil avançar àquela velocidade. Uma hora depois, tinha a roupa toda encharcada em suor e tentava ao máximo fazer avançar o meu corpo, cada vez mais depressa.

No local que marcava metade do percurso, bebi um gole rápido de água, e depois voltei a arrancar pelo longo caminho que seguia pela montanha acima, até ao cume longínquo.

Mas estava atrasado, e sabia-o.

Estava zangado comigo mesmo.

O Trucker parecia muito controlado quando passou por mim no seu regresso: a correr com confiança, com um ar forte. Eu, pelo contrário, sabia que o meu aspeto coincidia com o modo como me sentia: uma desgraça. Estava cabisbaixo, a olhar para o chão, e a respirar muito depressa por entre dentes cerrados e cheios de saliva.

Tinha de ganhar tempo, e depressa, ou chumbaria.

Não sei como, mas encontrei forças na etapa seguinte, e ultrapassei longas filas de recrutas que estavam a começar a ficar para trás. Isso deu-me mais confiança, e puxei ainda mais por mim.

No cume, arranquei quase em *sprint*, montanha abaixo, até ao sopé.

Conseguia ver os instrutores na zona de chegada, cerca de quinhentos metros de altitude mais abaixo – eram pequenos pontinhos pretos – e ainda a quase cinco quilómetros de distância.

Dei o meu máximo, e corri para a chegada.

Consegui, com apenas três minutos de sobra.

Quando me sentei em cima da mochila, com a cabeça entre as pernas, exausto, senti um grande alívio.

Eu sabia que quase todos os recrutas que tinha ultrapassado estavam chumbados.

Trinta minutos depois, quando todos os retardatários já se tinham arrastado até à chegada, mandaram-nos formar.

– Aqueles cujos nomes vou chamar devem pegar no seu material e pô-lo na traseira daquele camião.

Foi clínico: frio e implacável.

São vocês que chumbam. Recordam-se?

Nesse dia, dezasseis pessoas voltaram à sua unidade.

A fasquia estava a ser colocada cada vez mais alto e, diga-se em abono da verdade, eu estava no meu limite.

Capítulo 47

A marcha noturna foi longa. Começou ao anoitecer e só terminou pelas três e meia da manhã.

Estava escuro e o tempo tinha piorado, o que dificultava particularmente a orientação.

A caminho do segundo posto de controlo, em terreno elevado, ventoso e pantanoso, tive de passar por uma floresta densa, no lado íngreme da montanha.

No mapa, parecia muito simples, mas na realidade era um pesadelo: um pinhal denso, montes de lenha, e matagais de tojos.

Depois de umas centenas de metros, apercebi-me de que aquilo se iria tornar uma luta.

Já estava exausto após cinco horas de marcha noturna por terrenos pantanosos, e aquilo era a última coisa de que precisava naquele momento.

Eu só queria atravessar a mata.

Na escuridão profunda, a orientação naquele matagal extremamente denso exigia um rigor milimétrico e uma dependência total da bússola. Mas as árvores pareciam não terminar.

Por fim, lá consegui chegar ao caminho íngreme no outro extremo da floresta, e vi a tenda solitária dos instrutores, em silhueta, no horizonte.

Quando se chegava a um ponto de controlo, havia um procedimento rigoroso. Eu aproximava-me do controlo, agachava-me com o mapa bem dobrado numa mão, com a bússola na outra, e com a arma ao colo.

Depois, anunciava a minha presença. Nome. Número.

O instrutor transmitia-me então as coordenadas de seis dígitos seguintes, que eu tinha de encontrar rapidamente no mapa; de seguida, tinha de lhe apontar o local com a ponta da bússola ou com uma folha de erva. Caso fôssemos apanhados a apontar para o mapa com um dedo, em vez de com uma erva ou algo afiado, o inesquecível sargento Taff já nos tinha ameaçado:

– Arranco-vos o dedo e dou-vos uma tareia de morte com ele!

É uma ameaça que ainda hoje gosto de transmitir aos meus filhos quando estamos a ler um mapa juntos.

Assim que as coordenadas estavam confirmadas, chegava a altura de «pegarmos nas coisas e nos pormos na alheta», como nos diziam muitas vezes.

Era a dica para nos pormos a andar.

Afastei-me uns vinte metros da tenda e agachei-me na escuridão. Peguei na lanterna de cabeça (que estava coberta com fita adesiva, com apenas um raio de luz mínimo a sair dela) e estudei cuidadosamente o meu mapa plastificado.

O mapa estava sempre bem dobrado no bolso lateral das calças, e a bússola estava presa a um cordão do bolso de cima do dólman. Se perdesse algum dos dois, chumbava.

Virei as costas ao vento e, com uma erva grande entre os dedos, tentei calcular qual seria o melhor caminho para atravessar aquela charneca.

Se fizesse uma má escolha, poderia perder horas preciosas.

No entanto, os erros são tão fáceis de cometer quando se está encharcado até aos ossos, com poucas horas de sono, e a tentar ver um mapa com pouca luz e um vento forte.

Voltei-me para o vento, dirigi-me para o caminho íngreme que ladeava a floresta e depois atravessei os últimos três quilómetros de pantanal.

Vamos. Vamos acabar isto agora.

Já eram duas da manhã.

Estava tão exausto de percorrer aquele caminho, que cheguei a adormecer a andar. Nunca me tinha acontecido isso.

Foi uma sensação horrível, ter aquela vontade intensa de me deitar e dormir, mas ser obrigado a reprimi-la e a seguir sempre em frente.

Uma hora e meia depois, cheguei a uma pequena pedreira remota, escavada numa encosta. Era o culminar mais deprimente que se poderia imaginar para uma marcha noturna.

Nesse momento, chovia intensamente e não havia uma árvore na qual pudesse pendurar o impermeável. Deitei-me no terreno pantanoso, tapei-me com o impermeável e adormeci.

Pouco depois, estava a tremer de frio e totalmente ensopado. Só queria terminar este maldito teste de fim de semana.

Depois de passar aquele frio todo, o exercício físico de combate foi uma bênção. Senti que tinha entrado noutro modo mental. Já não queria saber do frio, da água, ou dos membros doridos. Só queria terminar aquilo tudo.

Depois de duas horas a subir e a descer aquela pedreira íngreme, a correr, e de intermináveis flexões no lodo, mandaram formar os que restavam.

Completamente esgotado, completamente imundo, completamente encharcado.

Completamente entusiasmado.

Deixei-me cair, extenuado, no camião. O primeiro teste estava concluído.

Capítulo 48

O nosso teste de fim de semana seguinte decorreu numa zona particularmente difícil das montanhas do País de Gales – remota, perdida, e cheia
de ervas dos pântanos, ainda mais densas e propensas a torcer tornozelos.

Aquela região era referida afetuosamente pelos outros recrutas apenas
como «o cu de Judas».

A primeira marcha começou mal para mim.

Não conseguia manter o ritmo que sabia ser necessário. Não tardou que
todos me começassem a ultrapassar.

Porque é que me sentia assim tantas vezes no início de uma marcha?
Seria dos nervos?

Estava muito frustrado comigo mesmo quando cheguei ao primeiro
posto de controlo. E sabia que estava atrasado.

Para piorar a situação, perdi-me duas vezes naquele enorme pantanal,
acabando por ter de me dirigir a terreno elevado para me reorientar.

Estava apenas num dia mau. Não conseguia perceber porque me sentia
cansado, quando deveria estar cheio de energia, e por que motivo estava zangado, quando deveria manter a calma. Não sabia como poderia parar de me
atrasar daquela forma, e estava consciente de que a cada minuto que passava
estava mais longe do tempo exigido.

No segundo posto de controlo tomei uma má decisão de orientação,
que me custou um tempo precioso. Um tempo que eu não podia desperdiçar.

O erro de orientação foi a decisão de contornar uma montanha, em vez
de a atravessar a direito, para cima e para baixo. Foi uma má decisão – para
tentar poupar energia –, que se mostrou desastrosa.

Quando muito, a escolha de um percurso mais longo, menos íngreme,
só serviu para me cansar ainda mais.

Andar às voltas não adianta nada. Às vezes é preciso atacar estas montanhas de frente.

Quando cheguei ao controlo seguinte, o instrutor obrigou-me a fazer imensas flexões na lama, com a mochila às costas, como castigo por ter feito os últimos trinta metros por um caminho, em vez de vir pela valeta.

Este castigo inesperado atrasou-me uns quinze minutos, e nesse momento estava bastante desgastado.

Quando finalmente abandonei o controlo, o instrutor fez-me atravessar um ribeiro com corrente, que me dava pela cintura, em vez de me deixar utilizar a pequena ponte pedonal. Foi um gesto de despedida da parte dele para me irritar.

Agora estava encharcado e em grandes dificuldades. Arrastei-me uns cem metros para fugir ao alcance da visão do instrutor e depois deitei-me no chão, para me recompor. Só precisava de alguns minutos. Estava exausto.

O instrutor estava à espreita. Gritou e chamou-me de volta.

– Queres desistir do curso, rapaz? – perguntou.

Ele não estava a ser desagradável, estava apenas a ser sincero. Sabia, só de olhar para mim, que eu não estava bem.

– Não, meu sargento.

Esforcei-me por me levantar, voltei-me e lá me arrastei.

– Então mexe-te, e vê lá se recuperas algum tempo – gritou nas minhas costas.

Uma grande parte de mim ansiava que alguém tomasse uma decisão por mim. Tive uma certa esperança de que ele gritasse novamente e me obrigasse a desistir. Mas não o fez. Somos nós que chumbamos.

No entanto, algo dentro de mim disse: *continua.*

Eu sabia que não se consegue nada de bom nesta vida desistindo e que teria muito tempo para descansar quando o trabalho duro terminasse. Porém, esses pensamentos são mais fáceis de ter do que de colocar em prática quando se está de rastos.

Nunca esquecerei a subida seguinte, por uma encosta cheia de ervas altas, pantanosa, interminável. Estava esgotado. Avançava uns cem metros aos tropeções, e depois caía de joelhos com o peso da mochila.

Sentia-me a desfalecer, tonto, e muito, muito fraco – como quando se tem muita febre e se tenta sair da cama e andar.

Estava constantemente de joelhos.

No cume, senti-me um pouco mais forte. Um pouco apenas. Tentei desesperadamente acelerar e recuperar algum tempo.

Já conseguia ver, finalmente, os camiões militares lá em baixo, estacionados num pequeno espaço perto de uma represa no sopé das montanhas.

Desatei a correr em direção à represa e apresentei-me na chegada.

Sabia que tinha sido lento, pois estava a ver todos os outros recrutas juntos na mata perto da entrada da barragem.

Pequenos rastos de fumo ascendiam de muitos fogões de campanha individuais, cada um a aquecer uma caneca de chá. Eu conhecia o procedimento. Cada recruta trabalhava silenciosamente no seu pequeno mundo, a tentar reidratar-se e organizar o equipamento, debaixo do seu oleado ou da sua tenda, antes da marcha noturna.

Os instrutores não disseram nada. Limitaram-se a mandar-me ir ter com os outros e a aguardar ordens para a marcha noturna.

Quando começou a escurecer, formámos todos.

Mais uma vez, anunciaram:

— Muito bem: os seguintes nomes não vão fazer a marcha noturna. Não passaram no teste de hoje.

Mantive-me em sentido, à espera. Leram quatro nomes.

Depois, o instrutor olhou para mim. Frio. Sem trair emoções.

— E o Grylls.

Capítulo 49

Ainda leram vários outros nomes depois do meu, mas já não ouvi nada em condições.

Tinha chumbado por ter sido demasiado lento. Não houve nenhuma fanfarra, nenhumas palavras discretas de consolo; friamente, o instrutor limitou-se a levar os que tinham chumbado para a mata, para aguardarem o amanhecer.

Foi a pior desilusão da minha vida.

Tudo aquilo para que tinha trabalhado... estava perdido. De um momento para o outro.

Todo aquele suor, todo aquele esforço e aquela dor... para nada.

Um fracassado. Um falhado. Insignificante.

Na escuridão, na mata, sentei-me em cima da minha mochila, com dez dos outros recrutas chumbados, e não consegui conter as lágrimas silenciosas que me rolaram pelo rosto.

Não me importava se os outros viam.

Nunca me tinha esforçado tanto para um objetivo – nunca tinha dado tanto de mim mesmo... e tudo em vão.

Por entre as lágrimas, via as figuras distantes do Trucker e dos outros que ainda resistiam, em silhueta no horizonte, a subirem para a escuridão no início da sua marcha noturna.

O Trucker já me tinha dado um abraço. Parecia muito triste por mim. No entanto, não podia fazer nada.

Nessa noite, fiquei ali deitado, a sentir-me totalmente sozinho. Estava aconchegado no abrigo do meu oleado, protegido da chuva forte. A única coisa que queria era sair dali – ir para debaixo da chuva, para as montanhas, concretizar os meus objetivos. Passar. E não chumbar.

Nunca pensei que sentir-me seco e quente pudesse ser tão horrível.

Tinha tido uma vida tão privilegiada. Nunca precisara de me esforçar tanto. Tinha crescido com pais carinhosos, com comida na mesa, calor, e roupas em abundância.

No entanto, sentia-me desconfortável com tudo aquilo, quase culpado.

Queria esforçar-me. Queria provar a mim mesmo que de alguma forma era digno das coisas boas que tinha.

Nem que fosse apenas para saber que tinha alguma garra e determinação.

Tudo o que consegui foi certificar-me de que não tinha nenhuma dessas qualidades.

E isso doeu.

As semanas seguintes foram uma verdadeira luta.

Aquele turbilhão mental era uma nova emoção para mim, e não era divertida.

Senti que me tinha desiludido a mim mesmo, e que tinha desperdiçado quatro meses da minha vida com um esforço árduo, frio… Tudo em vão.

Estava deprimido e sentia-me inútil. E isso era nos dias bons.

O único consolo foi o facto de a equipa de formadores do meu pelotão me convidar a tentar mais uma vez – se eu quisesse.

Seria necessário fazer tudo desde o início. Voltar ao primeiro dia.

Era uma ideia verdadeiramente assustadora.

Contudo, eles não convidavam ninguém a voltar se não achassem que essa pessoa tinha a atitude certa e as capacidades necessárias para passar.

Pelo menos ainda havia uma réstia de esperança.

Nesse momento, o meu maior inimigo era eu. Duvidarmos de nós mesmos pode ser desmoralizador e, por vezes, é difícil vislumbrar para além da esfera da nossa depressão.

Tentei considerar a situação objetivamente: se tinha chumbado na seleção quando esta ia apenas a um terço, que hipóteses é que teria de passar se tentasse novamente?

A minha família disse-me que talvez estivesse destinado a ser assim, que tinha sido uma experiência muito enriquecedora. Isso só me fez sentir pior.

No entanto, no meio de tudo aquilo, uma pequena parte de mim, lá no fundo, acreditava que eu era capaz – que podia passar. Não era uma grande parte de mim, mas era uma centelha.

Por vezes, basta-nos uma centelha de esperança.

Capítulo 50

Aquilo que alcançamos é geralmente limitado apenas pelas convicções que impomos a nós mesmos.

Se nos convencermos de que não temos o que é preciso, então isso irá inevitavelmente tornar-se a nossa realidade.

Porém, eu também sabia que se, de algum modo, conseguisse trocar a minha dúvida por esperança, e a autocomiseração por orgulho, então talvez conseguisse atingir o meu objetivo.

Seria preciso pagar um preço muito elevado de suor e trabalho árduo; implicaria treinar mais tempo e com mais afinco do que nunca.

E a minha cabeça teria de ser capaz de controlar tudo.

Era uma decisão que eu já tinha tomado anos antes.

O Ed Amies, um dos meus amigos mais chegados e antigos, disse-me apenas o seguinte: – Muitas vezes, os desígnios de Deus nascem, morrem, e depois ressuscitam.

Eu tinha passado pelo nascimento, e tinha-me ficado pela seleção – tinha encontrado a morte naquela fatídica represa nas montanhas do País de Gales. Agora era o momento lógico para a ressurreição.

Se a minha fé tinha um significado, era este: os milagres podem mesmo acontecer.

Assim, tomei a decisão de voltar a tentar.

Desta feita, porém, estaria sozinho neste projeto.

Sabia que teria de contar com muito menos apoio da minha família e dos amigos, sobretudo da parte da minha mãe, que sabia os efeitos físicos que aqueles meros quatro meses tinham tido sobre mim.

No entanto, agora sentia-me decidido a ser aprovado devidamente, e tinha a sensação de que seria a minha última hipótese de tentar.

Ninguém o podia fazer por mim.

Duas semanas depois, tinha uma mensagem sussurrada do Trucker no meu atendedor de chamadas.

Tinha-se perdido no final de uma marcha. Depois de andar horas perdido na escuridão, com o tempo esgotado, foi finalmente encontrado por um instrutor num Land Rover, que andava à procura de recrutas.

O Trucker estava desiludido e cansado. Também ele tinha chumbado no curso.

Nas semanas seguintes, passou pela mesma luta que eu e, tal como eu, também foi convidado pelo pelotão a tentar de novo. Fomos os únicos dois a ser convidados a voltar.

Com mais determinação do que nunca, dedicámo-nos ambos aos treinos com uma intensidade inaudita para nós. Desta vez era a sério.

Mudámo-nos para uma quinta antiga, isolada, que alugámos a cerca de dez quilómetros de Bristol. Aí, ao estilo do *Rocky*, começámos a treinar.

O curso de seleção seguinte (havia dois por ano) estava prestes a começar. Como no filme *Feitiço do Tempo*, demos por nós outra vez naquele velho ginásio empoeirado, no quartel do esquadrão, a sermos massacrados pelos instrutores.

Havia mais um lote de candidatos. Iriam acabar por diminuir a um ritmo assustador. Já o tínhamos presenciado antes.

Desta feita, no entanto, estávamos lá como «tipos batidos», o que ajudou.

Sabíamos o que esperar; a incerteza tinha desaparecido, o importante era o prémio.

Isso dava-nos alguma força.

Estávamos no inverno, e a seleção de inverno é sempre considerada a mais difícil, devido às condições na montanha. Tentei não pensar nisso.

Em vez do calor insuportável e dos mosquitos, os nossos inimigos seriam o forte granizo, os ventos fortes e os dias curtos.

Em comparação, eu e o Trucker víamos os dias da seleção de verão como amenos e agradáveis! É estranha a forma como nos habituamos às adversidades, e como algo que parece horrível se pode tornar corriqueiro.

Os instrutores diziam-nos muitas vezes: – Se não chove, não é treino que se aprove.

E chove muito em Brecon Beacons, acreditem.

Recentemente, ouvi o meu filho do meio, o Marmaduke, a dizer este mote do SAS a um amigo. O outro miúdo estava a queixar-se de estar a chover e de não poder ir brincar lá para fora. O Marmaduke, com apenas quatro anos de idade, disse-lhe como era. Fantástico.

Os primeiros dois fins de semana lá passaram, e ambos fizemos um brilharete.

Estávamos mais em forma, éramos mais fortes e tínhamos mais confiança do que muitos dos outros recrutas, mas as condições de inverno eram muito intensas.

Tínhamos de nos debater com ventos tão fortes, que, num exercício de fim de semana, derrubaram uma fileira de soldados no cume de uma montanha – incluindo o instrutor.

Na nossa primeira marcha noturna, um recruta foi vencido pela hipotermia. Como todos os outros, estava molhado e com frio, mas, com o vento e a névoa cerrada, tinha perdido a vontade de se cuidar e de tomar medidas enquanto era tempo.

Tinha-se esquecido da regra de ouro do frio, que os instrutores tanto nos tinham recomendado: «Não se deixem arrefecer. Tomem medidas cedo, enquanto ainda tiverem sensibilidade e mobilidade. Vistam mais uma camada de roupa, abriguem-se, acelerem o passo. Seja qual for a solução, ajam depressa».

Em vez disso, esse recruta tinha-se sentado no meio das ervas do pântano e ficado ali. Mal conseguia falar e não se aguentava em pé. Reunimo-nos todos em volta dele, proporcionando-lhe o pouco abrigo que conseguíamos. Demos-lhe alguma comida e vestimos-lhe mais uma camada de roupa.

Depois, ajudámo-lo a arrastar-se para fora da montanha, para o local onde poderia ser recolhido por um Land Rover e levado para o acampamento de base. Aí, os médicos poderiam cuidar dele.

Para ele, aquele foi o último treino no regimento 21 do SAS. Serviu para nos recordar que as dificuldades da seleção não se limitam aos demónios na nossa cabeça. Temos também de ser capazes de sobreviver nas montanhas. No inverno, isso nem sempre é fácil.

Outra das grandes dificuldades da seleção de inverno era mantermo-nos quentes nas horas que antecediam as marchas.

No verão, não importava se estivéssemos frios e molhados – era desagradável, mas não implicava risco de vida. No inverno, porém, se não tivéssemos cuidado, podíamos acabar rapidamente com hipotermia. Nesse caso, podiam ocorrer dois resultados: ou chumbávamos na seleção, ou morríamos.

Ambas as alternativas eram más.

Capítulo 51

Da segunda vez, eu sentia que estava mais forte. Constatei que a minha mente e o meu corpo estavam a reagir melhor, em comparação com a minha primeira tentativa – e era comum ser um dos primeiros no final das marchas.

À medida que os testes e os fins de semana de seleção foram progredindo, fomos sendo levados para terrenos montanhosos e difíceis em Gales: picos negros, indistintos, pântanos intermináveis e velhas pedreiras abandonadas.

Passei horas e horas, dias e dias, a arrastar-me por aquelas montanhas, com temperaturas baixas e fustigado pela chuva. Apertava bem o capuz da capa militar e avançava determinado para o posto de controlo seguinte.

Falava comigo mesmo, cantarolava sozinho, e ia avançando sempre.

Quanto piores se tornavam as condições, mais eu tinha de aprender a superá-las.

É uma competência que se aprende: ignorar as adversidades e seguir sempre em frente.

Era esse o meu mote.

Aos poucos, estava a começar a sentir-me à vontade com tudo aquilo.

Lá estava eu outra vez: mergulhado até à cintura noutro ribeiro de montanha de grande caudal, a atravessar águas revoltas. Ou então a arrastar as botas pela lama fria noutra encosta íngreme, enquanto atravessava cuidadosamente a montanha na escuridão. Ou a atravessar um desfiladeiro em cima de um tronco estreito e escorregadio, de noite e à chuva, com o peso da mochila, do cinturão e da arma.

Estava cansado, mas avançava sempre.

No entanto, o pior era sempre a espera: estar deitado no pantanal frio e húmido, a tentar aproveitar umas horas de descanso entre marchas.

Continua a mexer os dedos dos pés, continua a sorrir, concentra-te na tarefa seguinte. Tu consegues, Bear.

De facto, lentamente, lá fui conseguindo.

Semana após semana, após semana.

No fim do último teste da fase de montanha, só restava um punhado de recrutas do meu pelotão. Era eu e o Trucker, mais alguns rapazes.

Tínhamos feito tanto e passado por tanta coisa – e sentíamo-nos todos como irmãos. Era um sentimento forte.

Tínhamos visto o pior de cada um, mas, de algum modo, nós os cinco tínhamos sobrevivido. Todos tínhamos travado um combate pessoal, que nos incutiu um orgulho e uma camaradagem pouco comuns no dia a dia dos civis.

No entanto, tudo aquilo só tinha sido uma preparação para a rigorosa «Semana de Testes».

Tratava-se de uma semana de marchas seguidas pela montanha que era o culminar de todos os testes físicos, tanto para os SAS efetivos como para os reservistas – e era brutal.

Porém, se passássemos, concluiríamos a primeira fase da seleção.

Durante essa «Semana de Testes», a nossa base seria o quartel-general do SAS, e os três regimentos (21, 22 e 23) iriam juntar-se para a ocasião.

Percorreríamos um número louco de quilómetros, por terrenos montanhosos, com cada vez mais peso às costas, e sempre em contrarrelógio. Em condições de teste.

No caso do SAS regular, a «Semana de Testes» é quando chumbam a maioria dos recrutas, e é 100% eficaz em levar os soldados aos seus limites, mesmo os mais bem preparados fisicamente. A cada dia que passa, os números vão diminuindo, uma vez que há mais candidatos a não conseguir cumprir os tempos.

Tendo em conta que eu ficava sempre a coxear um dia ou dois depois de cada fim de semana, a ideia de fazer seis marchas seguidas, com distâncias muito superiores e muito mais peso, deixava-me em pânico.

Não sabia se conseguiria aguentar.

E no final da «Semana de Testes» viria a prova mais difícil de todas.

Depois de cinco dias de marcha contínua, teria de concluir a maior de todas as marchas, à qual chamavam «Resistência».

Era uma boa descrição.

A distância dessa marcha era muito, muito maior do que alguma que já tivéssemos realizado antes. E era contabilizada em linha reta, sem ter em conta a elevação e a inclinação do terreno (um quilómetro num mapa é muito diferente de um quilómetro real, que implica subir e descer montanhas de mil metros de altitude, através de pântanos e rios).

Teríamos também de carregar vinte e cinco quilos na mochila, mais a arma, água, comida e o cinturão com acessórios.

Não admira que eu estivesse assustado.

Tinha alguma ideia do que seria tudo aquilo na prática.

Nessa sexta-feira, fomos os cinco apertados na traseira de um jipe Land Rover, sentados em cima do nosso material. Saímos do nosso quartel no País de Gales e encaminhámo-nos para norte, em direção ao desconhecido.

Quando chegámos ao nosso destino, fomos todos levados para uma grande sala de reuniões, sóbria, cheia de soldados experientes, com ar de veteranos.

O instrutor-chefe do regimento 22 do SAS, com o seu sotaque marcado de Yorkshire, informou-nos simplesmente de que a seleção aniquilaria a grande maioria de nós nos próximos seis dias. Porém, se estivéssemos determinados, o sucesso seria possível.

– No entanto, têm de querer aqui dentro, rapazes – continuou, a bater no peito. – O importante está aqui. Muito bem: a primeira formação será amanhã às 05h00 da manhã. Todas as noites serão afixadas mais informações no placar. Boa sorte.

Dito isto, voltou as costas e deixou-nos ir procurar os nossos aposentos.

Capítulo 52

Coloquei cuidadosamente o meu equipamento no cacifo. Programei o meu despertador e tentei adormecer.

Na verdade, nunca me tinha sentido tão nervoso.

O quartel levantou-se todo cedo, muito antes de amanhecer.

Todos os soldados estavam ali com um objetivo: provar que conseguiam percorrer as distâncias e cumprir os tempos. Tudo aquilo por que tínhamos passado até então tinha sido apenas uma preparação para os seis dias que se seguiam.

Não haveria treino físico de combate, nem ginástica, nem tretas de limpeza do quartel e gritarias. Não era preciso. O peso da carga, as distâncias e o relógio ditariam o nosso sucesso ou o nosso fracasso.

No final da nossa «Semana de Testes», o SAS teria um pequeno grupo de soldados motivados, capazes e em boa forma. Seriam a matéria-prima que o SAS então tomaria e moldaria.

O SAS ensinaria esses poucos eleitos a serem soldados de um modo totalmente novo. Pouco convencional. Altamente especializado e extremamente treinado.

Fui até à messe e comi o máximo que consegui engolir ao pequeno-almoço. Iria precisar de toda aquela energia.

O placar tinha-nos informado do peso que as nossas mochilas deveriam ter nesse dia. Partia-se do princípio de que pesaríamos as nossas mochilas e de que estaríamos a postos na parada à hora certa. Uma vez mais, ali ninguém era tratado como uma criança. Era uma questão de autodisciplina.

Às 04h55 olhei de relance para a nossa fila na parada. Quase todos os soldados estavam vestidos de forma ligeiramente diferente. O equipamento básico era o mesmo, mas as botas e os bonés dependiam do indivíduo.

O SAS queria indivíduos, e nunca tentou desencorajar esse espírito.

Todos os recrutas tinham trabalhado arduamente para chegar ali e tinham conquistado o direito de escolher as botas. Todos sabíamos de que equipamento gostávamos e cada um de nós tinha uma visão pessoal do que funcionaria melhor. Incluindo eu.

Estávamos todos formados à vontade, com as grandes mochilas verdes no chão, encostadas contra o corpo, como se fossem uma daquelas bolas de metal dos prisioneiros com uma corrente agrilhoada à perna.

O instrutor verificou e pesou as nossas mochilas em silêncio, antes de nos enviar ao armeiro para recolhermos as nossas «armas».

Eram semiautomáticas antigas, mas com uma alteração. Em vez de terem mecanismos e peças móveis no interior, tinham sido soldadas com aço.

Belo pormenor, pensei.

Depois, entrámos em camiões militares, que rolaram para fora do quartel em direção às montanhas.

Ainda não tinha amanhecido.

Não fazia ideia do nosso destino. Ia ali sentado, com os nervos da expectativa.

Por fim, o camião saiu com ruído da estrada e deteve-se com um chiar de travões. Olhei lá para fora.

Já tinha visto o suficiente para reconhecer que estávamos naquela região horrível de pântano cheio de ervas.

Devia ter adivinhado.

Uma hora e meia de fumo de escape e de nervos teve o seu efeito, e eu sentia-me bastante maldisposto.

Saí do camião e vomitei logo por todo o lado. Só pensava era em toda aquela energia preciosa, da qual iria precisar desesperadamente durante o dia, a ser desperdiçada.

Nesse momento, a minha confiança estava de rastos, e fiquei ali sentado, à espera de ser chamado para receber as minhas primeiras coordenadas geográficas.

Todas aquelas dúvidas antigas apoderaram-se de mim.

De repente, senti que estava a tentar algo muito superior às minhas capacidades.

Não era um comando nem um soldado veterano. Ainda estava muito verde em todos os aspetos – e sabia disso.

Respirei fundo enquanto esperava em pé na fila. *Calma.*

Só precisava de começar aquilo e de me pôr a caminho.

Capítulo 53

Pouco depois, estava despachado e em movimento.

Subi ao primeiro cume e atravessei o vale seguinte; depois, atravessei um rio, antes de voltar a subir em direção ao cume seguinte.

Algumas horas depois, passei pelo Trucker, que vinha montanha acima na minha direção. Acenou-me com a cabeça e sorriu. Pareceu-me seguir a bom ritmo.

Dediquei-me à encosta íngreme seguinte, a debater-me com as mãos e os pés em terreno húmido, lodoso.

Não tardei a chegar ao que esperava ser a última etapa. Eram apenas dez quilómetros, mas nesse momento tomei uma má decisão e escolhi um caminho que me levou a um pântano de ervas altas.

Fui forçado a ziguezaguear por desfiladeiros intermináveis de trinta metros de fundura, com ribeiros de corrente forte a passar lá em baixo, e tive de perder altitude e percorrer mais quilómetros para conseguir avançar.

Estava determinado a não perder o tempo que ganhara a custo, pelo que avancei agressivamente pelas ervas do pântano. Pouco depois, vi os camiões à nossa espera, lá em baixo, no fundo do vale.

Consegui cumprir o tempo à justa, tirei o peso da mochila das costas doridas e deitei-me na traseira do camião, contente, mas exausto.

Segundo descobri, todos os recrutas tinham travado combates semelhantes ao meu nesse dia. O percurso era concebido para ser assim. Mas tinha sobrevivido.

No dia seguinte, voltámos ao terreno pantanoso coberto de erva alta. Mais uma vez, tinham aumentado o peso das nossas mochilas no placar. Além disso, estávamos agora numa parte das montanhas que eu nunca tinha visto antes.

Toquei no ombro de outro recruta enquanto estávamos em fila naquela madrugada fria de inverno, à espera de sermos despachados individualmente a cada dois minutos. Fiz-lhe perguntas sobre o terreno, e ele parecia conhecer bem a zona.

Em cerca de trinta segundos, informou-me a respeito das zonas traiçoeiras e dos atalhos que tinha aprendido.

Era bom tipo. Foram informações preciosíssimas.

A seleção tinha isso de bom. Não havia concorrência entre nós. Se o major a cargo da formação cometesse um erro e todos passássemos, ele seria o primeiro a festejar. O SAS não tem limites no número de recrutas aprovados. O seu único limite são os seus próprios padrões.

Arranquei com velocidade. Já tinha caminhado tantos quilómetros no meio daquela erva dos pântanos, que estava estranhamente a habituar-me ao terreno inóspito.

Naquele dia, terminei bem, apesar da chuva torrencial, que nos tinha fustigado incessantemente. Estirei-me na traseira de um camião e fiz a viagem de regresso à conversa com um dos meus camaradas.

Estava a ganhar estatura e confiança.

Na manhã do dia seguinte, reparei que havia menos camiões. Tinha ouvido dizer que muitos recrutas tinham chumbado. Ou se tinham perdido, ou o peso das mochilas tinha-os desgastado ao ponto de não conseguirem cumprir o tempo.

Era difícil contabilizar, mas o placar listava todas as noites os recrutas que ainda se mantinham. Por enquanto o meu nome ainda lá estava.

Eu só queria manter a calma, sem dramas nem confusões.

Queria cumprir a tarefa, respeitar os limites de tempo e manter-me na lista.

Capítulo 54

O nosso grupo de recrutas, que lentamente se ia tornando mais reduzido, subiu mais uma vez para a traseira dos grandes camiões de metal, que se encaminharam novamente para o inferno pantanoso.

Nesse dia iríamos percorrer muita da mesma zona onde eu tinha chumbado seis meses antes. Tinha chegado o momento de vencer esses demónios.

Tive o cuidado de não cometer os mesmos erros: fui comendo alimentos que tinha guardado no bolso ao pequeno-almoço e ia bebendo água com regularidade, para me manter hidratado.

Porém, quando já estava a ganhar confiança por ter tudo sob controlo, cometi um erro de descuido.

Desci da zona mais elevada cedo de mais e dei por mim atolado mais uma vez no pior da zona pantanosa. Tive de desperdiçar energia valiosíssima e tempo precioso. Sentia os membros cansados, a perderem energia, e o peso da mochila estava a afundar-me as pernas a cada passo que dava no terreno movediço.

Para piorar a situação, via silhuetas distantes no horizonte por cima de mim a ultrapassar-me.

Não tardei a cansar-me ao ponto de ter de parar e descansar. Só por um minuto, para tirar o peso das costas. Precisava de recuperar forças. Devorei todos os pedaços de comida que encontrei nos bolsos. O racionamento estava fora de questão agora. Precisava de energia.

Voltei a estudar o mapa e avaliei o tempo que me restava. Tinha de encontrar um plano para sair daquela trapalhada, e depressa.

Dei uma volta de 90° e comecei a subir para o terreno elevado de onde tinha vindo. Era um grande desvio, uma vez que deveria estar a descer; mas sabia que subir seria melhor do que travar um combate perdido no pantanal. Já tinha tentado isso antes – e perdido.

O vento estava agora a soprar forte, do planalto para baixo, como se me tentasse demover. Baixei a cabeça, ignorei as alças da mochila, que me estavam a massacrar os músculos dos ombros, e avancei. Tinha de assumir o controlo da situação.

Recusava-me a chumbar novamente na seleção naquele lugar onde Judas perdeu as botas.

Quando cheguei ao planalto, comecei a correr. E correr no meio daquelas ervas altas, com o equivalente ao peso de uma pessoa pequena às costas, era obra. No entanto, eu estava determinado. Continuei sempre a correr. E continuei a recuperar tempo e quilómetros.

Corri o caminho todo até ao último posto de controlo, e depois desfaleci. O instrutor atirou-me um olhar estranho e riu-se sozinho.

– Bom esforço – comentou ele, uma vez que me tinha visto percorrer o último quilómetro de terreno difícil. Tinha conseguido cumprir o tempo.

Os demónios estavam arrumados. A adrenalina era mais do que muita.

Só me faltava concluir mais três marchas na «Semana de Testes». Mas eram colossais.

A primeira marcha era em Brecon Beacons. Tratava-se de um percurso de uns trinta quilómetros, entre os três picos mais altos – mas com três controlos colocados cruelmente no fundo de cada vale.

O peso das nossas mochilas tinha também aumentado substancialmente. Tive de olhar uma segunda vez para o placar na noite anterior para me convencer disso.

Todas as manhãs, enquanto esperávamos em fila para começar a marcha, era uma luta para levantar o peso da mochila e pô-la às costas. Muitas vezes, o mais fácil era agachar-me no chão, enfiar os braços nas alças, e depois pedir a um camarada para me ajudar a levantar.

Uma vez em pé, não se podia descer.

O peso da mochila era sempre pior no início e no fim de cada marcha, e as primeiras duas horas eram invariavelmente as mais dolorosas.

As bolhas que tivéssemos nos ombros doíam imenso quando o peso da mochila assentava. Depois, a nossa cabeça acabava por ignorar a dor, durante um bocado. No final da marcha, os ombros começavam a ficar doridos e com cãibras, como se estivessem a arder.

Em carne viva e tapados com pensos, os ombros e a zona lombar da maioria dos recrutas eram o melhor testemunho dessa situação. A zona dos chuveiros parecia sempre um hospital de campanha.

As costas e os pés, cheios de bolhas, eram dolorosamente descobertos e recobertos com adesivo com óxido de zinco. Os soldados cumpriam estas tarefas em silêncio.

Na verdade, muito tempo do nosso serão era passado a tratar das bolhas (que todos os recrutas tinham inevitavelmente de suportar) e a recobri-las com adesivo.

Na manhã seguinte, vomitei outra vez quando estava à espera de começar. Detestava aquela espera. A má disposição era causada apenas pelos nervos.

Olhei para a minha fonte de energia para aquele dia toda espalhada no chão. Era um mau começo.

Quando iniciei a marcha, começou a nevar intensamente e, quando cheguei ao primeiro cume, percebi que a minha energia se estava a desvanecer rapidamente. Outra vez. O meu corpo estava simplesmente a ser privado das suas reservas, dia após dia.

E era impossível repor essas reservas durante umas poucas horas de sono à noite.

Detestava aquela sensação de fraqueza e tonturas.

Porque é que isto me está a acontecer agora? Eu preciso de energia.

No entanto, vomitar, não dormir o suficiente e passar horas consecutivas de marcha por caminhos difíceis em pântanos de montanha, dia após dia, estavam claramente a ter o seu efeito progressivo em mim.

A meio do percurso, estava atrasado. Sabia que tinha de acelerar, independentemente de como me sentia. Cerrei os punhos, esforcei-me e, quanto mais me empenhava, mais as minhas forças voltavam.

No fim, concluí o dia dentro do prazo. Ainda estava entusiasmado e cheio de adrenalina quando atirei o meu equipamento para a traseira do camião.

Bom trabalho, Bear.

Infelizmente, não me apercebi de que ir buscar energia tão fundo, dia após dia, tinha consequências: as minhas reservas e os meus níveis de resistência estavam a diminuir progressivamente.

E não se pode avançar sem combustível para sempre.

Capítulo 55

No dia seguinte, a distância era muito menor, mas o peso tinha aumentado outra vez – significativamente.

Curto e intenso, pensei. *Aplica-te, Bear, mais uma vez.*

A chuva intensa, tocada a vento, tornou a orientação muito difícil. Além disso, minutos depois de ter começado, todo o meu equipamento já estava encharcado. Parecia que tinha acabado de atravessar um rio profundo.

Apesar de estar encharcado, não tinha frio. Estava a esforçar-me para isso.

Puxei bem o capuz do impermeável sobre a cabeça e avancei contra o vento.

Seis horas depois, vi os camiões da meta à minha frente. Pousei a custo a mochila na traseira de um deles e vesti um equipamento seco para a viagem, lenta e cheia de vibração, de regresso ao quartel. Depois, começou o processo longo e trabalhoso de limpar o meu equipamento, de repor o adesivo nos pés, e de me preparar para o dia seguinte.

Nós, os recrutas que restávamos, sabíamos muito bem o que nos esperava nas últimas vinte e quatro horas.

Uma marcha, um último esforço. Mas era descomunal.

A «Resistência» é a marcha a pé que celebrizou a seleção. Além disso, é igualmente a marcha que ficou marcada pela morte de um recruta, de fadiga, há alguns anos. É uma verdadeira prova de nivelamento – e de unificação para todos aqueles que passarem.

O percurso abrangia toda a cordilheira de Brecon Beacons... ida e volta. Percebemos a magnitude da tarefa quando vimos que seriam precisas duas folhas de mapa 1:50 000 para contemplar todo o trajeto.

Simbolicamente, era também o último teste da fase de montanha da seleção.

Quem o concluísse em menos de vinte e quatro horas passaria à fase de continuação da seleção de reservistas para o SAS.

Às duas horas da manhã, acordei com o ruído do meu despertador. Odiava aquele barulho.

Lentamente, sentei-me na cama.

As luzes já estavam ligadas e os outros recrutas estavam ocupados a pôr adesivo nos pés ou a proteger as bolhas das costas. O tipo ao meu lado, pálido e com um ar cansado, estava a pôr pensos nos pés, em silêncio, como um pugilista a ligar as mãos antes de um combate.

Eu tinha sempre evitado usar demasiado adesivo para as bolhas. Nos primeiros dias, tinha teimado em habituar as costas e os pés ao peso. Quando olhei para os pensos e para as ligaduras nas costas e nos tornozelos à minha volta, senti-me grato, pelo menos por isso.

Tinha aguentado até ali apenas com algumas bolhas irritantes, e isso poderia fazer muita diferença.

Não obstante, sentia o meu corpo totalmente exausto, e tinha os pés e os tornozelos extremamente inchados.

O máximo que consegui fazer foi literalmente coxear lentamente ao longo dos cem metros que me separavam da messe.

A meio do caminho parei para descansar – e para refletir.

Olha para ti, Bear, pensei. *Hoje é a «Resistência». E tu mal consegues andar até à messe.*

Tentei afastar esses pensamentos.

Na formatura dessa madrugada, no escuro, estava um silêncio de morte. Ninguém falava. Éramos apenas uma pequena fração dos que tinham começado há apenas uma semana. O Trucker ainda lá estava. Ele tinha percorrido as distâncias e cumprido os tempos, teimosamente, discretamente. Sem alaridos. Grande camarada!

– Nós vamos conseguir, pá – disse-lhe baixinho, enquanto esperávamos. – É só mais uma marcha e podemos passar nisto, *Trux.*

Ele retribuiu-me um sorriso cansado.

O Trucker parecia um doente a andar. Todos nós parecíamos. Homens fortes, a arrastar os pés feridos.

Deixem-me pôr a caminho, pensei, *que o fluir do sangue vai acabar com a rigidez e as dores das costas e dos pés.*

Ninguém falou durante aquela última viagem de camião para as montanhas. Íamos sentados todos muito perto uns dos outros, com a cabeça coberta pelo boné ou pelas mãos, no nosso próprio mundo.

Estava um frio de rachar no meio daquela noite de fevereiro.

O chiar dos travões e o estremecimento do desligar do motor acordou-nos da nossa meditação. Olhei lá para fora.

Estava escuro e havia muita neve no solo. Era altura de descer do camião.

As nossas mochilas pesavam naquele momento vinte e cinco quilos, mais o cinturão, a água, a comida e a arma. Era um peso desgraçado.

Pesaram as nossas mochilas nas velhas balanças de gancho para pesar carne que tiraram à bruta da traseira de uns dos camiões.

A balança indicou que a mochila do Trucker tinha cerca de meio quilo a menos.

O instrutor atirou um calhau de quase cinco quilos na direção dele e disse-lhe para o pôr na mochila. A «Resistência» era a «Resistência». Nenhum de nós poderia esperar favores ali.

O Trucker e eu ajudámo-nos um ao outro a pôr as alças e a levantar as mochilas até às costas. Depois, um a um, fizemos fila, à espera de sermos enviados com o habitual intervalo de dois minutos.

Fazia mesmo muito frio e o vento soprava com muita força, até ali no sopé das montanhas. Virámos todos as costas ao vento e esperámos em fila.

Por fim, lá chamaram o meu nome.

– Grylls. O relógio está a contar. Vai.

Capítulo 56

Fiz-me ao caminho pela escuridão.

Apontei a minha bússola para o primeiro marco geodésico no cume, baixei a cabeça e comecei a avançar o mais depressa que conseguia.

O primeiro posto de controlo ficava uns seiscentos metros acima, e pensei que poderia cortar caminho atravessando o vale a direito, em vez de seguir pela cumeeira.

Depressa percebi que era um erro.

Tinha subestimado em grande medida a altura de neve no chão, mas já estava tão embrenhado naquele caminho, que era tarde para voltar para trás.

A altura de neve no fundo do vale era um monte horrível que me chegava à cintura. Estava reduzido a um passo de caracol.

Via um carreiro de figuras lá em cima, em silhueta contra um céu de lua cheia. Eram todos os outros recrutas a avançar rapidamente para o cume.

Entretanto, eu estava a debater-me com aquele monte de neve infernal, sem conseguir avançar.

Mal tinha começado a «Resistência».

Comecei a maldizer a minha sorte.

Que porcaria de decisão, Bear.

Já estava a suar abundantemente.

Demorei mais de uma hora para chegar ao cume, e por essa altura já não via sinais dos outros recrutas. Estava sozinho e atrasado.

Quando cheguei ao cume, o vento estava potentíssimo, e era verdadeiramente um caso de avançar dois passos para a frente e depois ser empurrado um passo para trás.

Avancei cuidadosamente pelo caminho de cabras estreito da cumeeira, pois corria o risco de cair uns duzentos e cinquenta metros de altura se me desviasse alguns metros para a direita.

De repente, uma pequena poça gelada rachou-se debaixo dos meus pés, e fiquei alagado até às virilhas em lama gelada, negra e malcheirosa.

Agora estava molhado e coberto daquele lodo pesado, negro, que se agarrava às minhas pernas como se fosse cola.

Que belo começo.

Baixei a cabeça e continuei a avançar.

Quando surgiram os primeiros sinais da alvorada, subi, uma última e simbólica vez, a cumeeira oriental daquele pico que já conhecíamos tão bem.

Já tinha avançado com vigor naquela montanha muitas vezes, mas nesta ocasião estava reduzido a arrastar-me lentamente pela encosta – de cabeça baixa, com as pernas a fraquejar com o peso, sem fôlego.

Quase parecia uma última prova da capacidade intemporal da montanha de fazer soçobrar os meros mortais.

Quando descemos, e depois começámos a subir pelo vale seguinte, dei por mim a encaminhar-me para um esplendoroso nascer do sol de inverno, que espreitava no horizonte distante.

Iríamos andar o dia todo, e só terminaríamos depois da meia-noite, já no dia seguinte – isto é, se chegássemos a concluir a «Resistência».

Continuei a avançar a custo, e a avançar, e depois avancei um pouco mais.

Mantém o ritmo; controla a respiração; continua a avançar.

As horas foram-se perdendo. Era uma luta entre a minha cabeça e o meu corpo – sempre a tentar ignorar o inchaço cada vez maior dos meus pés doridos dentro das botas molhadas e gretadas.

Desci mais uma montanha íngreme, coberta de neve, em direção a uma represa: era a nossa marca de meio caminho. Exausto, pousei a mochila no chão e procurei comida lá dentro. Precisava de energia.

Os outros recrutas que conseguia ver estavam todos a comer avidamente, enquanto saíam do posto de controlo. Eram figuras escuras, encharcadas, curvadas, a avançarem depressa pelo pantanal que as levaria de volta às montanhas, a mastigarem a ração de bolachas de aveia ou tabletes de chocolate do Exército.

Já estava parado há cinco minutos no posto de controlo, à espera da minha vez. Sabia que teria de avançar depressa, ou as minhas pernas começariam a deixar de funcionar. Depois de paragens de mais do que alguns minutos, era sempre mais difícil começar a andar novamente.

Carreguei a mochila e comecei a subir a encosta que tinha acabado de descer. Pouco depois, fui obrigado a abrandar pelo pantanal e pelas ervas altas e densas. Tentei abrir caminho o mais depressa que o meu corpo permitia.

Cerca de quinze quilómetros depois, apanhei o Trucker e avançámos juntos – duas figuras solitárias a tentarem manter o ritmo, a lutarem contra a fadiga crescente.

No posto de controlo seguinte, tirei as botas, que estavam cheias até cima com lama e água do terreno pantanoso. Calcei meias novas e despejei as botas. Com as botas molhadas, as meias secas não fazem grande diferença, mas mentalmente têm o seu efeito. Agora só faltavam quase trinta quilómetros – e eu tinha meias novas.

Psicologicamente, era um novo começo.

Vamos lá, Bear, levanta-te e segue caminho. Vamos lá terminar isto.

Capítulo 57

O Vale de RV é uma das últimas montanhas que se sobe na seleção – mas é uma das piores.

RV significa «Retiro Voluntário», e quando vemos a montanha percebemos o motivo de tantos recrutas terem desistido ali.

É uma montanha íngreme, fustigada pelo vento e cheia de zonas pantanosas. Por volta do quilómetro cinquenta situa-se o ponto onde muitos soldados desistem e chumbam no curso, derrotados por aquela distância, pelo peso e pela velocidade.

Mas não eu. Não naquele momento.

Sentado, escorreguei pela primeira reentrância íngreme que conduzia à bacia do vale. Utilizei a coronha da arma como leme enquanto deslizava pela neve. Quando cheguei ao fundo, abrandei perto de um ribeiro com uma camada de gelo por cima.

Atravessei-o e comecei a subir a encosta com o Trucker na minha peugada.

Subi, e subi, e subi, até chegar finalmente ao cume, onde me estirei exausto e esperei por ele.

O Trucker tinha os dois pés muito inchados. Mais tarde, veio a saber que tinha partido os dois dedos grandes dos pés, algures na subida. Foi simplesmente por causa dos embates sucessivos que os pés sofreram. Ele estava em grande sofrimento.

Ouvi-o a sussurrar. Estava a recitar versículos da *Bíblia* entre dentes.

Já tínhamos rezado os dois em silêncio antes das grandes marchas. Naquele momento, mais do que nunca, necessitávamos de ajuda.

«Eu tomo-te pela mão direita (...) Nada temas. Estou aqui para te ajudar», Isaías 41: 13.

Nunca tinha precisado tanto de ouvir aquelas palavras.

É fácil não sermos crentes, e pensarmos que não precisamos de ajuda, quando tudo nos corre de feição. No entanto, se há um aspeto que eu aprendi com a seleção, foi que todos temos os nossos limites. Por vezes, ultrapassar esses limites exige algo que nos transcende.

Foi isso que a minha fé me concedeu – uma força e uma ajuda secretas quando eu mais precisei.

Precisava dela naquele momento.

Quando chegámos ao cume, caiu uma neblina e começou a escurecer novamente. Depressa começámos a ter muito frio. Estávamos esgotados, a avançar a custo por aquele planalto pantanoso ao entardecer, e percebemos gradualmente que nos tínhamos perdido – unicamente por causa do cansaço.

Estávamos a descer lentamente, quando ainda devíamos estar num planalto.

– Onde diabo estamos nós? – resmunguei para mim mesmo, a tremer, enquanto voltava a consultar o mapa.

Andámos ambos em círculos à procura do caminho estreito à beira do precipício que nos conduziria lá abaixo, ao nosso posto de controlo seguinte.

Não tardou a escurecer totalmente, e o nevoeiro era tão denso no cume, que tornava a visibilidade quase nula.

Eu seguia à frente quando, de repente, escorreguei e comecei a deslizar depressa por uma ravina lamacenta e gelada. O Trucker vinha mesmo atrás de mim, a cair também.

Quando abrandámos entre neve meio derretida e pedregulhos, voltei-me para começar a subir para o local de onde tínhamos caído. Foi então que vimos uma luz logo abaixo de onde estávamos.

Apercebi-me de que era o posto de controlo que frustradamente procurávamos. Que resposta às nossas orações desesperadas e silenciosas!

Declarámos a nossa presença e seguimos para o último destino.

De repente, o caminho tornou-se quase intransitável. Fiquei alagado no lodo, até à cintura, por três vezes. O terreno estava pejado de troncos de árvore cortados, meio submersos no solo turfoso.

Eu já estava gelado e muito desidratado. Aquela marcha estava a começar a dar cabo de mim.

Não tinha mais energia. Não havia dúvida de que, devido à exaustão, o meu corpo estava lentamente a desligar-se.

O Matt, um dos outros recrutas do nosso pelotão, que também estava connosco, viu que eu já estava no meu limite. Chamou-me à parte e obrigou-me a vestir mais uma camada de roupa. Deu-me um pouco do cantil dele e ajudou-me a levantar.

Nunca lhe poderei retribuir o que fez por mim naquela hora. A seguir, avançámos os três juntos.

Pouco depois, avistámos um caminho de terra lá em baixo. Era uma forma de evitarmos aqueles malditos troncos. Sabíamos quais seriam as consequências se nos vissem a utilizar um caminho: éramos chumbados imediatamente.

Porém, não estávamos a avançar naquele terreno horrível, e precisávamos de recuperar tempo se queríamos passar naquela marcha final.

Era um caso de «ou vai ou racha».

Lá nos esgueirámos pelo labirinto denso de troncos e demos com o caminho.

Com cautela, começámos a percorrê-lo.

De repente, vimos faróis à frente e saltámos por cima de uma vedação de arame farpado. Não nos podíamos esconder, só nos restava o chão. Ficámos ali deitados, com a cara na lama, sem nos mexermos.

Rezei para que o feixe dos faróis não nos detetasse.

O Land Rover, com os instrutores lá dentro, passou lentamente por nós sem se deter. Não nos tinham visto.

Arriscámos seguir o caminho por mais meia hora. Em seguida, voltámos à mata, e depois regressámos à charneca.

O fim estava agora apenas a cerca de treze quilómetros.

No entanto, parecia nunca mais chegar. Parecíamos mortos-vivos a andar.

Eu, o Matt e o Trucker tínhamos de parar e de nos sentar a cada quinhentos metros, para descansar. Poucos segundos depois, já tínhamos caído numa espécie de transe, por já não sentirmos o peso nos ombros e nas pernas.

Estávamos dois minutos sentados na neve e na lama, e depois eu tinha de dar um safanão ao Matt e de o pôr em movimento outra vez. Era a minha vez de o ajudar.

— Levanta-te, Matt, temos de acabar isto.

Por fim, do outro lado da represa, vimos o que procurávamos.

O brilho dos faróis na água.

Eram os camiões militares à nossa espera no final do percurso. Ouvimos o trabalhar abafado dos motores a gasóleo à distância, ligados para manter o aquecimento nas cabines.

Estávamos apenas oitocentos metros em linha reta acima da represa, mas tínhamos de percorrer uns cinco quilómetros à volta.

Os meus músculos ganharam uma energia renovada. Acelerei e comecei a avançar o mais depressa que conseguia. Era pura adrenalina, a motivar-me para acabar com aquele inferno.

Por fim, depois de vinte e quatro horas, eu, o Matt e o Trucker fomos os primeiros dos vinte e um recrutas do SAS a concluir a «Resistência».

Nunca me tinha sentido tão exausto, aliviado, orgulhoso e derreado na minha vida.

No entanto, a única coisa que me importava era o facto de ter terminado a fase de montanha da seleção para o SAS.

O treino que se seguiu, contudo, revelou-se muito diferente e mais difícil.

Capítulo 58

No final da fase «de montanha», só restava meia dúzia dos recrutas do nosso pelotão.

Só passados seis dias é que voltei a ter sensibilidade total nos pés, inchados e cheios de bolhas, mas tinha provado a minha aptidão física e a minha determinação nas montanhas.

Tinha chegado o momento de receber formação.

Em primeiro lugar, tínhamos de aprender as chamadas competências «do exército verde», que são os conhecimentos militares comuns, básicos. Depois, quando estivessem bem dominadas, seria a vez das competências das Forças Especiais.

O grosso do nosso tempo seria dedicado a essas competências de especialidade. Afinal, tinha chegado a hora de os instrutores pegarem na matéria-prima dos recrutas e de a converterem nos soldados especializados, altamente treinados e competentes, que dão renome ao SAS.

Esse processo iria ensinar-nos a utilizar competências complexas com rigor, rapidez e, acima de tudo, de forma intuitiva. A curva de aprendizagem para atingir essa fasquia era muito intensa. Fomos informados de que os erros ou deslizes só seriam tolerados uma vez. Depois disso, teríamos de executar bem os exercícios, sem exceção – caso contrário, estaríamos chumbados.

Acima de tudo, queria estar à altura dos padrões do SAS, ter a nota necessária e adquirir as competências. Estava determinado a não desperdiçar aquela oportunidade para que tanto me tinha esforçado.

Tínhamos muitas semanas longas pela frente para adquirir aquelas competências especializadas. Depois viria um acampamento de combate, longo e intensivo, de várias semanas, no qual as nossas competências e o nosso caráter seriam postos à prova em condições exigentes e desgastantes, de modo a determinar se estávamos verdadeiramente aptos a tornar-nos soldados do SAS.

No final desse processo viria a fase mais árdua, destinada a «preparar» os soldados de combate para uma situação de captura. Se a concluíssemos com sucesso (e fomos informados de que essa fase fazia sempre algumas vítimas), então, e só então, seríamos dignos da boina e da insígnia do SAS.

No nosso primeiro fim de semana de formação no quartel-general do SAS, o ritmo começou em força. Mas agora não se tratava só da vertente física. Tratava-se da aquisição de competências – e da combinação dessas competências com a força física que tínhamos adquirido.

Ainda de madrugada, fomos levados para um *bunker* subterrâneo. Seria ali que se realizariam todas as aulas e que seríamos bombardeados com informação – curta e grossa.

«Explicação. Demonstração. Imitação.» Era este o mote. Explicavam-nos um exercício, mostravam-nos como era, e depois nós tínhamos de o executar. Vezes sem conta, até à perfeição.

Avançámos muita matéria nesses dias, para nos familiarizarmos com os procedimentos operacionais normalizados das Forças Especiais do Reino Unido.

No entanto, reparei que agora o ambiente era muito diferente. Já não éramos tratados como recrutas, como números. Éramos tratados como potenciais soldados do SAS, soldados que os instrutores poderiam ter a combater ao seu lado num futuro próximo.

Por conseguinte, os instrutores tinham agora um interesse pessoal em assegurar-se de que aprendíamos bem a matéria e de que os elos mais fracos eram afastados.

Em muitos aspetos, esta fase era menos perdulária do que a das montanhas. Se isso for possível. Era mais subjetiva. Se o instrutor considerasse que não estávamos aptos, ou que não estávamos a aprender com a rapidez necessária, ou que a nossa cara não pertencia ali, então seríamos afastados. Sem mais explicações.

Os instrutores estavam apenas preocupados com as seguintes questões: aprendíamos depressa? Conseguíamos reagir, adaptar-nos e improvisar? Éramos capazes de manter a calma sob pressão? Trabalhávamos bem numa equipa pequena, além de individualmente? Éramos autodisciplinados, organizados, mas capazes de demonstrar agressividade controlada se necessário?

Naquele momento percebi o motivo de os níveis físicos exigidos serem tão elevados. Aquela preparação física estava agora a ser posta em prática, tinha um propósito.

– Têm uma evacuação de helicóptero daqui a cinco horas. O local fica a vinte e cinco quilómetros. Têm também uma baixa e uma força inimiga no vosso encalço. Para a missão ser bem-sucedida, têm de conseguir chegar ao helicóptero. Por isso, toca a andar!

Eu adorava aquilo.

Capítulo 59

Não havia dúvida de que agora sentíamos mais que fazíamos parte do SAS, o que era muito bom.

Quando treinávamos os exercícios de contacto com o inimigo até à exaustão, a adrenalina não parava de aumentar. Ora estávamos em combate para escapar a uma emboscada, ora andávamos a carregar munições e equipamento de rádio pelas montanhas acima, ou a preparar ataques-surpresa em celeiros abandonados.

Nos intervalos, ainda fazíamos corridas intermináveis e sessões de treino físico, além do inevitável exercício físico de combate e das marchas com a mochila.

Quando começávamos a apanhar o jeito de um tipo de exercício, dificultavam-nos as coisas. Era um ritmo implacável mentalmente, e é por isso que os soldados do SAS são considerados «pensadores».

Têm a capacidade de pensar com clareza e de agir com determinação quando tudo em seu redor está em estado caótico. Ah, e de pensar ultrarrapidamente.

Camuflagem, localização, ocultação, ou reconhecimento de alvos próximos. Exercícios com armamento: na lama, debaixo de água, no escuro. Treino com inúmeras armas estrangeiras; formação sobre como as montar e disparar com rapidez e rigor. Fogo real durante exercícios de contacto com quatro participantes, enquanto se evita uma selva de linhas de tiro, com utilização de centenas e centenas de munições.

Através de toda essa formação, estávamos a aprender a funcionar como uma verdadeira equipa, a saber instintivamente como cada um de nós iria reagir sob pressão, e onde residiam os nossos pontos fortes individualmente.

A ideia era sabermos que o nosso apoio lá estaria quando precisássemos dele.

A tensão era sempre elevada, uma vez que as consequências dos nossos erros começavam a ser mais graves. Estávamos em ações conjuntas e os erros prejudicavam o coletivo. Na melhor das hipóteses, poderiam custar-nos uma noite a fazer flexões; na pior, poderiam custar a vida de um de nós (o fogo real, disparado sobre alvos na escuridão, enquanto se mergulha e rasteja em valetas, pode ser fatal quando estamos tão próximos uns dos outros).

O nosso acampamento de combate final aproximava-se a passos largos, e as discussões dos instrutores a respeito da nossa aptidão individual para servir no SAS estavam a tornar-se mais frequentes.

A pressão física continuava igualmente a aumentar, pois os instrutores faziam-nos subir e descer encostas com metralhadoras pesadas e caixas de munições, até à exaustão.

– Muito bem, agora façam tudo outra vez. Mas desta vez desmontem e montem a arma enquanto sobem.

No meio de tudo aquilo, sabíamos que nem todos seríamos aprovados no final.

A viagem para o acampamento de combate começou mal.

– Se nem conseguem carregar a porcaria de um camião em condições com o vosso material todo, então não têm hipótese nenhuma de passar no que vos espera. Podem ter a certeza disso – gritou o Taff, o instrutor do nosso pelotão, no quartel, antes de sairmos.

Eu, por exemplo, estava mais nervoso do que alguma vez tinha estado durante a seleção.

Enjoei na viagem de camião para o norte, o que não me acontecia desde que era miúdo e ia para o colégio. Era dos nervos.

Fizemos perguntas ao Taff a respeito do que poderíamos esperar na fase de «iniciação à captura» e sobre como lhe sobreviver.

O conselho que me deu, a mim e ao Trucker, foi simples: – Basta que os meninos mantenham a boca calada; os instrutores do Regimento 23 têm tendência a odiar recrutas que andaram em colégios privados.

O Regimento 23 do SAS era responsável pelo acampamento de combate (normalmente alternava entre o 21 e o 23), e os seus soldados eram considerados duros, diretos, grandes consumidores de álcool e militares extremamente bem preparados. A última vez que tínhamos estado com eles tinha sido na «Semana de Testes», muitos meses antes, e já se dizia: «Os instrutores do Regimento 23 irão fazer os recrutas do 21 passar um mau bocado».

A única esperança que eu e o Trucker tínhamos era que conseguíssemos passar despercebidos. Baixar a cabeça, fazer o que tem de ser feito sem grandes alaridos.

Não foi bem assim que tudo aconteceu.

– Onde é que estão aqueles meninos que falam como o príncipe Carlos? – gritou o instrutor do Regimento 23 na primeira formatura, quando chegámos.

– Os cavalheiros vão desejar o jornal com o vosso chazinho da manhã? – perguntou o instrutor, com sarcasmo.

Em parte senti-me tentado a responder que isso seria muito bom, mas resisti.

O instrutor prosseguiu: – Estou de olho em vocês os dois. Será que eu quero que um dia a minha vida esteja nas vossas mãos macias de meninos ricos? Uma ova! Se quiserem passar neste curso, vão ter de o merecer e de provar as vossas capacidades no duro. É bom que sejam fantásticos!

Bonito serviço, pensei.

Percebi logo que as duas semanas seguintes iriam ser penosas.

Capítulo 60

Os primeiros cinco dias foram uma mistura de sono reduzido, testes intermináveis e mais exercício físico do que nunca.

As manhãs começavam sempre com sessões de ginástica de uma hora, implacáveis, às cinco da manhã, antes de o programa do dia começar.

As refeições eram frequentemente tomadas em pé, e eu não tinha bem a certeza do motivo pelo qual nos tinham atribuído uma cama, uma vez que a víamos tão pouco.

Passávamos de desmontar armamento estrangeiro de olhos vendados, em contrarrelógio, a aulas sobre balística; depois vinham exercícios práticos de sinalização; a seguir era a travessia de um lago com o equipamento todo, antes de um exercício de contacto real, ensaios com helicópteros, uma aula teórica de medicina de campanha e uma avaliação prática.

O ritmo era intenso, e os instrutores queriam testar as nossas capacidades mentais e físicas de ficarmos alerta e prontos a agir e de trabalharmos bem em equipa, mesmo quando tínhamos a cabeça a explodir com novas informações e estávamos fisicamente esgotados.

Levantávamo-nos todos os dias às três ou quatro da manhã, muitas vezes para fazer simulações de emboscadas e ataques.

Os momentos piores eram quando estávamos deitados numa vala sob chuva intensa, tão cansados, que era quase impossível não adormecer por alguns segundos. Gelados, com fome e já sem adrenalina – à espera de que os instrutores passassem pelo nosso local de emboscada, na zona elevada da charneca lodosa de Yorkshire que rodeava o nosso aquartelamento.

Muitas vezes eles nem sequer apareciam, e acabávamos por nos arrastar de madrugada, com todo o equipamento e armamento, de volta até ao acampamento, onde tínhamos de limpar tudo até ficar como novo.

Só então podíamos cair na cama para um precioso par de horas de sono.

Aprendi a ter pavor do despertador que nos acordava todas as manhãs para o exercício físico, depois de ter dormido tão pouco.

Sentia-me um morto-vivo: cansado, dorido, rígido. No entanto, o nível de competências a que tínhamos de funcionar aumentava a cada dia.

Era esse o verdadeiro teste daquela fase: seríamos capazes de manter as competências quando estivéssemos esgotados?

Lembro-me de uma sessão específica de treino físico matinal. Estávamos a fazer as séries habituais de *sprints* de longa distância e de transporte de um camarada às costas, as quais nos levavam a todos ao ponto de quase vomitarmos. Quando eu pensava que já não conseguia correr mais com aquele peso sobre os ombros, ouvi um estrondo e um grito de dor atrás de mim.

Olhei para trás e vi um recruta estendido no chão, cheio de sangue.

Aparentemente, o tipo que carregava este pobre recruta aos ombros tinha passado perto de mais de um poste de iluminação. O rapaz bateu com a cabeça com tanta força, que desmaiou logo.

O lado positivo foi que os médicos entraram em ação e fomos todos dispensados meia hora mais cedo. Porém, aquilo não acontecia muitas vezes. Na verdade, aquela terá sido provavelmente a única folga que tivemos em duas semanas.

Aquela falta de descanso geral deixava-me mesmo derreado. Há pouco que as pessoas possam fazer para se prepararem para reagir à privação do sono durante vários dias. Tudo é afetado: a concentração, a motivação, e o desempenho – tudo elementos essenciais para o que estávamos a fazer. Levavam-nos ao limite para averiguar qual era, no fundo, o nosso verdadeiro caráter.

Lembro-me de uma vez numa aula (sobre o tópico extremamente aborrecido das diferentes capacidades de penetração de variadíssimas balas e munições) ter olhado para o lado e ter visto o Trucker a picar-se com um alfinete-de-ama de pouco em pouco tempo, para tentar não adormecer.

Aquela imagem motivou-me muito.

O que se tornou mais extenuante foi o facto de não podermos fazer nada que passasse desapercebido. Mais uma vez, tudo era planeado para que assim fosse. Queriam ver-nos em ação com o máximo possível de fadiga e pressão.

Não tardou para que eu ansiasse pelo exercício final de quatro dias, no qual pelo menos poderíamos sair para o terreno, nas nossas patrulhas, longe daquele inferno de escrutínio intenso.

O dia do exercício final começou no frio da madrugada (como era habitual), mas sem treino físico (o que era invulgar), e agruparam-nos em patrulhas de quatro homens.

Já não podíamos interagir com ninguém fora da nossa pequena equipa ou célula. Trata-se de uma medida de segurança operacional normalizada, destinada a garantir que, caso sejamos capturados, não tenhamos conhecimento da missão específica das outras patrulhas. É uma forma eficaz de nos manter 100% concentrados na nossa missão.

As ordens foram dadas e as patrulhas individuais foram informadas dos pormenores das suas missões específicas.

Em seguida, o dia foi uma agitação de preparativos para a missão: reduzir o nosso equipamento individual ao mínimo, de modo a podermos transportar munições suficientes entre todos. Encher os carregadores com balas e marcadores, limpar as armas, estudar os mapas, treinar exercícios, memorizar locais de evacuação de emergência por helicóptero, rever os procedimentos de fuga e evasão, e testar as comunicações via rádio.

Eu estava motivado. Mal podia esperar por começar.

Depois, comemos os quatro, revimos a missão mais uma vez, e voltámos a verificar o equipamento.

A chegada do helicóptero estava prevista para o início da noite.

Capítulo 61

Foi com uma noite de luar que vimos o helicóptero pousar no acampamento, em silhueta contra a lua. Atirámos as mochilas lá para dentro e subimos para o interior.

Era a minha primeira experiência num helicóptero militar a voar a baixa altitude pelas montanhas até a um ponto remoto de aterragem à noite. Inserido na equipa, apto e treinado ao máximo, sentia-me invencível.

O helicóptero não tardou a aproximar-se até quase um metro e meio do solo, no topo de uma montanha inóspita. Saltámos em silêncio e assumimos as nossas posições de defesa geral, enquanto o helicóptero desapareceu do cume, perdendo-se no céu noturno.

Pouco depois, tudo estava silencioso, tirando o ruído do vento a soprar constantemente nas nossas mochilas enquanto esperávamos, deitados e quietos. Tínhamos de apurar os sentidos antes de avançarmos.

Depois iniciámos a patrulha. O nosso primeiro contacto estava a cerca de onze quilómetros.

Iríamos encontrar-nos com uma pessoa à paisana, num veículo à paisana, que nos conduziria até mais próximo do nosso alvo e nos daria informações atualizadas acerca da nossa missão.

Quando lá chegámos, assumimos as nossas posições separadas, e ficámos à espera e à escuta.

Aos poucos, porém, o cansaço da noite começou a apoderar-se de mim, à medida que a adrenalina das horas anteriores se ia desvanecendo.

Não adormeças. Vá lá, Bear. Aguenta-te.

Naquelas horas de espera, imóvel, rígido e com frio, tinha de lutar para não adormecer.

De poucos em poucos minutos cabeceava, acordava sobressaltado, e tentava esquecer o cansaço. Cheguei a experimentar pousar o queixo na mira da espingarda, que era afiada e fininha, numa tentativa de me manter acordado.

Por fim, o nosso agente lá chegou de carro e estacionou na clareira.

Céleres e silenciosos, entrámos na traseira da carrinha. Durante meia hora, o agente conduziu-nos por caminhos estreitos, enquanto consultávamos o mapa desenhado que nos tinha acabado de fornecer. As luzes encarnadas das nossas lanternas moviam-se freneticamente.

Pouco depois, deixou-nos numa área de repouso numa pequena estrada deserta e o veículo desapareceu na noite.

Avançámos a corta-mato e em patrulha até ao ponto de procedimento operacional estabelecido, onde avistaríamos o nosso alvo principal pela primeira vez.

O cenário do exercício era simples.

O nosso alvo era um esconderijo onde se suspeitava que estaria um grupo de raptores. Mediante confirmação dos nossos dados, teríamos vinte e quatro horas para nos reunirmos com outras duas patrulhas, informá-las e formular um plano para salvar o refém; depois, teríamos de levar a cabo a missão. Por fim, teríamos de nos deslocar até ao ponto de encontro final.

Aí, todas as patrulhas seriam retiradas, bem como o refém.

No final de tudo isso, a missão seria malsucedida. Nós seríamos capturados intencionalmente e teria então início a fase final de «iniciação à captura».

É evidente que estávamos cientes de que tudo o que acontecia neste teste final era uma simulação. No entanto, tínhamos aprendido naqueles meses de treino contínuo a tratar tudo o que fazíamos como se fosse real.

Esse aspeto era essencial para a preparação dos soldados para combate: se treinássemos arduamente, o combate seria fácil. Se o treino fosse o mais realista possível, quando a situação fosse real as surpresas seriam menos frequentes.

Tornar o treino de simulação extremamente real foi algo que o SAS foi apurando muito bem durante os anos.

E era mesmo real.

Capítulo 62

Localizámos uma boa posição de procedimento operacional com vista para uma casa abandonada, que era o nosso alvo. Camuflámo-nos e efetuámos a nossa rotina operacional, que consistia em executar turnos de duas horas em pares, para observar o alvo e tomar notas de quaisquer movimentos do inimigo, e em comer e descansar.

Foi um grande alívio poder finalmente fechar os olhos, mesmo que por pouco tempo.

Era verão e o sol incidiu durante todo o dia na nossa posição bem camuflada, para variar dos aguaceiros estivais que tínhamos aguentado nos dez dias anteriores. Silenciosamente, sem sermos detetados, permanecemos a apenas trezentos metros do alvo e observámos.

A nossa tarefa na noite seguinte seria guiar mais duas patrulhas desde uma distância de alguns quilómetros até ao nosso local. Estava combinado o Matt e eu irmos buscar as outras patrulhas, enquanto os outros dois mantinham a nossa escala de procedimento operacional.

O encontro estava marcado para entre as três e as cinco horas da manhã.

Eu e o Matt chegámos ao ponto de encontro mais cedo, sentámo-nos e esperámos.

Enfiado num matagal cheio de silvas, já com o vento e a chuva de volta, tapei a cabeça com o capuz e tentei manter-me quente.

Esperámos em turnos alternados, para nos mantermos acordados. Porém, o Matt, como eu, estava extenuado e não conseguiu ficar acordado durante muito mais tempo. Adormecemos os dois de vigia. Era um mau procedimento. Eu só acordei quando ouvi o restolhar da aproximação das outras patrulhas.

Um dos instrutores do Regimento 23 estava na primeira patrulha, e eu rastejei depressa na direção dele, toquei-lhe no ombro, e comecei a conduzi--lo até ao nosso local de espera.

O instrutor fez-me um gesto de aprovação com o polegar, como quem diz: «Muito bem». Quando cheguei ao local onde estava o Matt, ele já tinha acordado de rompante e parecia uma mola, como se tivesse estado a vigiar atentamente as suas linhas de fogo durante toda a noite.

Mal sabia o instrutor que cinco minutos antes eu e o Matt estávamos os dois ferrados a dormir, com os gorros sobre a vista, como dois bebés no berço. Se nos tivessem apanhado, teríamos sido mandados imediatamente para casa.

No entanto, desafio-vos a encontrar um soldado do SAS que não tenha, pelo menos uma vez, quase sido apanhado no seu percurso na seleção.

Ninguém é perfeito.

Quando amanheceu, já tínhamos conduzido as outras patrulhas até ao nosso local de procedimento operacional, a umas centenas de metros do alvo principal. Estabelecemo-nos na nossa posição e continuámos a observar. Ao final da tarde, ainda não havia atividade a registar.

Foi então que, de repente, tudo mudou.

Vimos uma carrinha a avançar a toda a velocidade pelo caminho que conduzia à casa. Dois homens com capuzes encarnados saíram do veículo, abriram as portas traseiras e arrastaram pelos cabelos uma rapariga, que gritava.

Depois entraram na casa e bateram com a porta.

Transmitimos essa informação e fomos de imediato instruídos pelo rádio a traçar um plano rápido de salvamento e evacuação.

Não precisávamos de mais nada.

Minutos depois, ao anoitecer, estávamos preparados para levar a cabo o salvamento da refém.

Um grupo atacaria os terroristas e libertaria a refém, enquanto as outras patrulhas iriam protegê-lo e aniquilar as forças de reação rápida que aqueles pudessem ter preparado para os ajudar.

O plano funcionou na perfeição. Aparentemente, todo aquele treino tinha compensado. Invadimos o edifício, «matámos» os terroristas e libertá-mos a refém.

Não posso revelar os pormenores. Mas tudo aconteceu muito depressa. Pouco depois já estávamos todos enfiados na traseira de uma carrinha desca-racterizada, a acelerar por estradas rurais. A sair dali.

Tarefa concluída.

Como combinado, o nosso contacto foi ter connosco logo que a operação terminou. Outro veículo tinha levado a «refém» para obter informações.

Eu sentia-me elétrico, e ainda estava cheio de energia da adrenalina que me corria nas veias.

A primeira parte do exercício estava concluída, o objetivo final estava ao nosso alcance, e já estávamos a quase um dia de receber a nossa insígnia.

Contudo, o último dia e a última noite infernais seriam decisivos.

Capítulo 63

Há coisas para as quais é quase impossível estar-se preparado. Eu estava extremamente nervoso.

Encontrávamo-nos apertados na traseira de uma carrinha, quatro homens suados e enlameados, mais uma pilha de equipamentos, armas e mochilas. A luz fraca do interior do tejadilho na zona de carga ia piscando, diáfana, enquanto acelerávamos pelo caminho fora.

A minha bússola indicava que nos dirigíamos para sul. Sabia instintivamente que algo estava mal.

De repente, a carrinha encostou, o condutor travou a fundo e parámos abruptamente.

Bang, bang, bang nos painéis de metal da carrinha.

Tinha começado.

O que se seguiu, e continuou até ao dia seguinte, foi uma confusão de *stress* e de traumas mentais e físicos, destinados a recriar e simular o sofrimento de se ser capturado. É muito desagradável e verdadeiramente aterrador. Quanto aos pormenores, não posso revelar o que de facto aconteceu.

No dia antes de começar o exercício final, o instrutor tinha sido inequívoco: – Não lhes deem nada que possam explorar. Sejam espertos. Mantenham-se concentrados, apesar da dor e do cansaço. Se se descuidarem um segundo, chumbam. E ninguém é vosso amigo até me verem entrar com uma cruz branca no braço. Só então é que o exercício terminou. Uma CRUZ vermelha não é a minha cruz branca. A cruz de um padre não é a minha cruz branca. Se vos oferecerem um pãozinho com uma cruz em cima e uma chávena de chá, isso não é a minha cruz branca. Entenderam?

E insistiu: – Não se deixem apanhar. Não nesta fase da seleção.

As táticas deles foram brutais, mas eficazes. Porém, ninguém me iria privar desta oportunidade agora. Estava tão perto de terminar a seleção do SAS. Não lhes iria dizer nada.

A minha cabeça estava acelerada, mas no fundo sabia que, apesar de tudo, não estava descontrolado. Não iria ceder àqueles sacanas. Entoei cânticos na minha cabeça e rezei continuamente. *Mantém-me forte.*

Nunca me tinha sentido tão macerado e cansado.

Doía-me imenso a cabeça e as cãibras dos músculos das costas estavam a dar cabo de mim. Desfaleci várias vezes. Estava exausto, esfomeado, sedento, e a tremer descontroladamente por causa do ar frio subterrâneo.

Os minutos tornaram-se horas, e as horas não pareciam terminar.

Era dia ou noite?

Já não fazia ideia.

Por fim, lá me atiraram para uma cela minúscula e escura. Sossego total. Mas senti de imediato um calor. E conseguia vislumbrar o formato da sala pela nesga não coberta no fundo da venda.

Esperei.

Estava seminu, com o meu dólman camuflado puxado até meio das costas, contorcido e a tremer. Devia estar com um aspeto horrível.

Sentia o sabor do ranho que tinha espalhado no rosto.

Uma mão puxou-me a venda e a luz acendeu-se.

– Reconheces isto, Bear? – perguntou uma voz, baixinho.

Abri os olhos a custo. O instrutor estava a apontar para uma cruz branca no braço. Não reagi. Precisava de confirmar na minha cabeça.

– Isto significa o final do exercício. Acabou-se. Lembras-te?

Eu lembrava-me, mas ainda assim não reagi. Tinha de verificar mais uma vez na minha cabeça. Depois, lá acenei ligeiramente na direção dele. E ele sorriu.

Era o fim.

– Muito bem, rapaz. Agora senta-te, descansa um pouco e bebe isto. O psiquiatra vem falar contigo daqui a uns minutos.

O instrutor pôs-me uma manta pelos ombros. Sorri e uma lágrima de alívio desceu-me pelo rosto.

Durante uma hora, um psiquiatra informou-me da avaliação. Disse que me tinha portado bem e resistido com sucesso. Sentia-me tão aliviado. Adorava aquele psiquiatra.

A verdadeira lição era dupla: controla a tua cabeça, não te deixes apanhar.

Como referiu o instrutor: – Lembrem-se de que, apesar de tudo, estes tipos estão do vosso lado. São britânicos, não são o verdadeiro inimigo. Se o

fossem, então as coisas teriam sido mais complicadas. Por isso, não se esque-
çam: não se deixem capturar!

É uma lição que nunca esqueci, e é provavelmente por isso que ao longo
dos anos me tornei muito, muito bom a escapar de todo o tipo de sarilhos.

De volta ao quartel, aqueles que ainda restavam estavam lívidos e muito
abalados, mas aliviados pelo facto de as nossas provações terem finalmente
terminado.

O Trucker estava particularmente com mau aspeto, mas tinha um sorriso de orelha a orelha. Sentei-me na cama dele a conversar, enquanto ele ia
arrumando o equipamento, sempre a abanar a cabeça e a rir-se sozinho.

Era a sua forma de processar aquilo tudo. Deu-me vontade de rir.

És um homem especial, pensei para comigo.

Vestimos outro fardamento, que nos sobrou do exercício final, e sentámo-
-nos nas camas, numa espera ansiosa.

Já todos tínhamos terminado. Mas teríamos passado todos?

– Formatura daqui a cinco minutos, rapazes, para as boas e as más notícias. As boas são que alguns de vocês passaram. As más notícias... Já devem
saber.

Dito isto, o instrutor saiu.

Eu estava cheio de medo de ser um dos que chumbaram nesta prova
final. Tentei conter o receio.

Nesta fase não. Não tão perto do fim.

O instrutor voltou. Chamou rapidamente uma lista de nomes e disse-
-lhes para o acompanharem. Eu não estava naquele grupo. Os poucos que
restaram, incluindo o Trucker, olharam uns para os outros nervosamente, e
esperaram.

Os minutos passaram penosamente devagar. Ninguém disse nada.

Depois, a porta abriu-se e os outros tipos voltaram, de cabeça baixa,
sérios, e dirigiram-se ao seu equipamento. Começaram a fazer as malas.

Eu conhecia aquelas expressões e aquele sentimento.

O Matt era um deles, o tipo que tanto me tinha ajudado na «Resistência»,
a marcha final. Tinha chumbado por ter cedido sob pressão. Bastava um deslize de um minuto, para facilmente se cair num dos muitos truques e táticas
dos instrutores.

Regra n.º 1: os soldados do SAS têm de ser capazes de se manter alerta
e concentrados sob pressão.

O Matt voltou-se, olhou para mim, sorriu e foi-se embora.

Nunca mais o vi.

Capítulo 64

Foi assim que acabei em pé numa salinha, num edifício não identificado no perímetro do quartel-general do SAS. Só restavam meia dúzia de recrutas de entre todos os que tinham iniciado o curso muitos meses antes.

Andávamos de um lado para o outro, impacientes. Estávamos preparados.

Preparados para, finalmente, recebermos a insígnia de soldados do SAS.

O coronel do regimento entrou, vestido casualmente com calças, camisa e boina camufladas e o cinto azul do SAS.

Sorriu na nossa direção.

— Bom trabalho, rapazes. Foi duro, não foi?

Nós retribuímos o sorriso.

— Devem estar orgulhosos hoje. Mas lembrem-se: isto é só o começo. O verdadeiro trabalho árduo começa agora, quando voltarem para o vosso esquadrão. Muitos são chamados, poucos são escolhidos. Façam jus a esse mote.

Aqui, fez uma pausa.

— E doravante, para o resto da vossa vida, lembrem-se disto: fazem parte da família SAS. Ganharam esse direito. E é a melhor família do mundo. Porém, o que torna o nosso trabalho aqui extraordinário é o facto de todos darem sempre um pouco mais de si mesmos. Quando todos desistem, nós vamos mais além. É isso que nos distingue dos outros.

Nunca me esqueci daquele discurso.

Estava ali em pé, com as botas gastas, gretadas e enlameadas, com as calças rasgadas e com uma *t-shirt* preta suada.

Nunca me tinha sentido tão orgulhoso na vida.

Estávamos todos em sentido, sem qualquer pompa e circunstância. Apertámos a mão ao coronel e recebemos a tão cobiçada boina bege do SAS.

Ao longo da seleção, eu tinha aprendido que o mais importante nunca tinha sido a boina – era o que ela significava: camaradagem, suor, capacidade, humildade, resistência e caráter.

Compus cuidadosamente a minha boina na cabeça enquanto o coronel entregava as outras. Depois, ele voltou-se e declarou: – Bem-vindos ao SAS. A minha porta estará sempre aberta se precisarem de alguma coisa. É assim que as coisas funcionam aqui. Agora vão-se embora e bebam uma cerveja ou duas à minha conta.

Eu e o Trucker tínhamos conseguido, juntos, contra todas as probabilidades.

Foi assim que terminou a seleção do SAS. Conforme referiu o coronel, era de facto apenas o começo.

Desde que frequentei a seleção, há tantos anos, pouco mudou.

A página da Internet do Ministério da Defesa britânico ainda especifica que os soldados do Regimento 21 do SAS devem possuir as seguintes características de caráter: «Robustez física e mental. Autoconfiança. Autodisciplina. Capacidade de executar trabalho individual. Capacidade de assimilar informação e novas competências».

Neste momento, quando leio estas palavras, sorrio. À medida que a seleção foi avançando, esses traços foram-me sendo incutidos. Depois, durante os três anos que servi no meu pelotão, tornaram-se parte da minha mentalidade.

São as mesmas qualidades que valorizo hoje em dia.

Não posso revelar pormenores das tarefas que executei depois da seleção, mas incluíram um treino do mais extraordinário que algum homem teve a sorte de receber.

Recebi formação sobre demolições, incursões por via aérea e marítima, armamento estrangeiro, sobrevivência na selva, medicina traumática, língua árabe, sinalização, condução evasiva a alta velocidade, combate militar de inverno, bem como sobrevivência de «fuga e evasão» em território inimigo.

Passei por um programa de iniciação à captura ainda mais aprofundado no âmbito da minha instrução para formador de sobrevivência em combate, o qual foi muito mais longo e intenso do que o inferno pelo qual tínhamos passado no programa de seleção.

Aprendi a dominar as competências de paraquedismo noturno e de combate sem armamento, entre muitas outras. Entretanto, tive imensas desventuras.

Porém, qual é a recordação que mais valorizo?

Para mim, é a da camaradagem e das amizades – e, é claro, do Trucker, que ainda é um dos meus melhores amigos neste mundo.

Alguns laços nunca se desfazem.

Nunca me esquecerei das marchas longas, do treino especializado e, evidentemente, de uma certa montanha em Brecon Beacons.

No entanto, sinto um orgulho discreto por, durante o resto da minha vida, poder olhar-me ao espelho e saber que um dia fui suficientemente bom.

Suficientemente bom para me intitular membro do SAS.

Há coisas que não têm preço.

Capítulo 65

Entretanto, eu e o Trucker, durante todo aquele tempo, mantivemos uma vivenda alugada numa quinta a cerca de dez quilómetros de Bristol. Estávamos a pagar uma renda irrisória, uma vez que a casa estava em muito mau estado, não tinha aquecimento, nem confortos modernos. Mas eu adorava-a.

De um lado, a casa tinha vista para um enorme vale verdejante; do outro, para um lindo bosque. Recebíamos amigos todas as noites, organizávamos festas com música ao vivo e alimentávamos o fogão de combustível sólido com as tábuas que arrancávamos a um barracão em ruínas.

O dinheiro que recebíamos do Exército servia para pagar a nossa conta corrente no *pub* da zona.

Devemos ter sido os piores inquilinos de sempre, porque nunca cuidámos do jardim e queimámos a madeira dos vários barracões que apodreciam no terreno. Mas pronto... o senhorio também era um velho miserável, com uma reputação terrível!

Quando as ervas se tornaram demasiado grandes, tentámos apará-las, mas deram cabo dos nossos dois corta-relvas. Então, pegámos fogo ao jardim. Isso funcionou bem de mais, e foi por pouco que a casa toda não ardeu quando o fogo alastrou furiosamente.

O melhor daquele sítio era que podíamos entrar e sair de Bristol nas nossas motas de 100 cm^3, fazendo o caminho quase todo pela mata, por pequenos caminhos de terra batida – quase sem ter de utilizar a estrada.

Recordo-me de, numa noite, quando estávamos a ir para casa nas nossas motas depois de um serão de farra na cidade, o meu tubo de escape ter começado a avariar (primeiro ficou em brasa, e depois aqueceu tanto, que ficou branco) e ter deixado de funcionar, após uma explosão enorme. No escuro, encontrámos um arame velho de vedação e o Trucker rebocou-me até casa, com os dois perdidos de riso.

Daí em diante, a minha mota só pegava na descida de terra batida que percorria o vale perto de nossa casa. Se a mota não pegasse até ao fundo, tinha de a empurrar quase duzentos metros até lá acima e tentar outra vez.

Era ridículo, mas servia para me manter em forma – e para divertir o Trucker.

Que dias alegres.

Tínhamos a mesma vida dos muitos estudantes que andavam ali pela cidade, mas depois desaparecíamos por três semanas com o nosso pelotão, e voltávamos assim que possível, com um belo bronzeado – que fazia sucesso junto das belas raparigas de Bristol.

Era uma existência perfeita, e só meia dúzia dos nossos melhores amigos é que sabiam que não éramos apenas estudantes normais, apesar de não irmos às aulas (alguns dos nossos amigos também não pareciam ter grande assiduidade!).

Era um equilíbrio perfeito entre «trabalhar muito e brincar muito». Estávamos em boa forma física e tínhamos um emprego que ambos adorávamos. Porém, quando não estávamos com o nosso pelotão, estávamos a divertir-nos imenso numa cidade universitária.

Passámos dois anos assim; na minha juventude, tinha uma vida de sonho.

Que jovem é que não adoraria que lhe ensinassem a fazer explodir coisas, a escalar montanhas, a fazer queda livre à noite e a praticar condução evasiva a alta velocidade?!

Porém, fora preciso muito trabalho árduo para chegar àquele ponto.

Entretanto, eu e o Trucker incentivámos vários dos nossos amigos mais íntimos a tentarem passar na seleção do SAS, mas infelizmente nenhum deles conseguiu avançar muito nas provas.

Um desses amigos pediu-me para lhe resumir quais eram as qualidades necessárias para a vida nas Forças Especiais.

Eu respondi que o importante é o seguinte: ter motivação e ser decidido; ser calmo, mas capaz de sorrir perante as adversidades. Ter nervos de ferro, ser capaz de reagir depressa, e ter uma mentalidade do tipo «improvisar, adaptar e superar».

Ah, e ser capaz de ver a luz ao fundo do túnel quando a tarefa parece impossível de concretizar.

Em retrospetiva, estas foram igualmente muitas das qualidades que tanto me ajudaram posteriormente nas minhas aventuras, das grandes expedições (como a escalada ao Evereste) às filmagens de *Escape to the Legion, Man vs. Wild, Worst-Case Scenario* e *Born Survivor: Bear Grylls*.

Não é preciso ser-se um génio; tudo se resume a ter de se demonstrar determinação nos momentos decisivos. Sempre gostei disso.

Mas, e este é um grande «mas», mal eu sabia o quanto iria necessitar de algumas dessas qualidades quando o meu acidente aconteceu. Tal como no caso da seleção, foi uma daquelas coisas para as quais dificilmente estaria preparado.

Numa noite fresca, lá em cima no céu, sobre as planícies desertas de África, ocorreu um desses momentos que mudam e definem a nossa vida.

PARTE 3

CAPÍTULO 66

No verão de 1996, trabalhei durante um mês numa quinta de caça no norte do Transval, na África do Sul, a caçar veados para limitar a sua população e a prestar aconselhamento sobre como evitar os caçadores furtivos. Trabalhava todos os dias com trabalhadores negros, e era pago por esse privilégio.

Decidi rumar a norte, ao Zimbabué, para descansar e para me divertir. Queria gastar parte do meu ordenado antes de regressar ao Reino Unido.

Divertimento, para mim, era fazer queda livre com amigos e tomar umas bebidas frescas ao serão.

Era uma boa vida.

O céu estava a começar a escurecer e o brilho do sol africano ia sendo substituído pelo laranja quente do pôr do sol.

Estávamos todos apertados num pequeno avião, e começava a ter cãibras nos pés. Tentei contraí-los, para pôr o sangue a circular novamente.

Como sucede muitas vezes, não estabelecemos contacto visual uns com os outros enquanto ascendíamos a quase dezasseis mil pés de altitude. Cada um estava compenetrado no seu próprio mundo.

O avião atingiu a altura desejada. Todos se tornaram ativos novamente, a verificar e reverificar o equipamento. Houve alguém que se dirigiu à porta.

Quando a porta deslizou e se abriu, o silêncio foi quebrado pelo ruído feroz do motor e pelo sopro da deslocação de ar a mais de cem quilómetros por hora.

– Luz vermelha.

Tudo parecia estranhamente calmo enquanto olhávamos fixamente para a lâmpada acesa.

A luz passou a verde.

– Vamos.

Um a um, saltámos pela porta e afastámo-nos rapidamente. Não tardou que ficasse sozinho na zona de carga do avião. Olhei para baixo, inspirei fundo, como de costume, e deixei-me cair.

Enquanto o vento me arqueava o corpo, eu conseguia senti-lo a reagir aos meus movimentos. Fiz descair um ombro e o vento começou a fazer-me girar. O horizonte movia-se à minha frente.

Esta sensação é conhecida como «liberdade do céu».

Conseguia vislumbrar os pequenos pontos dos outros que estavam em queda livre por baixo de mim. Depois, perdi-os no meio das nuvens. Segundos depois, estava também a cair pelas nuvens. Sentia a sua humidade no meu rosto. Como adorava aquela sensação de cair pelo meio das nuvens!

Três mil pés. É o momento de abrir o paraquedas.

Deitei a mão à minha coxa direita e agarrei na tira extratora. Puxei-a com força. No início, respondeu normalmente.

O paraquedas abriu com um som que interrompeu o ruído da queda a duzentos quilómetros por hora. A minha velocidade de queda abrandou para quarenta quilómetros por hora.

Foi então que olhei para cima e me apercebi de que algo estava mal – muito mal.

Em vez de ter uma forma retangular suave por cima de mim, tinha um emaranhado de paraquedas com um ar muito deformado, o que significava que seria muito problemático controlá-lo.

Puxei as tiras de suspensão com força, para ver se isso me ajudava.

Não ajudou.

Comecei a entrar em pânico.

Vi o chão do deserto a aproximar-se e os objetos a tornarem-se mais nítidos. Estava a descer depressa – demasiado depressa.

Teria de tentar aterrar mesmo assim.

Quando dei por isso, já estava demasiado baixo para usar o paraquedas de reserva. Estava a aproximar-me do solo, e depressa. Com o medo, dei demasiada folga ao paraquedas e fi-lo muito depressa, o que elevou o meu corpo na horizontal. Depois, estatelei-me no chão do deserto.

O meu corpo aterrou como se fosse uma boneca de trapos. Aterrei numa nuvem de poeira, e fiquei ali, a gemer.

Tinha aterrado de costas, mesmo em cima do pacote do paraquedas de reserva, que formava um quadrado duríssimo no meio da mochila. No momento do impacto, senti-me como se aquele paraquedas duríssimo me tivesse atravessado a zona central da coluna vertebral.

Não me conseguia levantar. Só fui capaz de rebolar e gemer de dor no chão empoeirado.

Chorei, ali deitado no meio da poeira, enquanto esperava que os meus amigos me viessem ajudar. Sabia que tinha feito asneira.

Só temos uma hipótese de vida, e naqueles momentos de agonia percebi que tinha dado cabo da minha.

Sentia, na boca do estômago, o medo de a minha vida nunca mais voltar a ser a mesma.

Capítulo 67

Fiquei ali deitado, a delirar, a alternar entre a consciência e a inconsciência.

Quando os meus companheiros me começaram a ajudar a levantar, ainda estava a gemer com dores. Tinha os olhos cerrados, a contorcer-me com aquele sofrimento lento.

Ouvi-os dizer que o meu paraquedas tinha um grande rasgão. Isso explicava o motivo pelo qual se mostrou tão difícil de controlar.

Ainda assim, as regras são simples, e eu conhecia-as: se o paraquedas se tornasse incontrolável, teria de o cortar e de me libertar dele. Depois, regressaria à queda livre e abriria o de reserva.

Não tinha feito nada disso. Pensei que o conseguia controlar.

Estava enganado.

De seguida, lembro-me de estar deitado num velho Land Rover e de fazer uma viagem alucinante até ao hospital mais próximo. Transportaram-me para dentro do hospital e colocaram-me cuidadosamente numa cadeira de rodas.

Duas enfermeiras levaram-me por um corredor, onde o médico me fez uma avaliação preliminar. Cada vez que me tentava examinar, eu contorcia-me com dores. Lembro-me de lhe pedir desculpa várias vezes.

Depois recordo-me de ele ter pegado numa grande seringa e de me ter dado uma injeção.

A dor desapareceu instantaneamente e, num torpor, tentei levantar-me e andar. As enfermeiras agarraram-me e deitaram-me outra vez.

Lembro-me da voz do médico escocês (o que me parecia estranho, uma vez que estávamos no meio da África do Sul) a dizer-me que tão cedo não poderia andar. Depois disso, não me lembro de muito mais.

Quando acordei, estava um homem de boina verde com uma grande pena debruçado sobre mim. *Devo estar com alucinações*, pensei.

Pisquei os olhos, mas ele não desapareceu.

De seguida, o homem abordou-me com um sotaque britânico perfeito.

— Como é que se sente, soldado?

Era o coronel responsável pela BMAT (British Military Advisory Team) na zona sul de África. Estava ali para se informar acerca da minha recuperação.

— Vamos levá-lo de volta para o Reino Unido em breve — disse, com um sorriso. — Coragem, rapaz.

O coronel foi excecionalmente simpático e nunca o esqueci. Foi muito além dos seus deveres para tomar conta de mim e me repatriar assim que possível. Afinal, estávamos num país que não era conhecido pelo luxo dos hospitais.

Não me lembro de quase nada do voo para o Reino Unido; passei a viagem deitado em três assentos no fundo de um avião. Recordo-me de me terem levado de maca pela pista de alcatrão, sob o intenso sol africano, e de me ter sentido desesperado e sozinho.

Não conseguia deixar de chorar quando ninguém estava a ver.

Olha para ti, Bear. Olha para ti. Pois é, estás tramado. Depois, perdia os sentidos.

Uma ambulância foi buscar-me a Heathrow e, por fim, devido à insistência dos meus pais, levaram-me para casa. Não tinha outro lugar para onde ir. Os meus pais pareciam exaustos de preocupação. Além das minhas dores físicas, sentia uma culpa enorme por lhes causar tanto desgosto.

Nada disto estava nos meus planos de vida.

Sofri um golpe duro, inesperado, de uma forma que nunca tinha imaginado.

Estas coisas não me aconteciam a mim. Eu era o miúdo com sorte.

No entanto, as coisas inesperadas dão muitas vezes cabo de nós.

Capítulo 68

Daí em diante, ia quase todos os dias ao hospital.
Faziam-me radiografias, todo o tipo de testes, e depois repetiam tudo novamente para confirmar.

As vértebras T8, T10 e T12 estavam fraturadas. Isso era inequívoco.

As radiografias não deixavam margem para dúvidas.

São as vértebras mais difíceis de partir, mesmo no meio das costas.

– Vou voltar a andar em condições? – perguntava eu aos médicos, insistentemente.

Porém, ninguém era capaz de me dar uma resposta. E o facto de não saber era o pior.

Os médicos decidiram que o melhor seria não operar, por enquanto. Concluíram (com razão) que, uma vez que eu era jovem e forte, a melhor hipótese de recuperação residia em esperar e ver se as fraturas saravam naturalmente.

O único aspeto que todos reiteravam era o facto de eu ter tido «uma sorte pouco comum».

Sabia que por pouco não tinha danificado a medula espinal e ficado inválido para sempre.

Milagre ou não, só sabia que, sempre que me tentava movimentar um pouco para a esquerda ou para a direita, ficava maldisposto com o sofrimento. Mal me conseguia mexer com aquelas dores horríveis.

Quando saía da cama, tinha de usar um grande espartilho de metal atado à minha volta.

Sentia-me inválido. Era um inválido. Não me parecia normal.

Estou tramado.

Seu estúpido, grande estúpido, Bear. Podias ter aterrado com o paraquedas se não tivesses entrado em pânico, ou então devias tê-lo cortado e acionado o de reserva mais cedo.

Na verdade, tinha agido duplamente mal: nem tinha acionado imediatamente o paraquedas de reserva, nem tinha tido habilidade para aterrar com aquele.

Sentia que poderia ter evitado o acidente se tivesse sido mais esperto, mais rápido, e tivesse tido mais sangue-frio. Tinha feito asneira, não havia dúvidas disso.

Jurei que nunca mais falharia nessas vertentes novamente.

Aprenderia com aquela situação e tornar-me-ia o tipo com o raciocínio mais rápido e com o maior sangue-frio do Planeta.

Por enquanto, restava-me chorar.

Acordei na cama, ofegante e a suar. Era a terceira vez que tinha o mesmo pesadelo: revivia aquela sensação horrível de estar a cair, descontrolado, a aproximar-me do chão.

Já fazia dois meses que estava ali deitado de barriga para baixo, supostamente a recuperar. Contudo, não estava a melhorar.

De facto, quando muito, sentia as costas piores.

Não me conseguia mover e começava a ficar cada vez mais furioso interiormente. Furioso comigo, furioso com tudo.

Estava furioso porque me sentia apavorado.

Os meus planos, os sonhos de futuro estavam todos destroçados. Nada era certo agora. Não sabia se poderia continuar no SAS. Nem sequer sabia se iria recuperar.

Ali deitado, sem me conseguir mexer, a suar de frustração, só conseguia ausentar-me mentalmente.

Ainda havia tantas coisas que eu sonhava fazer.

Olhei em redor no meu quarto e, naquela velha fotografia, o monte Evereste parecia olhar para mim.

O sonho louco que eu e o meu pai acalentávamos.

Tinha tido o mesmo destino de tantos sonhos: permanecer um sonho. Nem mais, nem menos.

Coberto de pó. Sem nunca se tornar realidade.

Naquele momento, o Evereste parecia mais inatingível do que nunca.

Semanas depois, ainda com o espartilho, arrastei-me até à fotografia e tirei-a da parede.

As pessoas dizem-me muitas vezes que devo ter sido muito positivo para conseguir recuperar de uma fratura nas costas, mas isso não é verdade. Foi o momento mais negro, mais horrível de que tenho memória.

Tinha perdido a boa disposição e a motivação, características que constituem uma grande parte do que sou.

E, quando se perde a motivação, é difícil recuperar.

Nem sequer sabia se teria forças para voltar a andar – quanto mais para escalar ou para exercer atividades militares.

Quanto à questão do que faria com o resto da minha vida, a resposta não parecia muito prometedora.

Na verdade, toda a confiança infinita da minha juventude tinha desaparecido.

Não fazia ideia do que viria a ser capaz de fazer fisicamente, algo que era muito difícil para mim.

Muita da minha identidade dependia da vertente física.

Agora, sentia-me apenas exposto e vulnerável.

O facto de não nos conseguirmos baixar para atar os atacadores nem de nos podermos torcer para limpar o traseiro sem sentir dores agudas deixa--nos desesperados.

No SAS, tinha um objetivo e camaradas. Sozinho no meu quarto, em casa, não tinha nada disso. Essa pode ser a luta mais dura para uma pessoa, aquilo a que normalmente chamam desespero.

Aquela recuperação seria uma prova tão difícil de superar como escalar uma montanha.

O que eu ainda não tinha percebido era que uma montanha, *a* montanha, seria determinante para a minha recuperação.

O Evereste: a maior e mais difícil montanha do mundo.

CAPÍTULO 69

Por vezes é preciso que haja uma reviravolta na nossa vida para que paremos e pensemos em aproveitar a vida. E eu tinha passado por uma grande reviravolta.

De todo aquele desespero, aquele medo e aquele esforço viria um resultado positivo – eu é que ainda não o sabia.

Só sabia que precisava de algo que me devolvesse a esperança. A minha motivação. A minha vida. Encontrei esse «algo» na minha fé cristã, na minha família, e também nos meus sonhos de aventura.

A minha fé cristã defende que nada tenho a temer e que não me devo preocupar. Tudo está bem.

Nessa época em que passava o tempo em hospitais, a fé lembrou-me de que, apesar da dor e do desespero, estava a ser cuidado, amado e abençoado – a minha vida estava em segurança através de Jesus Cristo.

Essa dádiva de graça teve muito poder sobre mim desde então.

A minha família costumava dizer algo muito semelhante a isto: – Bear, és um idiota, mas adoramos-te na mesma, agora e para sempre.

Este aspeto foi determinante para mim e devolveu-me alguma da confiança que procurava recuperar.

Além disso, tinha os meus grandes sonhos de aventura, que começavam a reavivar-se.

Na minha opinião, a vida é uma dádiva. Mais do que ninguém, estava a aprender essa lição.

A minha mãe sempre me ensinou a sentir-me grato pelas dádivas. Quando comecei lentamente a recuperar a força e a confiança, apercebi-me de que o mais importante era fazer algo de valor com aquele presente.

Uma prenda enterrada é um desperdício.

Uma noite, sozinho na cama, tomei a decisão verbal, em voz alta, de que, se recuperasse ao ponto de conseguir voltar a escalar, sairia daquele quarto e perseguiria esses sonhos até ao fim.

Seria um lugar-comum? Para mim, era apenas esperança.

Estava a optar por receber a vida de braços abertos – por agarrá-la com força e vivê-la ao máximo.

A vida não nos concede muitas segundas oportunidades. Quando as dá, é bom que fiquemos gratos por isso.

Jurei que ficaria agradecido para sempre ao meu pai do Céu por me ter ajudado naquele momento difícil.

Depois de três meses a recuperar em casa, fui encaminhado para o Centro de Reabilitação Militar do Reino Unido, em Headley Court, nos arredores de Londres. Já conseguia caminhar um pouco, mas ainda com muitas dores.

O centro e todos os seus funcionários eram verdadeiramente fantásticos. Proporcionaram-me concentração e estrutura; concederam-me objetivos claros e ajudaram-me a redescobrir a esperança.

O tratamento era intenso. Era comum fazer até dez horas de «trabalho» por dia. Uma hora de alongamentos num tapete, uma hora de hidromassagem, uma hora de aconselhamento, uma hora de fisioterapia (com belas enfermeiras!), e uma hora de aulas de movimento. Depois era o almoço, e retomava tudo.

Aos poucos, fui recuperando os movimentos e a dor foi abrandando, até ao dia em que, oito meses após o acidente, abandonei o centro e fiquei verdadeiramente recuperado.

Soube que estava a melhorar quando, numa noite, me escapuli do centro, apanhei um comboio até casa, fui buscar a minha mota de 1200 cm^3 e, ainda com o espartilho de metal, regressei nela a Headley Court, antes do amanhecer.

As enfermeiras teriam ficado furiosas se me tivessem visto, mas a mota era a minha independência – e a missão arriscada que levei a cabo com sucesso significou igualmente que a minha motivação estava a voltar.

Já conseguia sorrir outra vez.

Capítulo 70

Pouco antes do acidente, tinha conhecido uma rapariga fantástica que estudava em Cambridge.

Agora que tinha recuperado a minha mobilidade, iria ter com ela de mota, a toda a velocidade, pela autoestrada, depois da formatura final da tarde no centro de reabilitação. Levava-a a jantar fora, dormia em casa dela, e depois levantava-me às quatro da manhã para acelerar durante duas horas até Headley Court, para a formatura matinal.

Os funcionários não faziam ideia de que isto acontecia. Ninguém, pensavam eles, seria tão estúpido.

Muitas vezes, fazia tanto frio no meio do inverno, que me lembro de andar de mota com o espartilho das costas em cima do fato de cabedal, com uma mão em cima do motor para me aquecer. Era uma condução irresponsável e pouco recomendável. Mas divertia-me imenso.

No entanto, aquela relação não teve grande futuro – a rapariga de Cambridge era esperta de mais para mim. Também não creio que eu tenha sido o namorado mais estável que ela teve.

Muita da minha motivação durante a recuperação centrava-se no Evereste. Era um objetivo – uma meta –, por mais inatingível que parecesse.

Ninguém na minha família levou o projeto a sério. Afinal, eu mal conseguia andar devidamente. Mas estava muito determinado.

Curiosamente, nenhuma das enfermeiras troçou de mim. Todas entenderam que a recuperação passava muito pela motivação e pelos objetivos. Porém, sentia que poucas acreditavam mesmo que tal fosse possível.

De muitas expedições militares britânicas, só uma tinha conseguido chegar ao cume do Evereste. Tinha sido levada a cabo por dois dos montanhistas em melhor forma física, mais fortes e mais experientes do Reino Unido.

Eram ambos soldados do SAS, no auge da sua condição física. Por pouco não fracassaram, quase perderam a vida, sofreram queimaduras de frio horríveis e perderam membros.

Por enquanto, tudo era muito teórico. O mais importante era eu ter uma motivação para ficar mais forte. Por mais louco e rebuscado que parecesse o meu plano.

A vida ensinou-me que se deve ter muito cuidado com um homem que tem um sonho, sobretudo um homem que já conheceu os limites da vida. É uma situação que nos concede um fogo e uma inquietude interiores difíceis de quantificar.

Também é algo que nos pode tornar uma pessoa divertida.

Não tardou para que recebesse alta do centro de reabilitação e fosse reenviado para o SAS. No entanto, o parecer profissional do médico foi que não deveria voltar a saltar de paraquedas num contexto militar. Era demasiado arriscado. Bastaria uma aterragem mais dura, a meio da noite, com o peso do equipamento, para que a minha coluna sarada pudesse ficar danificada.

O médico nem sequer referiu as marchas longas com enormes pesos às costas.

Todos os soldados das Forças Especiais sabem que umas costas frágeis não dão grandes perspetivas de futuro num pelotão do SAS.

Também já se sabe que é muito comum os soldados do SAS terem as costas e os joelhos cheios de placas de metal e parafusos, depois de anos de marchas e saltos. No fundo, sabia que não tinha grande futuro no meu regimento, o que não era fácil de aceitar.

Porém, esta era uma situação que, mais tarde ou mais cedo, teria de encarar. Os médicos podiam fazer-me fortes recomendações, mas a decisão final era minha.

Não era nada de novo. A vida é feita de decisões. E as grandes decisões podem ser difíceis de tomar.

Assim, pensei que talvez pudesse ganhar algum tempo antes de tomar uma decisão.

Entretanto, no SAS, assumi o papel de formador de sobrevivência a outras unidades. Quando os meus antigos camaradas iam treinar no terreno, eu ajudava os serviços de informação.

Para mim era um sofrimento. Não fisicamente, mas mentalmente. Via os meus camaradas a saírem, entusiasmados, todos juntos, para cumprirem uma missão, e a voltarem excitados e exaustos. Era aquilo que eu devia estar a fazer.

Detestava estar sentado numa sala do quartel a fazer chá para os oficiais dos serviços de informação.

Tentei aceitar a situação, mas no fundo sabia que não me tinha alistado para aquilo.

Tinha passado alguns anos fantásticos no SAS, tinha treinado com os melhores, tinha adquirido as melhores competências, mas sabia que, se não conseguisse fazer todo o serviço, então era melhor não fazer mais nada.

O regimento é assim. Para alguém se manter na dianteira, tem de se concentrar nos seus pontos fortes. Como eu não era capaz de saltar de paraquedas nem de carregar grandes pesos durante longas marchas, tornei-me um peso morto. Para mim, era uma situação dolorosa.

Não era assim que tinha decidido viver depois do acidente. Tinha prometido que seria ousado e perseguiria os meus sonhos, até onde quer que me levassem.

Por conseguinte, fui falar com o coronel do meu regimento e informei-o da minha decisão. Ele compreendeu e, conforme tinha prometido antes, assegurou-me que a família SAS estaria sempre à minha disposição caso precisasse.

O meu pelotão organizou uma grande festa de despedida e ofereceu-me uma pequena estátua de bronze do SAS (ainda está em cima da minha lareira, e os meus filhos agora gostam de brincar aos soldados com ela). Arrumei as minhas coisas e abandonei o Regimento 21 do SAS para sempre.

Devo confessar que apanhei uma grande bebedeira nessa noite.

Capítulo 71

Aquilo que não nos mata serve para nos tornar mais fortes. Pelos desígnios da vida, sobrevivi e tornei-me mais forte; ainda que não fisicamente, pelo menos mentalmente.

Por pouco não tinha ficado paraplégico e, pela graça de Deus, sobrevivi para contar a história. Aprendi muito, mas, acima de tudo, passei a compreender melhor os riscos que estava a correr.

O problema foi o facto de já não ter emprego nem rendimentos.

Ganhar a vida e seguir o nosso coração pode muitas vezes implicar seguir em direções diferentes, e eu sabia que não era a primeira pessoa a sentir esse dilema.

A minha decisão de escalar o Evereste era como uma missão do tipo «tudo ou nada».

Se fosse bem-sucedido e me tornasse um dos mais jovens alpinistas a chegar ao cume, então teria a possibilidade de arranjar um emprego no mundo das expedições – como orador ou a chefiar escaladas.

Poderia usar a expedição como trampolim para angariar patrocínios para outras expedições.

Porém, se fracassasse, poderia morrer na montanha ou regressar a casa falido – sem emprego nem qualificações.

A verdade é que não tive dificuldades em escolher. No meu íntimo, sabia qual era a decisão acertada: ir em frente.

Além disso, nunca tive medo do velho impostor chamado fracasso.

Nunca tinha escalado para obter a admiração dos outros. Sempre o tinha feito porque tinha algum jeito. Agora tinha uma via, através do Evereste, para explorar ainda mais esse talento.

Também concluí que, se falhasse, pelo menos teria fracassado a tentar algo de grandioso e arrojado. Gostava da ideia.

Além disso, se entretanto conseguisse iniciar um curso universitário em *part-time* (a realizar por *e-mail* a partir do Evereste), independentemente do resultado da escalada, teria pelo menos uma possibilidade junto do MI5. Por vezes é útil deixar uma ou outra porta aberta.

A vida é engraçada.

Concentramo-nos, começamos a emitir determinadas energias para o Universo, e muitas vezes tudo começa a correr-nos de feição. Já reparei nisso em muitas ocasiões.

Passado um mês de começar a escrever cartas a solicitar patrocínios a empresas para a missão ao Evereste (sem fazer ideia de como iria proceder para organizar uma expedição deste tipo), ouvi dizer que um ex-militar que conhecia estava a planear uma missão britânica para escalar até ao cume sudeste da montanha.

Já me tinha cruzado várias vezes com o capitão Neil Laughton, mas não o conhecia bem. Era um ex-comando dos Royal Marines, robusto, determinado e (como viria a descobrir posteriormente) um dos homens mais motivados que conheci na minha vida.

O Neil já tinha chegado muito perto do cume do Evereste dois anos antes, no ano em que uma tempestade assolou a cumeeira da montanha, vitimando oito montanhistas em vinte e quatro horas. No entanto, apesar dos riscos muito reais, e das mortes que tinha testemunhado na montanha, estava 100% decidido a tentar novamente.

Muitas pessoas têm dificuldades em perceber o que há numa montanha que faz com que homens e mulheres arrisquem a vida nas suas escarpas geladas, tudo pela possibilidade de terem um momento único, solitário, no cume. Não é fácil explicar. No entanto, concordo com a seguinte frase: «Só o facto de estarem a perguntar já implica que nunca o entenderiam».

Senti que esta seria a minha primeira (e talvez única) possibilidade de perseguir o sonho de um dia estar no cume do Evereste. No fundo, sabia que não a poderia desperdiçar.

O Neil aceitou-me na sua equipa do Evereste, com a condição de ter um bom desempenho numa expedição aos Himalaias em outubro desse ano. Quando desliguei o telefone depois de falar com ele, apercebi-me de que tinha assumido um compromisso que iria mudar a minha vida para sempre – para melhor ou para pior.

Contudo, tinha conseguido começar de novo, e sentia-me vivo.

Poucos dias depois, informei a minha família. Os meus pais e, sobretudo, a minha irmã Lara chamaram-me egoísta, cruel e, até, estúpido.

Acabaram por aceitar a ideia, na condição de a minha mãe se divorciar do meu pai se eu morresse, uma vez que ele tinha sido o responsável por me meter aquela «ideia estúpida» na cabeça, muitos anos antes.

O meu pai limitou-se a sorrir.

O tempo acabou por prevalecer, mesmo no caso da minha irmã, e toda a resistência inicial da minha família tornou-se em vontade de me ajudar – motivada sobretudo pelo objetivo de não me deixarem morrer.

Quanto a mim, só teria de cumprir a promessa de me manter de boa saúde.

Na verdade, enquanto lá estive, morreram quatro pessoas no Evereste – quatro montanhistas fortes e talentosos.

Não dependia de mim fazer aquelas promessas à minha família.

O meu pai estava ciente disso.

Capítulo 72

Os Himalaias prolongam-se sem interrupções por mais de dois mil e setecentos quilómetros no norte da Índia. É difícil visualizar a enorme escala desta cordilheira, mas, se a sobrepuséssemos à Europa, abrangeria toda a distância entre Londres e Moscovo.

Os Himalaias têm noventa e um cumes com mais de sete mil metros de altitude, todos mais altos do que qualquer outra montanha do mundo. No centro está o Evereste, a joia da coroa do mundo físico.

Só a 9 de maio de 1953 é que alguém chegou finalmente ao cume: nomeadamente, Edmund Hillary e o *sherpa* Tenzing. Muitos tinham tentado antes, e muitos tinham perecido em busca do que começava a ser considerado impossível.

Nos anos 90 do século XX, surgiram as expedições comerciais com o objetivo de atingir o cume do Evereste.

Os alpinistas já podiam pagar até sessenta mil dólares pela oportunidade de fazerem parte de uma tentativa de o escalar. Porém, esta vertente possibilitou a escalada a clientes que não possuíam as competências essenciais de montanha.

A pressão que os líderes das expedições sentiam para justificar os custos levava a que muitas vezes os clientes atingissem altitudes muito elevadas sem a experiência necessária, colocando-se em grande perigo.

Depois, em 1996, a combinação de uma tempestade horrível com a inexperiência dos montanhistas resultou numa tragédia fatídica. Além de oito mortes numa única noite, a montanha ceifou ainda mais três vidas na semana seguinte.

No entanto, não foram apenas novatos a perder a vida.

Entre as vítimas estava Rob Hall, um dos mais reconhecidos alpinistas do mundo, que ficou sem oxigénio quando tentava salvar outro alpinista em apuros. Acabou por sucumbir de cansaço, falta de oxigénio e frio.

Ainda conseguiu sobreviver, à medida que a noite caiu e as temperaturas baixaram.

Rob resistiu uma noite a quase nove mil metros de altitude, com temperaturas até cinquenta graus negativos. Depois, ao amanhecer, falou com Jan, a mulher, através de um comunicador de rádio ligado a um telefone de satélite no acampamento-base.

Ela estava grávida do primeiro filho, e os companheiros de escalada ouviram-no dizer-lhe: «Adoro-te. Dorme bem, querida. Não te preocupes muito, por favor».

Foram as suas últimas palavras.

As lições foram muito claras: devemos respeitar a montanha e compreender o que a altitude e o mau tempo podem fazer, mesmo aos montanhistas mais fortes. Sobretudo, nunca devemos correr riscos desnecessários na Natureza, e é importante sabermos que o dinheiro não garante nada (muito menos segurança) quando escalamos montanhas tão elevadas como esta.

A propósito do Evereste, já muitos outros alpinistas chegaram ao topo da «grande montanha». O seu cume já foi atingido por um invisual, por um homem com pernas artificiais, e até por um adolescente nepalês.

Contudo, não se deixem induzir em erro. Eu nunca menosprezo aquela montanha – continua a ser muito alta e extremamente perigosa. Admiro muito todos aqueles montanhistas, independentemente da forma como atingiram o cume. Sei o que custa lá chegar.

Os humanos aprendem a dominar e a conquistar. Está na nossa natureza. As montanhas, no entanto, permanecem na mesma – e por vezes reagem com tanta agressividade, que todos nos encolhemos de medo.

Durante algum tempo.

Depois voltamos. Como abutres. Mas nunca somos mestres e senhores.

Não devemos esquecer que, por isso, no Nepal, o Evereste é conhecido como a deusa-mãe do Céu.

A designação reflete o respeito que os nepaleses têm pela montanha, e essa reverência é uma grande lição que aprendemos enquanto montanhistas. Só escalamos a montanha, porque ela o permite.

Se o cume nos der a entender que devemos esperar, então há que esperar. Quando nos diz para avançarmos, então devemos prosseguir com todas as nossas forças, apesar do ar rarefeito.

As condições atmosféricas podem mudar em poucos minutos, quando as nuvens envolvem o pico – e o cume em si enfrenta teimosamente os ventos fortíssimos que percorrem o mundo a mais de sete mil metros de altitude. Esses ventos de mais de cento e cinquenta quilómetros por hora provocam a chuva de neve que cai do cimo do Evereste.

É algo que nos lembra constantemente que devemos respeitar a montanha.

Senão morremos.

Capítulo 73

Naquele momento, contudo, apesar de ter a maior vontade do mundo, não iria escalar nada se não conseguisse um patrocínio.

Mal sabia eu a dificuldade que se pode ter em conseguir esse apoio.

Não fazia ideia de como deveria redigir uma proposta de patrocínio, não sabia como transformar o meu sonho numa oportunidade empresarial; e nem sequer imaginava como poderia ter acesso a uma grande empresa, só para apresentar o meu projeto.

Além disso, não tinha um fato, não tinha experiência, nem a promessa de vir a ter um acompanhamento mediático.

Estava, na realidade, a tentar enfrentar o Golias com um garfo de plástico. E estava prestes a receber um curso intensivo sobre como lidar com a rejeição.

Esta frase espantosa de Churchill resume bem a minha situação: «O sucesso é a capacidade de seguir de fracasso em fracasso, sem nunca perder o entusiasmo».

Era a altura de pôr em prática todo o meu entusiasmo e de me comprometer a fracassar... até ser bem-sucedido.

Aos olhos de qualquer potencial patrocinador, eu era um zé-ninguém. Não tardei a acumular mais cartas de rejeição do que aquelas que é saudável receber.

Tentei pensar num empresário e aventureiro que admirasse, e vinha-me sempre à cabeça *Sir* Richard Branson, o fundador da Virgin.

Escrevi-lhe uma vez; depois escrevi novamente. No total, enviei-lhe vinte e três cartas.

Nunca obtive resposta.

Muito bem, pensei, *vou descobrir onde mora e apresentar-lhe a proposta pessoalmente.*

Foi exatamente o que fiz. Às oito horas de uma tarde fria de inverno, toquei à sua porta imponente. Ouviu-se uma voz no intercomunicador, e eu recitei a minha proposta ali mesmo.

Uma voz de empregada disse-me para deixar a proposta – e para me pôr a andar.

Não percebi muito bem o que aconteceu a seguir. Presumo que a pessoa que tinha atendido a campainha tencionasse desligar o intercomunicador, mas terá inadvertidamente premido o botão que abria a porta do edifício.

O zumbido pareceu-me durar uma eternidade, mas provavelmente só durou um segundo ou dois.

Nesse espaço de tempo, não tive tempo para pensar. Reagi... e tive o instinto de empurrar a porta, para a abrir.

De repente, dei por mim no meio do vestíbulo espaçoso, pavimentado a mármore, de *Sir* Richard Branson.

– Ah, está aí alguém? – perguntei eu, em voz alta, no átrio. – Desculpe, mas aparentemente abriu a porta – justifiquei-me, para o vazio.

Logo a seguir, a empregada desceu as escadas a correr e a gritar para eu me ir embora.

Larguei a proposta ali mesmo e fui-me embora.

No dia seguinte, enviei um ramo de flores, a pedir desculpa pela intrusão e a solicitar ao «grande senhor» que considerasse a minha proposta. Acrescentei que, certamente, quando era mais novo, ele teria feito o mesmo.

Mais uma vez, não obtive resposta.

No final dessa semana, estava a descer uma rua de Londres de bicicleta, quando passei por uma empresa chamada DLE (que significa Davis Langdon & Everest).

Hum, pensei, enquanto travava a fundo.

Respirei fundo, entrei confiante na receção, extremamente limpa e elegante, e pedi para me porem em contacto com o administrador da empresa, com o pretexto de se tratar de um assunto urgente e confidencial.

Quando me puseram ao telefone com a secretária da administração, supliquei-lhe que me ajudasse a obter dois minutos com o chefe.

Por fim, depois de três tentativas, devido a uma mistura de pena e curiosidade, ela aceitou pedir ao administrador que me recebesse durante, literalmente, «dois minutos».

Fantástico!

Fui escoltado até a um elevador, e depois levado até à calma do gabinete da administração, no último andar. Estava extremamente nervoso.

Os dois responsáveis pela empresa, Paul Morrell e Alastair Collins, entraram e olharam desconfiados para aquele jovem mal vestido com um panfleto na mão (posteriormente, descreveram a proposta como tendo sido uma das piores apresentações que alguma vez tinham visto).

No entanto, ambos tiveram a delicadeza de me ouvir.

Por algum milagre, perceberam o sonho e o meu entusiasmo, e por um valor de dez mil libras (que para mim era imenso, mas que para eles era uma mera aposta de *marketing*), aceitaram patrocinar a minha tentativa de colocar a bandeira da DLE no topo do mundo.

Prometi-lhes uma fotografia fantástica para a sala do conselho de administração.

Levantámo-nos, trocámos apertos de mão, e ficámos grandes amigos desde então.

Adoro negócios que correm assim tão bem.

CAPÍTULO 74

Foi assim que tive o meu momento de sorte. Se bem que, para encontrar aquela sorte, foram precisas centenas de rejeições.

Tenho a certeza de que isso em si já foi uma lição.

Alguém tinha feito uma aposta e confiado em mim. Não os iria desiludir e ficaria eternamente grato por me terem dado uma oportunidade para brilhar.

Assim que a DLE decidiu patrocinar-me, várias outras companhias aliaram-se ao projeto. Não deixa de ser engraçado: assim que alguém nos apoia, as outras pessoas já se sentem mais à vontade para fazer o mesmo.

Julgo que a maioria das pessoas não gosta de desbravar terreno desconhecido.

Assim, de repente, do nada, já tinha os fundos necessários para pagar o meu lugar na equipa (na verdade, faltavam-me seiscentas libras, mas o meu pai ajudou-me, sem nunca querer ouvir falar outra vez do dinheiro – grande homem).

O sonho de tentar escalar o Evereste estava agora prestes a concretizar-se.

Ao longo dos anos, já muitas pessoas me perguntaram como se arranja um patrocínio, mas só existe um ingrediente secreto: ação. Nunca podemos desistir. Nunca.

Os nossos sonhos serão apenas desejos se nunca os perseguirmos ativamente. Na vida, temos de ser capazes de zelar pelos nossos interesses.

A realidade de planear grandes expedições é muitas vezes aborrecida e frustrante. Não há nenhum *glamour* em receber mais uma carta de rejeição de um potencial patrocinador, e senti frequentemente que o meu fogo interno estava prestes a extinguir-se.

A ação é o que mantém o fogo vivo.

Uma vez assegurados os fundos, fiz os planos para passar seis semanas com a *British Ama Dablam Expedition*, nos Himalaias.

Para mim era um sonho, e Henry Todd, um alpinista escocês de renome que organizaria a parte logística no Evereste, tinha-me oferecido um lugar muito barato na equipa.

Sabia que se tratava da minha oportunidade de mostrar ao Henry e ao Neil que era capaz de cuidar de mim e de escalar em altitudes elevadas.

Afinal, falar é fácil quando estamos no conforto de Londres.

Era altura de treinar arduamente e de demonstrar novamente o meu valor.

O Ama Dablam é um dos cumes mais espetaculares do mundo. Trata-se de uma montanha que outrora foi descrita por *Sir* Edmund Hillary como «inescalável», devido às suas vertentes imponentes que se destacam entre os muitos cumes dos Himalaias.

Como muitas outras montanhas, só quando estamos cara a cara com ela é que percebemos que é possível escalá-la. Basta um pouco de coragem e de planeamento meticuloso.

A empresa expedicionária de renome internacional Jagged Globe considerou o Ama Dablam a sua mais difícil escalada. A montanha tem uma classificação de 5D, que reflete a natureza técnica do percurso: «Gelo ou rocha muito íngreme. Adequada a alpinistas competentes que tenham escalado consistentemente nestas condições. As escaladas a este nível são excecionalmente exigentes e é inevitável alguma perda de peso».

Aí está um bom resumo dos Himalaias.

Recordo com carinho aquelas quatro semanas que passei a escalar o Ama Dablam.

Tínhamos uma equipa internacional fantástica, incluindo o brilhante Ginette Harrison, que faleceu tragicamente poucos anos depois noutro grande cume dos Himalaias. Sempre considerei um grande privilégio ter escalado com o Ginette – tão brilhante, tão forte, tão bem-parecido e talentoso. A sua morte foi uma enorme perda para o mundo do alpinismo.

Além dele, Peter Habeler, um dos grandes heróis do montanhismo e o primeiro homem a escalar o Evereste sem oxigénio (na companhia de Reinhold Meister), estava connosco no Ama Dablam.

Como se pode verificar, os meus companheiros eram intimidantes. Mas portei-me bem.

Subi sozinho durante muito tempo na montanha, absorto no meu próprio mundo, com os auscultadores, de cabeça baixa, a esforçar-me. O Evereste estava ali em cima, sempre presente, apenas dezasseis quilómetros para norte.

Corri bastantes riscos pela forma como escalava. Agora, quando me lembro disso, até me assusto. Tinha uma preocupação muito ligeira com as cordas e com a ancoragem. Preferia acordar cedo, pegar nos machados de gelo e seguir caminho.

Lembro-me de uma vez estar numa encosta lisa, com uma exposição vertical de uns mil e duzentos metros. Estava equilibrado precariamente sobre as duas pontas dos meus grampões, a trautear uma música dos Gypsy Kings, a tentar esticar-me até a um ponto de apoio que estava um pouco longe de mais para lhe poder chegar confortavelmente.

Dei um pequeno salto de fé, agarrei-me, rezei para que se aguentasse e depois continuei a subir – mas foi um salto e uma atitude típicos de vários momentos que passei nas alturas do Ama Dablam.

Aquele tipo de irreverência atrevida não é sempre assim tão saudável.

No entanto, estava motivado, era destemido, e sentia-me extremamente grato por poder estar a escalar daquela forma depois do meu acidente. Pela primeira vez, sentia-me forte outra vez, e dormir no gelo duro era ótimo para as minhas costas.

Escalar com aquela atitude é, no entanto, perigoso (convém dizer que hoje em dia tento ter comportamentos muito mais seguros). No entanto, não tive problemas e estava a ascender com rapidez e eficiência.

Após três semanas árduas, dei por mim no cume de Ama Dablam.

Estava exausto. A última parte da escalada tinha sido muito desgastante. Fiquei ali ajoelhado, a proteger-me do vento, e olhei para a esquerda através dos meus óculos de neve.

No meio de um remoinho de nuvens, vi revelar-se o cume distante do Evereste.

Como um gigante inquieto, com a neve a cair do cume.

Forte, afastado e ainda dois mil metros acima de onde eu estava naquele momento – apercebi-me de que o Evereste iria ser um desafio totalmente diferente.

Perguntei-me em que diabo me tinha metido.

Capítulo 75

Cheguei são e salvo a casa, ciente de que, por mais em forma que estivesse, teria de me preparar ainda mais.

O Evereste exigia isso e recompensar-me-ia por isso.

Passava cada momento livre que tinha a treinar e a subir montanhas: no País de Gales, no Lake District e nas Terras Altas da Escócia.

Na passagem de ano fui convidado a visitar um dos amigos do colégio, o Sam Skyes, na sua casa na costa noroeste de Sutherland, na Escócia.

É um sítio selvagem e inóspito como não há igual no mundo, e eu adoro aquela zona.

Além disso, é lá que fica uma das minhas montanhas preferidas – o Ben Loyal, um pináculo de rocha íngreme coberto de urze, com vistas para um estuário lindíssimo. Assim, não precisei de muito encorajamento para ir visitar o Sam e fazer escalada.

Dessa vez, lá no norte, iria conhecer a senhora que mudou a minha vida para sempre. E estava muito mal preparado para a ocasião.

O motivo da minha visita era essencialmente treinar e escalar. O Sam disse-me que havia outros amigos que viriam para a passagem de ano. Garantiu-me que eu iria gostar deles.

Ótimo. Desde que não me distraiam dos treinos..., pensei para comigo. Nunca me tinha sentido mais longe de me apaixonar. Era um homem com uma missão. O Evereste estava a dois meses de distância.

Estava muito longe da minha cabeça apaixonar-me.

Uma das amigas do Sam era uma rapariga chamada Shara. Meiga como um cordeirinho, linda e divertida – e parecia olhar para mim com muito carinho.

Havia algo naquela rapariga. Parecia brilhar em tudo o que fazia. Fiquei logo totalmente caidinho.

Só queria estar perto dela, tomar chá, conversar e dar passeios agradáveis.

Tentei combater aquele sentimento carregando a mochila com pedras e livros pesados e indo escalar sozinho. No entanto, só conseguia pensar naquela loira lindíssima que se riu da forma mais adorável possível do ridículo de alguém subir uma montanha carregado de obras de Shakespeare.

Já estava a ver que iria ser uma grande distração, mas, simultaneamente, nada mais parecia importar. Dei por mim a querer estar sempre com aquela rapariga.

Ao terceiro dia, perguntei-lhe se gostaria de escalar o Ben Loyal comigo – e com quem mais nos quisesse acompanhar. Nenhum dos rapazes quis ir comigo, pelo que acabei com um grupo de três raparigas, incluindo a Shara. Hum...

Demorámos duas horas a atravessar um pantanal de ervas altas até chegarmos ao sopé da montanha, para começarmos a subir a encosta íngreme até ao cume. Era razoavelmente inclinado, mas íamos pelo caminho mais «fácil».

Depois de subirmos uns sessenta metros, metade das raparigas estava com um ar bastante fatigado.

Eu era da opinião que, depois de termos demorado tanto tempo a atravessar aquela zona pantanosa, devíamos ao menos subir parte da montanha. Afinal, esta era a parte divertida.

Todas concordaram e continuámos a subir a bom ritmo.

Antes de a encosta se atenuar no cume, existe uma zona em que a urze se torna bastante rala. São apenas umas poucas centenas de metros, e até pensei que as raparigas fossem gostar de um troço inclinado seguro que não exigisse cordas de alpinismo. Além disso, a vista para o mar era fantástica.

No entanto, as coisas não correram como planeei.

O primeiro queixume de pânico desencadeou uma cacofonia de lamentos quando, uma por uma, as raparigas começaram a manifestar os seus receios. É engraçado como, assim que uma pessoa entra em pânico, todos podem rapidamente passar de muito bem a nada bem.

Depois vieram as lágrimas.

Que pesadelo.

Acabei por ter de amparar as três moças, ainda mais em pânico, uma a uma, pela montanha abaixo. Tive de ir atrás delas, com as mãos sobre as delas, a ajudá-las a dar um passo de cada vez, a colocarem os pés onde eu posicionava os meus, para impedir que caíssem.

O mais importante desta história foi que a única rapariga que esteve totalmente à vontade durante toda a missão foi a Shara, que subiu sem receios, e depois desceu com o mesmo à-vontade ao meu lado, enquanto eu tentava ajudar as outras.

Agora estava totalmente apaixonado.

Não resisto a uma mulher que mantém a cabeça fria sob pressão. Se já estava muito interessado antes, depois da experiência de montanha já não restavam dúvidas.

Tinha a sensação clara de que tinha conhecido a mulher dos meus sonhos.

Capítulo 76

A noite seguinte era a de Ano Novo e eu tinha marcado um encontro secreto com a Shara na porta das traseiras, à meia-noite certa.

– Vamos dar um passeio – sugeri.

– Claro. É meia-noite, estão cinco graus negativos e não se vê nada… Mas porque não? Vamos passear.

Depois de uma pausa, acrescentou a sorrir:

– Mas não vamos subir o Loyal.

Foi assim que caminhámos juntos por um caminho iluminado pelo luar.

Mais vinte metros e tento beijá-la, disse a mim mesmo.

Porém, arranjar coragem para tentar beijar uma rapariga tão especial foi mais difícil do que esperava.

Vinte metros tornaram-se duzentos metros. Depois, dois mil.

Quarenta e cinco minutos depois, ela sugeriu que talvez fosse boa ideia darmos meia-volta e regressarmos a casa.

– Sim, boa ideia – respondi.

Vai, Bear, seu cobarde. É agora!

E assim foi.

Um beijo rápido nos lábios, seguido de outro mais demorado, e depois tive de parar. Estava a transbordar de sentimentos.

Uau, valeu bem a caminhada, pensei para mim próprio, com um sorriso de orelha a orelha.

– Vamos regressar – confirmei, ainda a sorrir.

Não sei se a Shara ficou tão impressionada como eu com a relação «esforço/recompensa» – um passeio longo ao frio em troca de um beijo quente –, mas, da minha parte, o céu e as nuvens tinham-se apartado e nada voltaria a ser o mesmo.

Durante os dias seguintes, passámos todo o tempo juntos. Inventávamos danças idiotas, fazíamos quebra-cabeças à noite, e ela ficou à minha espera a sorrir na praia enquanto tomei o meu banho habitual de Ano Novo no gélido mar do Norte.

Tinha a sensação de que o destino nos tinha unido.

Descobri até que ela vivia em Londres, num quarto alugado a um amigo, numa rua próxima de onde eu morava. Quais eram as probabilidades de isso acontecer?

À medida que a semana foi chegando ao fim, preparámo-nos ambos para rumar a sul, para Londres. Ela ia de avião, eu ia de carro.

– Vou chegar mais depressa a Londres – desafiei eu.

Ela fez um sorriso sábio. – Não vais não – retorquiu, com ar de quem tinha gostado do meu entusiasmo.

É evidente que ela ganhou. Demorei dez horas de carro. No entanto, às dez da noite desse mesmo dia estava a bater-lhe à porta.

Ela abriu a porta, de pijama.

– Bolas, tinhas razão – disse eu, a rir. – Vamos jantar juntos?

– Eu estou de pijama, Bear.

– Eu sei, e estás fantástica. Veste um casaco. Anda.

E assim foi.

No nosso primeiro encontro, a Shara estava de pijama. Aqui estava uma rapariga com estilo.

A partir de então, raramente nos separávamos. Levava-lhe cartas de amor ao escritório durante o dia e convencia-a a tirar tardes intermináveis de folga.

Andávamos de patins em parques e levava-a a passar os fins de semana na Ilha de Wight.

Os meus pais tinham-se mudado para a antiga casa do meu avô em Dorset e tinham alugado a nossa casa na ilha. No entanto, ainda tínhamos uma velha caravana estacionada ao lado da casa, escondida num monte de arbustos, para que qualquer membro da família a pudesse utilizar quando quisesse.

O chão estava podre e a casa de banho cheia de insetos, mas nem eu nem a Shara queríamos saber disso.

Estarmos juntos era divinal.

Uma semana depois de a conhecer, sabia que ela era a pessoa ideal para mim e, passados quinze dias, tínhamos declarado o nosso amor um ao outro, de coração e alma.

No fundo, eu sabia que isso iria tornar a minha expedição de três meses e meio ao Evereste muito mais difícil.

Contudo, prometi a mim mesmo que, se sobrevivesse, casaria com aquela rapariga.

Capítulo 77

Entretanto, os meus dias eram ocupados com a loucura de todos os preparativos necessários para uma expedição de três meses e meio ao Evereste.

Tal como eu e o Neil, o Mick Crosthwaite, meu amigo de longa data da Ilha de Wight e do colégio, tinha-se juntado à equipa britânica que iria escalar a montanha. Eu tinha crescido com o Mick, desde o ensino preparatório, em Eton e na Ilha de Wight, e tinha feito muita escalada com ele ao longo dos anos.

O Mick, desde que me lembro, sempre teve uma força física e mental sobre-humana.

Aos nove anos, nos jogos de *rugby*, conseguia fazer mover sozinho toda a formação ordenada, o que tornava a nossa equipa da escola totalmente imbatível. Depois da universidade, frequentou sem grande esforço alguns dos cursos militares mais difíceis.

O Mick sempre foi um grande homem para se ter a lutar ao nosso lado, e fiquei muito feliz por ter agora a companhia de uma alma gémea no Evereste.

A equipa estava assim completa.

A nossa partida estava planeada para o dia 27 de fevereiro de 1998.

Uma vez que a nossa equipa era pequena, combinámos juntar-nos a uma expedição maior, chefiada pelo Henry Todd, que tinha organizado a logística da equipa de Ama Dablam.

O plano era escalarmos a vertente do lado nepalês, a sudeste. Foi essa a face da montanha que Hillary e Tenzing escalaram originalmente (e trata-se de um dos percursos mais perigosos), um facto que não passou despercebido à minha mãe.

Na época, do total de 161 mortes que tinham ocorrido no Evereste, 101 aconteceram naquela face da montanha. O Mick e eu decidimos viajar quatro semanas antes do Neil e do Geoffrey Stanford (o último membro da equipa). A ideia era passarmos o máximo de tempo possível a treinar em altitude antes de começar a escalada.

Tive a primeira de muitas despedidas chorosas com a Shara no aeroporto e parti do Reino Unido com destino ao Nepal.

Para o Mick e eu, o programa rígido de aclimatação estava prestes a começar.

A aclimatação consiste em deixar que o corpo se habitue a funcionar com menos oxigénio. O segredo é ser paciente e ganhar altitude lentamente. Quando começamos a chegar às grandes alturas, os efeitos nocivos da altitude podem matar muito rapidamente. Se não procedermos corretamente, o inchaço do cérebro, a perda de sentidos e as hemorragias oculares são alguns dos sintomas menos agradáveis que nos podem atingir a qualquer momento. É por isso que brincar com as grandes altitudes é semelhante a brincar com o fogo: é imprevisível e perigoso.

Do cume do Evereste, vê-se o território do Tibete no horizonte a norte, até onde a vista alcança. A sul, a montanha dá sobre a grande cordilheira dos Himalaias, que se prolonga até às planícies do Nepal.

Nenhum outro território se eleva acima deste ponto em todo o Planeta.

No entanto, o que antecede o pico, para o alpinista ambicioso, é uma mistura traiçoeira de milhares de metros de rocha, de neve e gelo, que vitimou um número elevado de montanhistas de primeira categoria.

O motivo é o seguinte: abaixo do cume, a encosta sudeste está coberta de vertentes de rocha íngreme e gelo azul, que conduzem a um corredor estreito de neve profunda, por onde se desce até a um passo de montanha, situado cerca de um quilómetro abaixo do cume.

Esse passo, o local onde iríamos acampar, é ladeado por dois picos enormes – Lhotse, a sul, e o Evereste, a norte.

Seriam necessárias quase seis semanas para escalarmos até esse passo de montanha.

Abaixo do passo sul, a inclinação aumenta drasticamente, por uma parede de gelo com mil e quinhentos metros conhecida como Face de Lhotse. O nosso terceiro acampamento seria escavado no gelo, a meio caminho dessa parede.

No sopé dessa vertente está o mais elevado e impressionante vale de gelo do mundo. O nosso segundo acampamento seria a meio desse glaciar e, na extremidade inferior, aconteceria o primeiro. Esta vasta língua de gelo é conhecida apenas como Cwm Ocidental – ou Vale do Silêncio.

Da orla do glaciar, o gelo afunila na boca íngreme do vale, onde se começa a quebrar violentamente, originando uma cascata gelada.

É semelhante a quando um rio flui através de uma ravina estreita, convertendo a água em jatos rápidos. Neste caso, porém, a água está congelada. Os blocos de gelo, frequentemente do tamanho de casas, rugem à medida que descem lentamente pela encosta.

Esse fluxo de rio gelado, com cerca de cento e cinquenta metros de largura, chama-se Cascata de Gelo de Khumbu e é um dos pontos mais perigosos da escalada.

Por fim, no seu sopé, encontra-se o acampamento chamado «campo base» do Evereste.

Eu e o Mick passámos aquelas primeiras semanas a escalar no sopé dos Himalaias, a aclimatizar-nos, e a começar a adquirir uma noção da escala da tarefa que tínhamos pela frente.

Fomos caminhando até cada vez mais alto no centro das montanhas, até nos encontrarmos a 5300 metros de altitude, na base da Cascata de Gelo de Khumbu e no local de início da verdadeira escalada ao Evereste.

Montámos as tendas no sopé da grande montanha e esperámos dois dias pela chegada do resto da equipa.

Sentado, à espera, a olhar para cima, para o Evereste, com o pescoço torcido, sentia um mal-estar na boca do estômago. Só queria que tudo aquilo começasse. A espera é sempre a parte mais difícil.

Nunca me tinha sentido tão aterrado, excitado, ansioso – e sem fôlego – na vida.

No entanto, aquilo nem sequer era o começo. Era antes e abaixo do começo.

Decidi parar de pensar no futuro e começar esta expedição do modo que queria que corresse.

Iria dar tudo por tudo nesta missão, fazer das tripas coração durante vinte e quatro horas por dia, até os meus olhos sangrarem. Se não chegasse a tanto, menos mau.

Pelo menos assim seria mais fácil gerir as minhas expectativas.

Capítulo 78

Finalmente, vi chegar o Neil e o Harry no horizonte – a expedição em si tinha começado.

O campo base começava agora a encher-se de uma multidão de alpinistas: equipas de Singapura, do México e da Rússia. Seria provavelmente um total de quarenta alpinistas, incluindo um boliviano forte e bem-disposto – Bernardo Guarachi.

Todos estavam determinados a arriscar tudo para chegar ao cume.

Nem todos regressariam com vida.

A energia gerada por um grupo de alpinistas ambiciosos e extremamente motivados era palpável. Tudo tinha um propósito. No acampamento reinava a agitação dos atletas bronzeados e magros ocupados a organizar o equipamento e a discutir estratégias para a escalada.

Os outros alpinistas sob o controlo logístico do Henry Todd incluíam o médico da nossa equipa, Andy Lapkass, e Karla Wheelock, uma rapariga sossegada, simpática e extremamente determinada, que aspirava a ser a primeira mulher mexicana a chegar ao cume.

Estava ainda connosco um alpinista australiano chamado Alan Silva. Louro e com ar de quem estava em boa forma, não era muito conversador e parecia alheado. Era evidente que não estava ali por divertimento. Era um homem com uma missão, não havia dúvidas.

Depois havia um britânico chamado Graham Ratcliffe, que já tinha escalado o Evereste pela vertente norte. Direto e bem-humorado, queria ser o primeiro britânico a escalar a montanha por ambos os lados.

Quanto ao Geoffrey Stanford, tratava-se de um oficial da Guarda Militar que, à semelhança do Neil, do Mick e de mim, era do Reino Unido.

Tinha experiência de montanhismo nos Alpes, mas esta era a sua primeira tentativa no Evereste.

Falta apenas referir o nome de Michael Down, um dos mais famosos alpinistas do Canadá. Alegre, claramente competente, tinha toda a aparência de um homem habituado aos espaços abertos. No entanto, o Michael já parecia apreensivo.

O Evereste costuma ter esse efeito, mesmo nos mais corajosos alpinistas. Poucas horas depois de o conhecer, percebi que era boa pessoa.

Além destes montanhistas internacionais, éramos apoiados por uma equipa de *sherpas* nepaleses, chefiados pelo seu *sirdar*, chamado Kami.

Criados no sopé dos Himalaias, estes *sherpas* conhecem o Evereste melhor do que ninguém. Muitos já escalavam a montanha há anos, em apoio a expedições, carregando comida, oxigénio, tendas suplementares e víveres para abastecer os acampamentos mais elevados.

Nós, os alpinistas, carregaríamos mochilas de tamanho considerável todos os dias no Evereste, com comida, água, um fogão de campanha, minibotijas de gás, um saco-cama, um colchão desdobrável, uma lanterna de cabeça, pilhas, mitenes, luvas, um chapéu, um casaco térmico, grampões, um canivete suíço, corda e machados de gelo.

Os *sherpas* transportavam igualmente um saco de arroz, ou duas garrafas de oxigénio, além de toda a outra carga.

Tinham uma força extraordinária, e o seu orgulho residia na sua capacidade de ajudarem a transportar aqueles víveres essenciais que os alpinistas normais não conseguiam carregar sozinhos.

É por isso que os *sherpas* são, sem dúvida alguma, os verdadeiros heróis do Evereste.

Nascidos e criados a cerca de três mil e quinhentos metros de altitude, as alturas estão-lhes literalmente no sangue. No entanto, lá em cima, depois dos sete mil e quinhentos metros, até os *sherpas* começam a abrandar, como acaba inevitavelmente por acontecer a todas as pessoas.

Reduzidos a um avanço lento, doloroso, que rebenta com os pulmões. Dois passos, descanso. Dois passos, descanso.

É aquilo a que se chama a dança do «arrasta o pé» do Evereste.

Dizem que para sermos bem-sucedidos na subida ao Evereste temos de escalar a montanha cinco vezes. Tudo porque temos de subir e descer constantemente, de modo a permitir que o nosso corpo se habitue à altitude extrema.

De cada vez que chegávamos a um novo ponto de altitude, na manhã seguinte tínhamos de dar meia-volta e descer em direção ao campo base, para que o nosso corpo recuperasse do esforço.

As longas horas de descida lenta eram anuladas por uma ou duas horas de rapel naquelas paredes geladas. «Subir bastante, dormir mais abaixo» era a filosofia, e era desgastante para o moral.

Dez horas de escalada, uma hora de descida até ao mesmo local.

O nível mais elevado a que os nossos corpos seriam capazes de se aclimatizar seria no campo três, a cerca de sete mil e quinhentos metros de altitude.

Acima desse nível, o nosso corpo está de facto «a morrer», pois entramos naquela a que chamam lugubremente a «Zona Mortal». Aí, já não conseguimos digerir a comida em condições e o nosso corpo fica extremamente mais fraco, devido ao ar rarefeito e à falta de oxigénio.

Era evidente que esta ascensão seria uma guerra sistemática entre a habituação do corpo e a motivação mental. E isso sem falar da diarreia, da exaustão, das lesões e do mau tempo.

No fundo, todos sabíamos que, para sermos bem-sucedidos ali, estávamos dependentes de muitos fatores funcionarem bem no momento certo. É por isso que a sorte desempenha um papel tão preponderante no Evereste.

O nosso objetivo era aclimatizarmo-nos ao campo três assim que possível, com sorte até finais de abril. Depois, o nosso combate seria travado com as condições atmosféricas e as fortes correntes de vento.

São esses ventos que tornam a montanha totalmente impossível de escalar durante o resto do ano. A sua enorme força pode literalmente levar uma pessoa da montanha.

Porém, duas vezes por ano, quando os ventos quentes de monção se encaminham para norte através dos Himalaias, tudo fica mais calmo.

Este fenómeno é conhecido como o «chamamento silencioso», pois a montanha torna-se estranhamente silenciosa durante alguns dias.

O momento no qual este fenómeno acontece, e a sua duração, é um risco que todos os alpinistas correm no Evereste.

Se errarmos, ou tivermos azar, perdemos a vida.

Além do frio de dar em doido, das fendas intermináveis no gelo, das avalanchas diárias e dos milhares de quilómetros à mercê dos elementos, são as correntes de vento que mais contribuem para as estatísticas mortais do Evereste.

Naquele ano, as estatísticas indicavam que, por cada seis alpinistas que atingissem o cume, um iria morrer.

Um em seis. Como aquela única bala que se coloca na pistola na roleta russa.

Não gostei da analogia.

Capítulo 79

A 7 de abril, eu, o Mick e o Nima (um dos *sherpas*) estaríamos a escalar no Evereste pela primeira vez.

Os outros ficariam no campo base para dar mais tempo ao corpo para se adaptar à altitude, antes de iniciarem a subida.

Sentámo-nos no fundo da Cascata de Gelo de Khumbu, no meio de pontas de gelo sob pressão e em movimento, e começámos a preparar os nossos grampões. Estávamos finalmente a iniciar a tarefa com que sonhava há tanto tempo.

À medida que nos embrenhávamos no labirinto de gelo, os nossos grampões espetavam-se nele com firmeza. Era uma boa sensação. Quando o gelo se tornou mais íngreme, recorremos às cordas. À nossa frente estavam vultos que pareciam esculturas gigantescas de gelo, intermináveis, a desaparecerem à distância, lá em cima.

Mais algumas estiradas fortes e ultrapassámos a saliência de gelo seguinte. Ficámos ali deitados, ofegantes, devido ao facto de o ar ser cada vez mais rarefeito.

Pouco depois, vimos o campo base abaixo de nós, cada vez mais pequeno à distância.

Naquelas primeiras horas em que escalávamos juntos à luz do amanhecer, sentíamo-nos cheios de adrenalina.

Era uma rotina habitual numa montanha muito pouco comum.

Não tardámos a chegar ao primeiro dos muitos sistemas de escadas de alumínio que se encontram nos múltiplos despenhadeiros. Os sistemas foram fixados previamente pelos *sherpas*, com redes elaboradas de corda, parafusos para gelo e estacas, de modo a formar pontes sobre as fissuras gigantescas na cascata de gelo.

Ao longo dos anos, essas escadas ultraleves, fixadas e ajustadas de poucos em poucos dias consoante os movimentos do gelo, demonstraram ser a forma mais eficiente de criar um percurso pela cascata.

No entanto, a sua travessia exige alguma coragem.

Os grampões, os degraus finos de metal e o gelo são uma combinação precária. Temos de ir devagar, manter a calma e concentrar-nos em cada degrau – um de cada vez –, sem nunca nos esquecermos de uma coisa: não podemos olhar para baixo, para o enorme abismo negro debaixo dos nossos pés.

Temos de nos concentrar nos pés, e não no precipício.

É mais fácil na teoria do que na prática.

Apenas cerca de trinta metros abaixo do campo um, o percurso que os *sherpas* tão diligentemente tinham criado pelo gelo tinha-se desmoronado. Os restos das cordas e do sistema de escada estavam pendurados como longos fios de novelo sobre um abismo assustador.

O Mick e eu avaliámos as nossas opções.

O Nima estava abaixo de nós, a refixar parte do percurso com mais parafusos para gelo.

Decidimos não tentar encontrar um novo caminho para o campo um. Já tínhamos escalado o suficiente para o primeiro dia. Assim, voltámo-nos e começámos a descer.

O caminho de regresso foi cansativo. Muito mais do que eu imaginava. Doíam-me as pernas, e tinha o coração e os pulmões a bombear fortemente para extrair o máximo de oxigénio do ar rarefeito.

Sentia-me exausto por ter passado o dia todo no gelo. A adrenalina, a concentração e a altitude provocam uma descarga de energia muito intensa.

É difícil descrever aquele tipo de cansaço: retira-nos simplesmente toda a força e não nos dá nada em troca.

O som dos mosquetões de metal a baterem no meu arnês estava a tornar-se hipnotizante. Cerrei os olhos com força, e depois abri-os. Tentei respirar com cadência.

Estávamos cerca de cinco mil e quinhentos metros acima do nível do mar, nas mandíbulas assassinas do Evereste. Quando compus as cordas com as mitenes grossas, reparei que tinha as mãos a tremer.

Era cansaço puro.

Uma hora depois, senti que não me tinha aproximado nada do campo base, e já estava a entardecer.

Olhei nervosamente para a cascata de gelo. Deveríamos encontrar-nos com o Nima algures por ali, como tínhamos combinado. Procurei à minha volta, mas não o vi em lado nenhum.

Espetei os meus grampões na neve, encostei-me contra a parede, para recuperar o fôlego, e esperei que o Mick me alcançasse. Ele ainda estava cerca de dez metros atrás, a caminhar com cuidado sobre os blocos de gelo partidos. Já andávamos naquela armadilha mortal cheia de fissuras há mais de nove horas, e ambos nos movíamos a custo.

Quando olhei para ele, percebi que, para se estar a mover tão lentamente, era sinal de que estávamos mesmo numa grande montanha.

Endireitei-me e dei alguns passos cuidadosos, a testar o gelo a cada movimento que fazia. Atingi a extremidade de uma corda, soltei-a, respirei fundo e agarrei na corda seguinte.

Segurei-a sem muita força, olhei à volta, inspirei fundo uma vez mais, e depois prendi o mosquetão na corda.

Foi então que, de repente, senti que o chão se movia por baixo de mim.

Olhei para baixo, vi uma racha no gelo entre os meus pés e ouvi um som ligeiro de fratura.

Não me atrevi a mexer-me.

O mundo pareceu deter-se.

O gelo estalou mais uma vez atrás de mim. Depois, inesperadamente, cedeu debaixo dos meus pés, fazendo-me cair.

Estava a tombar por uma fenda negra, letal, num glaciar cujo fundo não se via.

De repente, embati contra a parede cinzenta da fenda.

O embate atirou-me para o lado oposto, fazendo com que batesse com o ombro e o braço contra o gelo. Depois fiquei suspenso na corda fina a que tinha acabado de me fixar.

Estava a rodopiar no ar. As pontas dos meus grampões rasparam na superfície da parede da fissura.

Ouvi o eco dos meus gritos lá em baixo na escuridão.

Choviam lascas de gelo. Um pedaço maior acertou-me na cabeça, sacudindo-a para trás. Perdi a consciência por alguns segundos.

Quando voltei a abrir os olhos, vi os últimos pedaços de gelo a desaparecerem na escuridão por baixo de mim.

O meu corpo rodava lentamente na ponta da corda, e de repente tudo ficou ominosamente silencioso.

A adrenalina percorria o meu corpo e dei por mim a tremer em ondas de convulsões.

Gritei para cima, para o Mick, e o som ecoou nas paredes. Olhei para o topo, para o raio de luz, e depois para o abismo abaixo de mim.

Tentei agarrar-me freneticamente à parede, mas era lisa como vidro.

Bati-lhe com toda a força com o machado de gelo, mas não consegui agarrar-me, e os grampões limitavam-se a arranhar o gelo.

Em desespero, agarrei-me à corda na qual estava suspenso e olhei para cima.

Tinha 23 anos e estava prestes a morrer.

Outra vez.

Capítulo 80

A corda na qual estava suspenso não tinha sido feita para suportar o impacto de uma queda longa como a minha.

Era uma corda fina, ultraleve, que era substituída a cada meia dúzia de dias, uma vez que o gelo em movimento a arrancava do seu ponto de ancoragem. A corda era mais uma orientação, um apoio. Não era verdadeiramente uma corda dinâmica de alpinismo.

Eu sabia que se poderia partir a qualquer momento.

Os segundos demoravam uma eternidade a passar.

Depois, de repente, senti um forte puxão na corda.

Voltei a pontapear as paredes com os grampões.

Desta feita, penetraram no gelo.

Lá fui puxando para cima, a espetar os pés uns poucos metros mais acima, ao mesmo tempo que sentia um puxão lá de cima.

Perto do topo, consegui espetar o machado de gelo na saliência de neve e içar-me.

Uns braços forte agarraram o meu fato de neve e arrancaram-me das garras do abismo. Rastejei para longe do limiar do precipício, já fora de perigo e desfaleci, ofegante.

Fiquei ali deitado, com a cara na neve, os olhos fechados, agarrado às mãos do Mick e do Nima, a tremer de medo.

Se o Nima não tivesse ouvido a queda e não estivesse tão perto, duvido de que o Mick tivesse força para me içar sozinho. O Nima tinha-me salvado a vida, não tinha dúvidas disso.

O Mick acompanhou-me nas duas horas de descida pela cascata de gelo. Agarrei-me a todas cordas, às quais fixava os mosquetões nervosamente.

Percorria as escadas como um homem diferente – tinha perdido a confiança. A minha respiração era intensa e custosa, e há muito que perdera quaisquer vestígios de força ou de adrenalina.

Aquela fronteira ténue entre a vida e a morte pode ter um impacto muito forte numa pessoa. Naquele momento, eu estava uma desgraça.

No entanto, ainda nem sequer tínhamos começado a escalar verdadeiramente o Evereste.

Nessa noite, deitado na minha tenda, sozinho, chorei em silêncio, quando toda aquela emoção tomou conta de mim. Pela segunda vez em poucos anos, sabia que devia ter morrido. Escrevi:

31 de março, meia-noite.
As emoções de hoje foram de mais. No meio de tudo isto, só não consigo perceber como é que a corda me impediu de cair.
Hoje ao jantar, o Nima contou o episódio aos outros *sherpas* com gestos rápidos, dramáticos. Thenga, o nosso cozinheiro meio surdo, deu-me a ração a dobrar, julgo que para me acalmar. Que boa pessoa. Sabe por experiência como esta montanha pode ser implacável.
Tenho o cotovelo muito dorido no sítio onde embateu contra a parede, e ainda sinto pequenos fragmentos de gelo a flutuarem numa bolha um pouco mais abaixo, o que é um pouco desconcertante.
O médico diz que não podemos fazer muito mais pelo cotovelo a não ser medicar e deixar que o tempo se encarregue da cura. Pelo menos não foi a cabeça!
Por enquanto, ainda não consigo adormecer – estou sempre a ver aquele abismo debaixo de mim quando fecho os olhos. É assustador.
A sensação de cair é tão horrível, senti-me tão indefeso. Foi o mesmo terror que senti quando tive o acidente de paraquedas.
Julgo que nunca me senti tão próximo da morte como hoje. No entanto, sobrevivi – mais uma vez.
Fico cheio de gratidão por todas as coisas boas e bonitas da minha vida e com a convicção de que não pretendo mesmo morrer tão cedo. Tenho tantos motivos para viver.
Só rezo com todo o coração para nunca passar por uma experiência destas outra vez.
Esta noite, sozinho, declarei: «Obrigado, meu Deus e meu amigo».
Não foi a melhor forma de começar a escalada da minha vida.
P. S.: hoje é o dia do aniversário da Shara. Que Deus a abençoe, onde quer que esteja.

Capítulo 81

« Se encontrares um caminho sem obstáculos, então provavelmente ele não levará a lado nenhum.»

O tipo que disse isto tinha toda a razão.

O mais importante na vida é levantarmo-nos quando caímos, sacudirmos a poeira, aprendermos a lição e seguirmos em frente.

Assim fiz eu.

Nos dias seguintes, em inícios de abril, as condições estavam perfeitas para a escalada. Avançámos todos juntos e, excetuando a dor constante do cotovelo partido, esqueci-me por completo do meu encontro com a morte na ravina.

Ultrapassámos a cascata de gelo e estabelecemos o nosso campo um na orla. Passámos aí uma noite, e depois descemos até à base. Na vez seguinte, iríamos abrir caminho até ao Cwm Ocidental, num esforço para atingir o campo dois.

As nossas mochilas estavam mais pesadas do que antes, com o material adicional de que iríamos necessitar em altitudes superiores. À medida que fomos avançando lentamente pelo enorme vale de gelo branco radiante, víamos o grande Cwm à nossa frente – como formigas numa pista de *ski* gigante.

Entrámos hesitantes em mais uma garganta enorme cheia de neve, que marcava a face do glaciar, e depois seguimos para cima. Quando chegámos ao cimo de mais uma saliência particularmente elevada noutro falso horizonte, vimos pela primeira vez a vertente do Evereste à distância.

Senti a presença do cume poderoso lá em cima, ainda a uns dois mil e quinhentos metros de distância na vertical. Fiquei deslumbrado.

Quando o sol surgiu por cima do cume do Evereste, com os seus raios filtrados pelo vento e a neve da altitude, sentámo-nos em silêncio em cima das mochilas. O meu ritmo cardíaco aumentou com a excitação e a antecipação.

O cume parecia totalmente inconquistável, ainda tão longe, distante e inatingível.

Decidi não olhar muito para cima e concentrar-me nos meus pés, empenhar-me em mantê-los em movimento.

Tive a sensação de que esse seria o segredo para chegar ao topo daquela montanha.

Estávamos a ficar cada vez mais extenuados por causa da altitude e das dimensões do glaciar, e não parecíamos estar mais próximos do campo dois.

Por fim, chegámos lá. No entanto, tendo em conta o esforço que empregámos para lá chegarmos, o campo dois à primeira vista não parecia nada interessante. Enfiado na sombra da grande muralha do Evereste, era cinzento, frio e inóspito.

O gelo azul-escuro que conduzia às poças de água resultantes da fusão causada pelo calor do meio-dia estava coberto de pedras. Tudo estava húmido, escorregadio e pegajoso.

Escorreguei quando tentava ultrapassar uma pequena saliência de gelo. Sentia-me estafado e precisava de descansar, mas estava entusiasmado por ter concluído aquela fase da escalada – apesar de ser a mais fácil.

No nosso regresso seguinte ao campo base, e depois da melhor noite de sono que tive desde a minha chegada ao Nepal, decidi que iria telefonar para casa através do telefone de satélite.

Como pagava três dólares por minuto, ainda não tinha utilizado o telefone. Já tinha contraído dívidas suficientes até então. A minha ideia original era poupar a chamada para quando (e se) chegasse ao cume.

– Mãe, sou eu.

– Bear? É o Bear! – gritou ela, excitada.

Sabia tão bem ouvir a voz das pessoas que adorava.

Perguntei se havia notícias.

Depois, contei-lhe que quase tinha morrido numa fenda no gelo.

– Caíste no quê? Numa tenda? – perguntou a minha mãe.

– Não, numa fenda – esclareci.

– Fala mais alto. Mal te consigo ouvir, meu filho. – Ela tentou silenciar as pessoas em seu redor e depois retomou a conversa. – Ora... o que tinha então a tua tenda?

– Mãe, não interessa – respondi, a rir. – Adoro-te.

As famílias são sempre um ótimo incentivo para não darmos demasiada importância às coisas.

Capítulo 82

Quatro dias depois, estávamos de volta ao campo dois, na morena da extremidade do imenso glaciar Cwm Ocidental.

Eram cinco da manhã e, sentado na entrada da minha tenda a olhar para a paisagem gelada, via tudo assustadoramente silencioso na luz do pré--amanhecer.

Estava frio. Muito frio.

O Mick não tinha tido uma noite sossegada. A altitude tem esse efeito. Tira-nos o sono, dá-nos uma enxaqueca permanente e retira toda a humidade ao ar, bem como aos nossos pulmões – obrigando toda a gente a tossir e a pigarrear permanentemente.

Se acrescentarmos o frio cortante, uma vontade de vomitar constante e o facto quase indescritível de até as tarefas físicas mais corriqueiras se tornarem um trabalho de proporções hercúleas, podem perceber o motivo de a escalada de altitude elevada ser um mercado limitado.

A realidade da vida nas alturas, com temperaturas negativas, não poderia ser menos romântica.

Porém, aquele era um dia decisivo para nós.

Tínhamos chegado ao campo dois, depois de uma ascensão de sete horas desde o campo base. Era a primeira vez que tínhamos percorrido aquele caminho de uma só vez, sem descansarmos uma noite no campo um, o que tinha tido os seus efeitos em nós.

Naquele dia, tínhamos de subir ainda mais – e era ali que o percurso se tornaria mais íngreme e muito mais perigoso.

O campo três fica no limite do que o corpo humano consegue suportar e, como os jornalistas já me tinham dito várias vezes, a capacidade de ele se habituar a altitudes elevadas vai aumentando quando passamos dos 20 anos de idade para os 30.

Ora, aos 25 anos, não tinha a idade a meu favor, mas tentei não pensar nisso, nem nas pessoas que duvidavam das minhas hipóteses de sucesso.

Sim, era jovem, mas estava motivado, e as semanas seguintes seriam determinantes, quando avançasse para o território mais elevado em que alguma vez tinha estado.

O verdadeiro teste estava à minha frente. Se não conseguisse aguentar a altitude no campo três, teria de regressar ao campo base e nunca mais voltaria a subir.

Olhei para a enorme face da montanha e tentei imaginar como seria estar lá em cima.

Não fui capaz.

Trinta minutos depois de iniciarmos a marcha, ainda estávamos na zona de acumulação de pedregulhos caídos e na morena de gelo. Parecia que não tínhamos saído do mesmo sítio. Finalmente, atingimos outra vez o gelo e começámos a subir para o início da parede gelada que se situava cerca de mil e quinhentos metros acima de nós. Ela atraía-nos, silenciosa, à exceção de uma brisa ligeira que soprava pelo gelo.

O salto que iríamos dar em altitude (cerca de mil metros) era enorme, tendo em conta a altura a que já nos encontrávamos. Mesmo no nosso caminho até ao campo base só tínhamos subido cerca de 275 metros por dia.

Conhecíamos os riscos de atravessar aquela fronteira invisível de altitude. No entanto, devido à inclinação, éramos obrigados a fazê-lo. Havia muito poucos locais onde pudéssemos encontrar uma zona plana de gelo para montar a tenda.

Assim que conseguíssemos chegar ao campo três, regressaríamos ao campo base pela última vez. A partir daí, tudo dependeria das condições atmosféricas.

Nas cinco horas seguintes, continuámos a escalar o gelo azul e liso. Com as pontas dos grampões espetadas, os gémeos a arder, os pulmões a arfar, sem descanso.

O ar já era muito rarefeito e a exposição aos elementos e a uma queda aumentava a cada passo inseguro que dávamos no gelo.

Olha sempre para a frente, não olhes para baixo.

Os *sherpas* tinham chegado ao campo três no dia anterior e tinham passado a tarde as montar as duas tendas. Os seus corpos ainda resistiam muito melhor do que os nossos ali. Sentia-me tão grato pela força deles!

Enquanto trepávamos pelo último troço de gelo azul, liso e resplandecente, consegui vislumbrar as tendas montadas debaixo de um *serac* saliente.

Parece-me pouco seguro, pensei.

No entanto, sabia que o *serac* também nos protegeria das avalanchas.

As tendas (apelativas, mas ainda fora do alcance) estavam a ser sacudidas por um vento mais forte, e o frio tinha-se instalado para a noite.

Começou também a nevar muito e a luz estava a desaparecer rapidamente.

O vento sacudia a neve do gelo escuro e atirava-a contra os nossos corpos.

O Mick seguia um pouco atrás de mim e do Neil. Quando subimos os dois para cima da saliência de gelo do campo três, olhámos para baixo e vimo-lo imóvel. Depois, deu mais um passo cansado, seguido de mais um momento de descanso.

Por fim, lá se arrastou até à orla.

Vimos um sorriso gelado rasgar o seu rosto na penumbra.

Estávamos no campo três.

Vivos e juntos.

CAPÍTULO 83

A dor de cabeça que eu esperava ter deixado para trás no campo dois estava de volta – mas ainda mais forte.

Tomei uma aspirina sem que ninguém visse. Pela primeira vez, não queria que os outros pensassem que eu pudesse estar em sofrimento. Não naquela fase decisiva.

A tenda em que estávamos era mais adequada para uma pessoa com o mínimo de equipamento do que para três homens equipados a rigor para o local mais frio e ventoso do mundo.

Aquela proximidade exigia um enorme nível de tolerância, quando estávamos cansados, com sede e com uma enorme dor de cabeça – estivéssemos nós agachados junto a um fogão de campanha a derreter gelo, ou na tenda, apertados junto à parede gelada.

Era nessas alturas que ter bons amigos por perto fazia toda a diferença.

Bons amigos nos quais se pode confiar – o tipo de pessoas que sorriem quando a situação é difícil.

Se há um momento em que as amizades são testadas e forjadas é aquele.

Discretamente, tratámos de todas as tarefas necessárias à vida naquelas altitudes extremas.

Assim que tirávamos as botas exteriores, já não saíamos da tenda. Já morreram vários alpinistas por saírem das tendas só com as botas interiores.

Uma escorregadela mínima provocada pela altitude no gelo azul foi o último ato consciente que tiveram antes de mergulharem mil e quinhentos metros pela parede gelada até à morte certa.

Por isso, urinávamos para uma garrafa, que depois guardávamos junto ao peito para nos mantermos quentes.

Quanto às necessidades sólidas, era sempre um pesadelo que implicava meia hora a afastar os outros, para me poder vestir novamente, e depois calçar as botas e os grampões, antes de me aventurar a sair.

Depois, tinha de me agachar, pôr o traseiro no penhasco, agarrado a uma corda ou a um parafuso para gelo, baixar as calças e fazer pontaria.

Ah, tendo sempre o cuidado de verificar se não havia outros alpinistas a chegar de baixo.

Quando a madrugada finalmente chegou e consegui sair da tenda, o ar frio cortante inundou-me as narinas. A neve intensa e o vento forte do dia anterior tinham sido substituídos por aquela calma idílica.

Fiquei ali a olhar, deslumbrado, enquanto esperava que outros se preparassem. Senti que estava a olhar de cima para metade do mundo.

Naqueles poucos minutos em que estive ali sentado, enquanto o Mick e o Neil se preparavam, senti uma tranquilidade que nunca pensara ser possível.

O tempo pareceu deter-se e eu não queria que aquele momento terminasse.

A encosta de gelo descia à minha frente até a um enorme vale branco lá em baixo, e os cumes dos Himalaias estendiam-se em direção a oeste.

Tratava-se de facto de um local singular.

Naquele momento estávamos mais de três quilómetros verticais acima do campo base. Montanhas que antes se erguiam muito acima de nós estavam agora ao nosso nível ou mais abaixo. Que vista, que privilégio, para apreciar e assimilar!

No entanto, naquele dia, iríamos desfazer todo aquele avanço, uma vez que teríamos de descer novamente até altitudes menores.

Quando olhei lá para baixo para o vale, apercebi-me do nível de dificuldade da face de montanha que tínhamos escalado, apenas doze horas antes, com o vento e a neve. Voltei a verificar o meu arnês enquanto esperava ali sentado.

Pouco depois, estávamos prontos, e iniciámos a descida.

A corda deslizou pelo meu equipamento de rapel e assobiou quando ganhei velocidade. Era contagiante descer a parede de gelo daquela forma. O meu equipamento de rapel em forma de oito ia aquecendo à medida que a corda deslizava através dele.

Era montanhismo no seu melhor.

Tentei não pensar nos milhares de metros de suor e esforço que se estavam a perder por entre os meus dedos. Não me queria lembrar de que teria de percorrer tudo outra vez a caminho do campo quatro e do cume.

A ideia era demasiado dolorosa.

Por enquanto, estava satisfeito por ter sobrevivido ao campo três, por ter provado que o meu corpo conseguia aguentar estar acima de sete mil metros de altitude, e por estar a caminho do campo base com bom tempo.

De volta ao acampamento, a tensão desvaneceu-se. Estávamos radiantes.

No dia seguinte, deixámos o campo base e atravessámos as fendas de gelo com uma confiança renovada.

A nossa escalada de aclimatação estava concluída.

Naquele momento, recebíamos relatórios meteorológicos diários muito fidedignos do Bracknell Weather Centre, no Reino Unido. Deste modo, obtínhamos as previsões mais rigorosas do mundo. Os meteorologistas conseguiam determinar a velocidade do vento com uma margem de erro de cinco nós a cada trezentos metros de altitude.

Enquanto escalávamos a montanha, as nossas vidas dependiam daquelas previsões.

Todas as manhãs, a equipa inteira reunia-se, ansiosa, em volta do portátil, para ver o que os céus lhe trariam – mas as perspetivas não eram boas.

Os primeiros sinais de monção (a altura em que os ventos fortes que sopram no cume do Evereste começam a aumentar), vindos dos Himalaias, não pareciam estar ainda a caminho.

Só nos restava esperar.

Naquele momento, era como se as nossas tendas no campo base fossem a nossa casa. Tínhamos lá todas as nossas cartas e recordações das famílias.

Eu tinha uma concha apanhada na praia da Ilha de Wight, na qual a Shara tinha escrito o meu versículo preferido – um trecho que me tinha dado muito apoio durante o serviço militar.

«Sabei que Eu estarei sempre convosco até ao fim dos tempos», Mateus 28: 20.

Reli este versículo todas as noites no campo base antes de adormecer.

Não é vergonha nenhuma precisar de ajuda naquele lugar.

Capítulo 84

Acordei muito cedo, sobressaltado, a sentir-me extremamente maldisposto. Rastejei para a entrada da minha tenda e vomitei em cima do gelo e das pedras no exterior.

Sentia-me péssimo e tinha a cabeça a latejar.

Bolas! Não era bom sinal.

Fiquei encolhido na tenda, no campo base, durante o calor do dia. Não sabia o que pensar.

O Andy, o médico da nossa equipa, disse-me que eu estava fatigado e que tinha uma infeção respiratória crónica. Deu-me uma dose de antibióticos e recomendou-me descanso.

Precisava de tempo para recuperar. Tempo do qual não dispunha.

Mais tarde, nesse dia, o meu maior medo concretizou-se quando o Henry entrou na tenda de refeições com a mais recente previsão meteorológica.

– Boas notícias. Os ventos estão a começar a aumentar. Parece que vamos ter uma aberta por volta do dia 19. Ora, tínhamos assim cinco dias para chegar ao campo quatro no passo de montanha e ficarmos prontos para uma investida até ao cume. Precisávamos de nos começar a preparar de imediato.

O momento pelo qual mais ansiava tornara-se subitamente o mais temido.

Tinha finalmente chegado, mas em má altura... Quando eu estava prostrado, sem me conseguir mexer.

Comecei a maldizer a minha sorte quando comecei a tremer de febre e as articulações me começaram a doer. Não estava em condições de escalar – e, a uma altitude de cinco mil metros, recuperar é um pesadelo.

O Mick, o Neil, a Karla e o Alan abandonariam o campo base na madrugada do dia seguinte. O Michael, o Graham e o Geoffrey seguiriam num segundo grupo, com partida agendada para o dia seguinte – se o tempo o permitisse.

Quanto a mim, passei o dia a vomitar. Estava exausto e pálido. O meu sonho do Evereste jazia numa poça de vómito à porta da minha tenda.

Tinha dado tudo por tudo por esta oportunidade de chegar ao cume, e agora tinha de me limitar a ficar sentado, a ver o sonho desvanecer-se.

Por favor, meu Deus, ajuda-me a melhorar – e depressa.

Aquela noite foi provavelmente a mais longa e solitária da expedição.

Estava seco, em segurança, perto dos meus amigos – mas sentia-me desesperado. E sozinho.

Tinha perdido uma oportunidade.

Dentro de horas, o Neil, o Mick, a Karla e o Alan iriam deixar o campo base para a primeira tentativa em seis meses de chegar ao lado sul do Evereste – e eu não iria fazer parte do grupo.

O Graham e o Michael também estavam doentes – a tossir, a pigarrear, fracos e extenuados.

O Henry tinha insistido para que o Geoffrey esperasse pela segunda equipa. Ter dois grupos de quatro era mais seguro do que um grupo de cinco e outro de três. Altruísta, o Geoffrey tinha concordado.

Nós os quatro iríamos formar um grupo de reserva bastante medíocre para uma tentativa de chegar ao cume. Isto se houvesse uma oportunidade para a segunda equipa.

Eu tinha muitas dúvidas de que viesse a haver essa oportunidade.

Às cinco da manhã, ouvi os primeiros movimentos na tenda do Mick, mas nesta manhã a situação era diferente. Não havia brincadeiras. No ar frio da madrugada, o Neil e o Mick sussurravam entre si enquanto colocavam os arneses.

Não queriam acordar-nos. No entanto, eu nem sequer tinha estado perto de adormecer.

Pretendiam partir em breve. Agacharam-se ambos à entrada da minha tenda para se despedirem. O Mick apertou-me a mão e segurou-a durante um momento.

– Foste tão importante para a estrutura desta equipa, Bear. Vais ver que vais melhorar. Vais ter a tua oportunidade, rapaz.

Eu sorri. Tinha tanta inveja deles, do seu sentido de oportunidade, daquela oportunidade, da saúde que tinham.

Às 05h35 da manhã, os quatro, acompanhados do Pasang, abandonaram o campo base. Conseguia ouvir as botas deles a abrirem caminho, determinadas, pelas rochas que conduziam ao sopé da cascata de gelo.

A minha tenda nunca me tinha parecido tão silenciosa – e tão deprimente.

Dois dias depois, quando o grupo começou a encaminhar-se para o campo três, acordei a sentir-me muito mais forte. Era totalmente inesperado. Não estava a cem por cento, mas estava claramente a cinquenta.

Para mim bastava. Os antibióticos estavam a começar a fazer efeito.

Nessa manhã, porém, a previsão meteorológica tinha-se alterado – drasticamente e muito de repente. O Evereste tem o hábito de fazer isso.

«Alerta: ciclone tropical a formar-se a sul do Evereste. É provável que se torne um tufão quando se aproximar da montanha.»

O tufão estava previsto para dali a dois dias, o que não permitia ao primeiro grupo ficar muito tempo lá em cima.

Não só provocaria ventos extremamente fortes, como poderia igualmente cair um metro e meio de neve em poucas horas. Quem ainda lá estivesse em cima iria tornar-se, para usar a expressão do Henry, «inatingível».

Nesse início de tarde, dirigi-me ao Henry com uma sugestão.

O Michael e o Graham ainda estavam muito doentes. Eu, no entanto, já me sentia quase bom.

– E que tal se eu e o Geoffrey fôssemos andando até ao campo dois, para podermos estar a postos caso o tufão se afaste daqui?

Era pouco provável – muito pouco provável –, mas, como se costuma dizer: «Quem não arrisca não petisca».

A verdade é que ali sentado à espera no campo base não teria nenhuma hipótese de chegar ao cume.

Além disso, no campo dois, poderia fazer a ponte de comunicação via rádio entre o campo base (onde estava o Henry) e a equipa que estava mais acima.

Foi isso que o convenceu.

O Henry sabia que o Michael e o Graham não iriam recuperar tão cedo. Percebeu a minha vontade e reconheceu a mesma motivação que tinha sentido quando era mais jovem.

A sua própria filosofia de alpinista era: «Noventa e nove por cento de cautela; um por cento de atrevimento».

Porém, a verdadeira competência de um alpinista era saber *quando* devia usar esse um por cento.

Contive uma vontade de tossir e saí da tenda dele com um sorriso estampado no rosto.

Afinal sempre ia subir.

CAPÍTULO 85

O Geoffrey e eu estávamos a aproximar-nos consistentemente da saliência no topo da cascata de gelo. Prendi o meu mosquetão na última corda que nos separava do campo um. Eram sete e vinte da manhã.

Demorámos quase todo o dia para ver o campo dois à distância, onde acabámos por chegar às três e meia da tarde.

Sentia-me esgotado e tonto.

Não é fácil escalar quando se está a cinquenta por cento, sobretudo a esta altitude, mas eu não iria contar a ninguém. Havia demasiado em jogo naquele momento.

O Geoffrey e eu sentámo-nos e ingerimos líquidos, com as mochilas aos pés e os fatos de neve abertos até à cintura, para deixar a brisa fresca secar o suor. Os dois *sherpas* do campo dois, o Ang-Sering e o meu amigo Thenga, presentearam-nos com chá de limão.

Era agradável ter chegado ali.

Sabia que o Mick, o Neil e os outros, por aquela altura, estariam algures entre o campo três e o campo quatro. O grupo iria desbravar terreno, ascendendo mais do que em qualquer outro momento da expedição.

Tínhamos estudado o percurso pormenorizadamente.

Era uma travessia arriscada pela Face Lhotse, e uma grande escalada do Esporão de Genebra – uma faixa de rocha que se destaca do gelo azul. Este esporão conduz, por sua vez, a uma zona ventosa e desolada, chamada Passo Sul, que é o local do nosso acampamento mais elevado – o campo quatro.

Os *sherpas* conseguiram encontrar os alpinistas através de binóculos. Eram apenas pequenos pontos numa tela enorme de branco muito acima de nós.

Vai, Mick – vai, rapaz. Sorri sozinho.

Eram onze da noite. O Mick e o Neil deveriam estar a abandonar o campo quatro a qualquer momento. Cumpririam o ritual de voltar a calçar as botas, verificar o equipamento, controlar o oxigénio e fixar os grampões.

Não é uma tarefa fácil para quatro pessoas numa tenda minúscula a quase oito mil metros de altitude – e às escuras.

A lua cheia tinha sido a 11 de maio, a altura ideal para ir ao cume. Naquele momento, porém, mais de uma semana depois, o luar era muito fraco.

Por conseguinte, iriam necessitar sempre da luz das lanternas de cabeça. Contudo, as pilhas não duram muito naquelas temperaturas negativas, e pilhas suplementares implicam mais peso. Além disso, mudar as pilhas com trinta e cinco graus negativos e mitenes grossas calçadas é mais difícil do que se possa pensar.

Nunca tinha tido tanta vontade de estar ao lado do meu grande amigo Mick como naquele momento.

As correntes de vento de altitude estavam silenciosas e a noite estava calma. Tinham abandonado o acampamento atempadamente, antes das outras duas equipas que lá estavam. Revelou-se uma boa decisão.

O Mick relatou que não estava muito contente com a sua reserva de oxigénio desde que abandonara o passo de montanha. Era um palpite quase profético.

Cinco horas depois, a fila de alpinistas serpenteava sem recurso a cordas pelo gelo e pela neve funda, a caminho da saliência vulgarmente conhecida como «a varanda», a quase oito mil e quatrocentos metros de altitude.

A equipa estava a progredir mais devagar do que o esperado. A lanterna de cabeça do Mick tinha deixado de funcionar. Mudar as pilhas tinha-se demonstrado uma tarefa demasiado difícil no escuro e com a neve profunda.

O tempo meteorológico, que parecera tão prometedor, estava a piorar.

O Mick e o Neil continuaram a avançar. A Karla e o Alan seguiam atrás, lentamente – mas sem desistir.

Por fim, às 10h05 da manhã, o Neil e o Pasang chegaram ao Cume do Sul. O Neil já vislumbrava o espinhaço final que conduzia ao malogrado corredor de neve e gelo chamado Escalão Hillary. Acima dele, estava a encosta suave que percorria cento e vinte metros até ao verdadeiro cume.

Em 1996, os acidentes na montanha tinham privado o Neil da sua oportunidade de chegar acima do campo quatro. Dois anos volvidos, ali estava ele novamente – só que dessa vez o cume encontrava-se ao seu alcance.

Sentia-se com forças e esperou ansiosamente pela chegada do Mick. Teriam de estar juntos para ultrapassar o último espinhaço e o Escalão Hillary.

Algo lhe dizia que nem tudo estava bem.

À medida que os minutos preciosos iam passando, o Neil, à espera de que o Mick e os outros o alcançassem, pressentiu que o sonho que lhe fugira uma vez estava prestes a fazê-lo novamente.

Algures no caminho, tinha havido um mal-entendido entre os alpinistas a respeito das cordas de cada um. Acontece em altitudes elevadas. É um erro simples.

Porém, os erros têm consequências.

De repente, ali, a cento e vinte metros do cume do Evereste, perceberam que tinham ficado sem cordas. A única alternativa era voltarem para trás. Prosseguir não era sequer uma opção.

O Neil olhou através dos óculos de neve para o cume – tão perto, mas tão longe. Tudo o que sentiu foi um grande vazio.

Deu meia-volta, e desceu, sem sequer olhar para trás.

Às dez para as onze da manhã, o rádio começou a dar sinal. Era a voz do Mick. Parecia fraco e distante.

– Bear. Fala o Mick. Consegues ouvir-me?

A mensagem sofreu depois algumas interferências e só consegui perceber que estava a falar de oxigénio.

Percebi que eram más notícias.

– Mick, diz lá outra vez. O que se passa com o teu oxigénio? Escuto.

Houve uma breve pausa.

– Esgotou-se. Já não tenho mais.

Aquelas palavras ecoaram no silêncio da tenda no campo dois.

Com os olhos cerrados, só conseguia pensar que o meu melhor amigo iria morrer em breve, pouco mais de mil e oitocentos metros acima de mim – e eu nada poderia fazer para o ajudar.

– Continua a falar comigo, Mick. Não pares – declarei com firmeza. – Quem é que está contigo?

Sabia que se o Mick parasse de falar e não encontrasse ajuda nunca iria sobreviver. Primeiro perderia a capacidade de se manter de pé, e, com isso, a capacidade de combater o frio.

Imóvel, com hipotermia e sem oxigénio, não tardaria a perder a consciência. A morte seria a consequência inevitável.

– O Alan está aqui.

Depois de uma pausa, continuou: – Ele também não tem oxigénio. Isto... isto está complicado, Bear.

Percebi que tinha de contactar o Neil, e depressa. A sobrevivência daqueles homens dependia de haver alguém acima deles.

O Mick voltou à comunicação: – Bear, acho que o Alan só tem mais uns dez minutos de vida. Não sei o que fazer.

Tentei voltar a falar com ele no rádio, mas não obtive resposta.

Capítulo 86

Mais tarde, dois alpinistas suecos e um *sherpa* chamado Babu Chiri encontraram o Mick. Por sorte – graças a Deus –, o Babu trazia uma garrafa suplementar de oxigénio.

O Neil e o Pasang também já tinham descido e encontraram-se com o Mick e os outros. O Neil encontrou então uma reserva de oxigénio ali perto, meio submersa na neve. Deu oxigénio ao Alan e obrigou-o a levantar-se, bem como ao Mick.

Lento e cansado, com a mente a alternar entre a consciência e a inconsciência, o Mick recorda-se de muito pouco do que se passou nas horas seguintes. Foi um pesadelo de delírio, cansaço e frio.

Descer uma parede lisa de gelo pode ser letal. Muito mais do que subi-la. O Mick desceu a custo, com os efeitos debilitantes do ar rarefeito a ameaçarem subjugá-lo.

Algures abaixo da «varanda», o Mick sentiu uma grande aceleração quando a camada de neve solta que cobria o gelo azul cedeu debaixo dele.

Começou a cair de costas pela face da montanha, e depois cometeu o erro comum de tentar espetar os grampões para abrandar a queda. O balanço fez com que desse uma cambalhota, projetando-o ainda mais depressa pela encosta íngreme de neve e gelo.

Nesse momento, resignou-se ao facto de estar prestes a perder a vida.

Foi aos trambolhões e às cambalhotas, durante bastante tempo, até se deter numa pequena saliência. Foi então que ouviu vozes. Eram abafadas e estranhas.

O Mick tentou gritar-lhes, mas não conseguia emitir nenhum som. Os alpinistas que, naquele momento, estavam no passo de montanha rodearam-no, fixaram-lhe o mosquetão e ajudaram-no a erguer-se. Estava a tremer incontrolavelmente.

Quando o Mick e o Neil se juntaram a nós no campo dois, quarenta e duas horas depois, estavam totalmente destroçados. Eram homens diferentes. O Mick limitou-se a sentar-se e a levar as mãos à cabeça.

Estava tudo dito.

Naquela noite, quando nos preparávamos para dormir, ele deu-me um toque. Sentei-me e vi que estava a sorrir.

– Bear, da próxima vez deixas-me escolher o nosso destino de férias, está bem?

Comecei a rir e a chorar ao mesmo tempo. Estava a precisar disso. Estava a conter tantas emoções.

Na manhã seguinte, o Mick, o Neil e o Geoffrey abandonaram o campo base. A sua tentativa tinha terminado. O Mick só queria sair daquela maldita montanha – sentir-se seguro.

Vi-os a encaminharem-se para o glaciar e esperei que tivesse tomado a decisão certa ao ficar no campo dois sem eles.

Quanto mais tempo se fica em altitude, mais fraco se torna o nosso corpo. A fronteira entre a aclimatação e a deterioração é muito ténue. Decidi arriscar-me à deterioração e esperar – a ver o que dava. Para o caso de termos mais uma hipótese de chegar ao cume.

Há quem lhe chame coragem. A maioria chama-lhe estupidez.

O tufão estava a abrandar e só ali chegaria dentro de dois dias. Ainda assim, vinha a caminho. Dois dias não chegavam para ir ao cume e voltar. Assim, prometi ao Henry e ao Mick que, se no dia seguinte o tufão ainda viesse na nossa direção, desceria também.

Os dias seguintes centraram-se na chamada que recebia via rádio ao meio-dia, através da qual me forneciam a previsão meteorológica. Queria desesperadamente que me dissessem que o tufão se estava a afastar.

No primeiro dia, informaram-me de que não estava a avançar. No dia seguinte, aconteceu o mesmo. Assim, aceitei esperar um pouco mais.

A chamada do dia seguinte seria decisiva.

Então, às 12h02, o rádio deu sinal.

– Bear no campo dois, aqui fala o Neil. Está tudo bem?

Ouvia a voz muito nitidamente.

– Estou sedento de notícias – respondi, a sorrir. Ele sabia exatamente o que eu queria dizer.

– Olha, tenho a previsão e um *e-mail* que chegou da tua família. Queres primeiro as boas ou as más notícias?

– Olha, podemos despachar primeiro as más – respondi.

– Bem, o tempo ainda está péssimo. O tufão está agora novamente a caminho, e nesta direção. Se amanhã ainda estiver a caminho, terão de descer daí, e depressa. Lamento.

– E as boas notícias? – perguntei, com esperança.

– A tua mãe enviou uma mensagem pelos tipos da meteorologia. Diz que todos os animais de tua casa estão bem.

Uma pausa.

– Vá, continua, não pode ser só isso. O que há mais?

– Bem, eles pensam que ainda estás no campo base. Talvez seja melhor assim. Volto a falar contigo amanhã.

– Obrigado, amigo. Ah, e reza para que o tempo melhore. É a nossa última oportunidade.

– Entendido, Bear. Não comeces a falar sozinho. Desligo.

Tinha de esperar mais vinte e quatro horas. Era infernal saber que o meu corpo se estava a tornar cada vez mais fraco, na vã esperança de uma oportunidade para atingir o cume.

Começava a duvidar de mim e da decisão de permanecer num ponto tão elevado.

Saí da tenda muito antes de amanhecer. Eram quatro e meia da manhã. Fiquei ali sentado, aconchegado, na entrada da tenda, à espera do nascer do sol.

Comecei a pensar no que significava estar ali, tão alto, naquela montanha implacável e desgastante.

Será que alguma vez irei ter a oportunidade de escalar aquele território mortífero acima do campo três?

Pelas dez da manhã, já estava à espera perto do rádio. Desta vez, porém, ligaram mais cedo.

– Bear, o teu Deus está a teu favor. Chegou! – A voz do Henry estava empolgada – O ciclone afastou-se para oriente. Temos uma oportunidade. Uma pequena oportunidade. Dizem que as correntes de vento de altitude irão aumentar novamente dentro de dois dias. Como é que se sentem? Ainda têm forças?

– Estamos ótimos. Bem, quer dizer, estamos bem. Nem acredito.

Pus-me de pé, tropecei nas cordas da tenda e dei um guincho de pura alegria.

Aqueles últimos cinco dias tinham sido os mais longos da minha vida.

Capítulo 87

Sempre adorei a seguinte citação de John F. Kennedy: «Na escrita chinesa, a palavra "crise" é constituída por dois caracteres. Um representa perigo; o outro representa oportunidade».

Quando reflito sobre a minha vida, vejo que nunca tive um momento de crise que não me tornasse mais forte. Naquele momento tinha tudo o que adorava à minha frente: um grande risco, mas também uma grande oportunidade.

Nunca me tinha sentido tão entusiasmado.

O Neil já se estava a preparar para voltar a subir. O Mick, que tanta sorte tinha em ainda estar vivo, decidira sabiamente permanecer no campo base.

Para mim, no entanto, tinha chegado o momento.

Nessa tarde, o campo dois ficou novamente cheio de amigos. O Neil e o Geoffrey estavam lá, bem como o Michael e o Graham, a Karla e o Alan. Porém, o desgaste de voltar a subir ao campo dois estava dolorosamente marcado no rosto esguio da Karla.

Era evidente que estava totalmente exausta.

Quem não estaria, depois de três meses no Evereste, tendo chegado a cento e vinte metros do cume poucos dias antes?

O maior combate das nossas vidas teria início no dia seguinte.

Nessa noite, a tenda na qual passara tanto tempo sozinho estava cheia de pessoas e de montes de cordas e equipamento – com o Neil, o Geoffrey e o Graham apertados junto a mim.

Tentei beber o máximo de água fervida que consegui. Sabia que precisaria de estar hidratado ao máximo para aguentar o que se avizinhava. Assim, fui bebendo e urinando. Mesmo assim, a minha urina estava castanha-escura.

Era quase impossível uma pessoa hidratar-se àquela altitude.

Tínhamo-nos habituado ao ritual de urinar para uma garrafa, mesmo no escuro e com a cabeça de outra pessoa a centímetros da garrafa. Cada um tinha duas garrafas: uma para urinar, outra para a água. Era importante ter um bom sistema para as distinguirmos.

Às dez da noite, precisei de urinar – mais uma vez. Agarrei na minha garrafa, inclinei-me sobre ela e enchi-a. Fechei a tampa (ou achei que tinha fechado) e voltei a deitar-me no saco-cama, para tentar finalmente dormir um pouco.

Pouco depois, senti que a minha roupa se estava a humedecer.

Não acredito nisto! Refleti sozinho, enquanto me tentava sentar outra vez.

Olhei para baixo. A tampa da garrafa da urina estava pendurada.

A urina escura e malcheirosa tinha-me encharcado a roupa toda e o saco-cama. Era evidente que não a tinha fechado bem. Que erro crasso. Talvez fosse um prenúncio do que se seguiria.

Foi nesse estado de espírito que adormeci.

Às 05h45 já estávamos todos sentados perto uns dos outros no exterior do nosso acampamento, a colocarmos os nossos grampões.

Silenciosamente, começámos a subir para o campo três. Tinha a esperança de que não demorasse tanto tempo como da última vez.

Pelas dez da manhã já tínhamos avançado bastante. Estávamos a escalar metodicamente a parede de gelo azul. Inclinei-me para trás no meu arnês e bebi da garrafa de água que tinha pendurada ao pescoço. Estava a avançar bem. Não muito depressa, mas pelo menos estava em movimento.

E estava mais forte do que da última vez que tinha subido até ao campo três. Era bom sinal.

Depois de cinco horas e meia de escalada, as tendas estavam apenas a uns trinta metros de nós. Mesmo assim, demorei quase vinte minutos a percorrer essa distância mínima.

Sê paciente e não pares. Ignora os pulmões esforçados, os pés dormentes e o abismo debaixo de ti. Mantém-te concentrado no passo seguinte. O resto não importa.

As leis da física ditam que, se continuarmos a subir, por mais devagar que seja, acabamos por chegar ao topo. O problema é que no Evereste esse processo é muito doloroso.

Antes daquela expedição, não fazia ideia de como uma montanha pode ser capaz de nos levar a querer desistir – a não tentar mais.

Nunca tinha sido pessoa de desistências, mas daria tudo para me livrar da dor e da exaustão naquele momento. Tentei não pensar nisso.

Assim, começou o combate que travaria no meu interior nas quarenta e oito horas seguintes, sem tréguas.

Deixámo-nos cair dentro da tenda, agora meio submersa pela neve que caíra na semana anterior. Éramos quatro alpinistas assustados numa tenda – montada numa saliência em situação precária –, com frio, dores de cabeça, sede e cãibras.

Já muitas vezes me senti grato por ter adquirido a simples competência militar de ser capaz de viver com outras pessoas em espaços confinados. Isso já me ajudou muito ao longo dos anos nas expedições, e não só. Além disso, estava especialmente feliz por estar com o Neil.

Quando passamos tempo com pessoas boas, alguma da sua bondade passa para nós. Gosto desse aspeto da vida.

Outro ensinamento que adquiri no Exército foi a capacidade de saber como (e quando) posso dar mais um pouco de mim. O momento certo para o fazer é quando a situação se torna difícil, quando todos ao nosso redor estão a abrandar, a desistir e a queixar-se.

Trata-se de perceber que o momento certo para brilharmos se dá quando tudo à nossa volta está escuro.

É uma lição simples, mas constitui um dos segredos para se ter sucesso na vida. Vejo os meus amigos a recorrerem a este ensinamento muitas vezes. No Evereste, essa qualidade é tudo.

A Karla tinha prometido ao Henry que só continuaria se os ventos abrandassem. Ele sabia que, dado o estado de exaustão da Karla, só com condições ideais é que sobreviveria.

Às seis da manhã, a voz dele soou no rádio, diretamente do campo base.

– Os ventos vão aumentar, rapazes. Desculpa, Karla, mas vais ter de descer. Não posso arriscar ter-te aí.

Depois houve uma longa pausa.

A Karla respondeu, furiosa: – Nem penses. Vou subir. Não quero saber do que dizes, vou subir.

O Henry explodiu via rádio: – Karla, escuta, nós tínhamos um acordo. Eu nem sequer queria que estivesses aí, mas insististe. Agora o passeio acabou. Estou a fazer isto para te salvar a vida.

O Henry tinha razão.

A Karla tinha demorado mais três horas do que nós a chegar ao campo três. Se fosse assim tão lenta mais acima, provavelmente morreria.

CAPÍTULO 88

Ao amanhecer, a Karla iniciou a sua descida.

Nós seguimos para cima – cada vez mais alto.

Poucos minutos depois de abandonar o campo três, sentia que estava a sufocar na minha máscara de oxigénio. Não parecia estar a sair ar de lá. Retirei-a do rosto, sem fôlego.

Isto não faz sentido, pensei.

Consultei a válvula de verificação, que me indicou que o oxigénio estava a fluir. A leitura era positiva. Voltei a colocar a máscara e prossegui.

Cinco minutos depois, nada tinha melhorado e estava em dificuldades. Sentia-me sufocado pela máscara. Parei novamente e tirei-a, a respirar sofregamente o ar do exterior.

O Geoffrey debruçou-se atrás de mim, inclinado sobre o seu machado. Nem sequer olhou para cima.

Voltei a colocar a máscara, determinado a confiar no equipamento. As leituras diziam que estava a funcionar. Isso significava que me concederia apenas cerca de dois litros de oxigénio por minuto. Um fluxo pequeno, constante, regulado, que duraria cerca de seis horas.

No entanto, dois litros por minuto era uma fração do que estávamos a consumir por minuto com o ar rarefeito – com o esforço de escalar uma parede com muita carga às costas.

No entanto, esse fluxo constante de oxigénio era o suficiente para suportar a hipoxia, pelo que justificava o peso suplementar. À justa.

Disse a mim mesmo que uma dor de costas e de ombros era menos importante do que a baixa saturação de oxigénio e a morte.

A corda prolongava-se por cima de mim, pela face da montanha acima.

À distância, à minha direita, o gelo elevava-se até à cumeeira de Lhotse. À minha esquerda, o gelo descia num ângulo assustador em direção ao Cwm Ocidental, lá em baixo, a cerca de mil e duzentos metros, na vertical.

Ali em cima, os erros pagam-se com a morte.

Evitei olhar para baixo e tentei concentrar-me no gelo que tinha à frente.

Lentamente, comecei a atravessar o gelo na direção da faixa de rocha íngreme que dividia aquela vertente da montanha em duas.

A «Faixa Amarela», como é conhecida, é uma extensão de rocha sedimentar que foi outrora o leito do antigo mar de Tétis, antes de as placas tectónicas se movimentarem ao longo de muitos milénios e a fazerem subir verticalmente em direção ao céu.

Ali estava aquela rocha amarelada a estender-se acima de mim até à névoa.

Encostei-me à rocha fria, a hiperventilar com o esforço de levar mais oxigénio aos pulmões. Tentei recuperar algumas forças, para começar a escalar aquela parede rochosa.

Sabia que, assim que ultrapassássemos aquela faixa, o campo quatro estaria apenas a algumas horas de distância.

Os meus grampões chiaram horrivelmente quando entraram em contacto com a rocha pela primeira vez. Não conseguiam penetrar, e roçavam desastradamente a superfície. Espetei as pontas nas pequenas fissuras que fui encontrando e segui para cima.

Quando cheguei ao fim da faixa amarela de rocha, o caminho foi-se tornando horizontal até a um suave passadiço de neve pela encosta. No final, estava o Esporão de Genebra, uma saliência íngreme, rochosa, que conduzia ao campo quatro.

Havia uma simplicidade hipnotizante no que estávamos a fazer. Tinha a mente límpida, totalmente concentrada em cada movimento. Adoro aquela sensação.

Quando comecei a subir o Esporão de Genebra, vislumbrei o Geoffrey um pouco abaixo de mim. Atrás dele, via as figuras do Graham, do Alan, do Neil e do Michael.

Ascendi pelo esporão sem parar, e uma hora depois estava a descansar debaixo de uma pequena saliência. O malogrado Passo Sul aguardava-me logo ali em cima.

Ansiava por ver esse local acerca do qual tanto tinha lido e ouvido falar. O acampamento mais elevado do mundo, a quase oito mil metros de altitude – no meio da Zona Mortal do Evereste.

A expressão «Zona Mortal» tinha-me sempre feito impressão. Os montanhistas são conhecidos por minimizarem as coisas, mas tinham sido eles a cunhar o termo – não gostava nada desse aspeto.

Tentei não pensar nisso, dei os últimos passos sobre o esporão, e a inclinação abrandou. Voltei-me e poderia jurar que vi metade do mundo.

Estava a juntar-se um aglomerado denso de nuvens abaixo de mim, ocultando as zonas inferiores da montanha. Porém, acima delas, via um enorme horizonte panorâmico azul-escuro.

A adrenalina percorreu os meus membros cansados e comecei novamente a avançar.

Sabia que estava a entrar noutro mundo.

O Passo Sul é uma vasta zona rochosa, provavelmente do tamanho de quatro campos de futebol, cheia de vestígios de expedições anteriores.

Foi aqui que, em 1996, numa forte tempestade, a vida daqueles homens e mulheres dependeu do facto de encontrarem as tendas. Poucos o conseguiram. Os corpos ainda lá estavam, frios como mármore, muitos já parcialmente enterrados na neve e no gelo.

Era um local lúgubre: campas que os familiares nunca visitariam.

Havia algo de macabro em tudo aquilo – um lugar totalmente isolado, só visitado por quem fosse suficientemente forte para lá chegar. Os helicópteros mal conseguem aterrar no campo base, quanto mais ali.

Não há dinheiro que coloque uma pessoa ali. Apenas a força de vontade nos pode levar àquele local.

Esse aspeto agradava-me.

O vento soprava agora em rajadas fortes por cima do passo de montanha e agitava o material rasgado das tendas destruídas.

Parecia que a montanha me estava a desafiar a prosseguir.

PARTE 4

«Tanto a fé como o medo podem navegar até ao teu porto, mas apenas autorizes a fé a lançar âncora.»

Capítulo 89

Os últimos mil e duzentos metros de altitude do Evereste são mortíferos; ali não se espera que os humanos sobrevivam. Uma vez no interior das mandíbulas da montanha, àquela altitude, o nosso corpo começa literalmente a morrer.

Cada hora suplementar é uma bênção.

Havia duas tendas (uma da expedição de Singapura e outra do nosso amigo boliviano, o Bernardo) no meio do passo. Ambas as equipas tinham ascendido um dia antes de nós.

As tendas estavam agora vazias.

Perguntei-me o que lhes estaria a acontecer naquele momento, algures acima de nós. Singapura inteira aguardava por notícias daquela tentativa.

Desejei que tivessem sido bem-sucedidos.

Tínhamos acordado com o Bernardo partilhar recursos e utilizar o acampamento dele quando fizéssemos a nossa tentativa de atingir o cume. Assim, rastejei desastradamente para dentro da sua tenda, agora vazia.

Àquela altitude, o efeito do ar rarefeito faz com que as pessoas pareçam astronautas. Lentas e desastradas. Em piloto automático, tirei a garrafa de oxigénio e a mochila, e depois deixei-me cair num canto.

Doía-me imenso a cabeça. Tinha de fechar os olhos – só por um segundo.

O próximo som que ouvi foi o Bernardo, e sentei-me estremunhado, enquanto ele espreitava para dentro da tenda.

Sorriu na minha direção. Tinha uma expressão cansada no rosto, com olheiras negras debaixo dos olhos de panda, por ter utilizado óculos de neve com sol a grande altitude durante muitas semanas.

No entanto, tinha um ar radiante.

Não precisei de lhe perguntar se tinha chegado ao cume. Os seus olhos diziam tudo.

– É lindo, Bear. Verdadeiramente lindo.

O Bernardo repetiu aquelas palavras com uma voz de sonhador. Tinha conseguido. Aconchegámo-nos na tenda e ajudei-o a ligar o fogão, para derreter algum gelo para ele beber.

Decerto teriam passado muitas, muitas horas desde que ele ingerira líquidos pela última vez.

Porém, apesar do cansaço, parecia cheio de energia. Para ele, todo o sofrimento tinha passado.

Os dois alpinistas de Singapura também regressaram. Tinham igualmente sido bem-sucedidos. Singapura em peso devia estar a celebrar.

Duas horas depois, o Neil e o Alan chegaram ao passo de montanha. Tinham ultrapassado o Geoffrey e o Michael. O Neil sacudiu-me o braço com entusiasmo quando enfiou a cabeça na tenda do Bernardo.

Estávamos juntos, e aquela proximidade dava-me força.

Era a altura de deixar o Bernardo e ajudar o Neil a montar a tenda.

Nesse momento, o Geoffrey e o Michael estavam a aproximar-se lentamente pelo passo. Disseram-nos que o Graham, indiscutivelmente um candidato a atingir o cume do Evereste, tinha dado meia-volta, cerca de cem metros acima do campo três.

Tinha-se sentido debilitado pelo problema físico que nos tinha afetado aos dois. Sabia que não sobreviveria numa altitude superior.

O que saberia ele da etapa seguinte que eu desconhecia?

Tentei não pensar nisso.

O tempo estava a piorar – precisávamos de um abrigo, e depressa.

O vento arrancou um canto da nossa tenda das mãos do Neil e o tecido sacudiu-se violentamente no ar enquanto ambos tentávamos controlá-lo.

O que deveria ter demorado minutos acabou por demorar quase uma hora. No entanto, acabámos por conseguir montar a tenda.

Abrigámo-nos lá dentro e aguardámos. Estávamos à espera de que caísse a noite.

Capítulo 90

A ideia de passar dezassete horas a carregar o peso das garrafas de oxigénio deixava-me aterrorizado.

Sentia que, lenta e sistematicamente, as minhas forças me estavam a abandonar.

Não fazia ideia de como iria colocar as garrafas às costas – muito menos de como as iria carregar durante tanto tempo, até a uma altitude tão elevada, através da neve que me esperava mais à frente e que me dava pela cintura.

Tentei lembrar-me de tudo o que me aguardaria depois.

A minha casa, a família, a Shara. Mas parecia tudo tão estranhamente distante.

Não o conseguia imaginar na minha cabeça. A privação de oxigénio tem esse efeito. Priva-nos da memória, dos sentimentos, das forças.

Tentei afastar os pensamentos negativos da cabeça e não pensar em mais nada a não ser na montanha.

Vamos lá acabar isto, Bear, e em grande.

A letargia que sentimos àquela altitude é quase impossível de descrever. Nada nos motiva – e não queremos saber de nada. A nossa única vontade é encolher o corpo na posição fetal e que nos deixem em paz.

É por isso que a morte pode parecer tão estranhamente apelativa – como se fosse a única forma de encontrar o bendito alívio do frio e da dor.

É esse o perigo daquele lugar.

Tentei sentar-me no saco-cama. O fecho da nossa tenda estava ligeiramente danificado. Estava ali a abanar com o vento, meio fechado.

De onde estava sentado, conseguia ver do passo inóspito até ao início da encosta cheia de neve profunda, mais à frente. A montanha parecia fria e ameaçadora, com o vento a soprar sobre o gelo, a levantar fragmentos soltos de neve e a espalhá-los por ali.

Conseguia ver o caminho por onde o Mick tinha caído. Tinha tido tanta sorte.

Ou teria sido protegido?

Tinha a cabeça às voltas.

Pensei em todos os alpinistas que perderam a vida a tentar concretizar o sonho de chegar ao cume.

Valeria a pena?

Não encontrei resposta para a pergunta.

Sabia apenas que quase todos tinham morrido acima daquele passo de montanha.

Eram sete da tarde. Faltava apenas meia hora para a tarefa penosa de nos equiparmos.

Demoraria pelo menos uma hora.

No fim, nenhuma parte do nosso corpo estaria visível. Estaríamos transformados em figuras acolchoadas, protegidas, à espera do nosso destino.

Alcancei a bolsa superior da minha mochila e retirei de lá algumas páginas amarrotadas dentro de um plástico. Tinha-as trazido especialmente para aquele momento.

Até os adolescentes se cansam e fatigam, e os jovens também tropeçam e caem. Mas aqueles que confiam no Senhor renovam as suas forças. Criam asas como a águia, correm sem se cansar, marcham sem desfalecer.

Isaías 40: 29-31.

Senti que era tudo o que possuía ali. Não há ali mais ninguém com uma força suplementar para nos proteger. Somos apenas nós e o nosso Criador. Sem pretensões, sem vaidade – sem um plano B.

Nas vinte e quatro horas seguintes, teria uma hipótese em seis de perder a vida. É nesse momento que ganhamos concentração e pomos a vida em perspetiva.

Era altura de enfrentar a morte, de admitir o medo, de dar a mão ao Todo-Poderoso, e escalar.

Aqueles versículos da Bíblia soaram-me na cabeça durante a noite e o dia seguintes, à medida que íamos ascendendo cada vez mais.

Capítulo 91

Tínhamos decidido abandonar o acampamento às nove da noite. Era muito mais cedo do que os alpinistas costumam sair para as suas tentativas de chegar ao cume.

A nossa previsão meteorológica tinha prometido ventos fortes mais acima, que iriam aumentar durante o dia. Queríamos escalar o máximo que conseguíssemos à noite, antes que piorassem.

O Geoffrey, o Alan e o Michael não tardaram a sair da sua tenda, como astronautas que se preparam para andar no espaço. A tenda dos *sherpas* ainda estava fechada. O Neil chamou-os. Disseram-nos para irmos andando, que seguiriam mais atrás.

Havia algo de místico quando avançámos os cinco pelo passo de montanha. Éramos como soldados a dirigirem-se, fatigados, para o campo de batalha.

Quando chegámos ao gelo, a inclinação aumentou drasticamente.

Debruçámo-nos sobre a face da montanha, com os feixes de luz das lanternas de cabeça a oscilarem enquanto iluminávamos a neve em frente aos nossos pés. O nosso mundo passou a ser aquela luz: mostrava onde devíamos espetar os grampões, onde devíamos espetar os machados de gelo.

Não conhecíamos mais nada.

À medida que o tempo foi avançando, o grupo dividiu-se naturalmente em dois. O Alan, o Neil e eu íamos à frente; o Geoffrey e o Michael seguiam atrás. Não tardou a que ambos ficassem bastante mais atrasados.

Duas horas depois, estávamos os três empoleirados numa pequena saliência de gelo. Olhámos lá para baixo.

– Estás com medo? – perguntou-me o Alan, baixinho. Foi a primeira vez que trocámos palavras desde que saímos do acampamento.

– Estou – respondi. – Mas não tão assustado como estaria se conseguisse ver a inclinação desta vertente em que estamos – continuei, sem a mínima ironia.

Era verdade. Estava escuro de mais para ver o perigo. Só conseguíamos ver a intensidade da neve e do gelo, a reluzirem com a luz das nossas lanternas.

À meia-noite, deparámo-nos com um amontoado de neve solta e profunda. Não estava nos nossos planos. Gastámos muita energia a andar de um lado o outro, na tentativa de atravessar aquela zona.

A cada passo que dávamos, os nossos pés escorregavam para trás. Eram precisos três passos para cobrir a distância de um. Fiquei com a máscara e as luvas cheias de neve, e os óculos estavam a embaciar. Comecei a praguejar entre dentes.

Onde diabo está a «varanda»? Já deve estar perto.

Quando olhava para cima, só via mais gelo e rochas, a desaparecerem na escuridão. Era desgastante.

À uma da manhã, ultrapassámos mais uma saliência e deixámo-nos cair em cima da neve.

Estávamos na «varanda». O meu corpo foi percorrido por um sentimento de entusiasmo. Estávamos agora mais de oito mil metros de altitude acima do nível do mar.

Quando tirei a máscara, para tentar poupar oxigénio, o ar rarefeito pareceu queimar-me os pulmões, como um fogo gelado. O fogo do Inferno.

Sentei-me na neve e fechei os olhos.

Tínhamos de esperar pelos *sherpas*, que traziam as garrafas de oxigénio suplementares, as quais trocaríamos pelas que tínhamos, já meio vazias. Aquelas novas reservas deveriam durar até ao cume, e até regressarmos à «varanda». Teríamos, assim, dez horas para concluir a escalada final.

O tempo àquela altitude é pautado pelo oxigénio – e ali o oxigénio é sinónimo de sobrevivência.

A temperatura era de quarenta graus negativos.

Às duas da manhã, ainda não havia sinal dos *sherpas* – eu e Neil estávamos a ficar com muito, muito frio. Com um fornecimento tão escasso de oxigénio, as queimaduras de frio podem afetar-nos – pela calada, silenciosamente.

De repente, o céu iluminou-se.

As montanhas surgiram como se fosse de dia, e em seguida desapareceram novamente. Depois, os trovões soaram nos vales.

Isto não devia estar a acontecer, pensei.

Segundos depois, o céu voltou a clarear. Era uma trovoada que ascendia dos vales.

Se chegasse ao local onde estávamos, seria fatal. Tornaria a montanha numa massa furiosa de neve e vento que seria impossível de suportar.

Algures abaixo de nós, o Geoffrey e o Michael também estavam a travar um combate. E os humanos têm tendência a perder os combates que travam na Zona Mortal do Evereste.

Capítulo 92

O Geoffrey estava a ter problemas com o seu equipamento de oxigénio. O fluxo não estava a funcionar devidamente e estava a sufocá-lo. Tentou avançar, a custo, mas depressa reconheceu que o esforço era inútil. Deu meia-volta. A sua tentativa tinha terminado.

O Michael decidiu regressar com ele. Estava exausto. A tempestade que se aproximava foi a última gota. Toda a vida tinha praticado alpinismo, e conhecia os limites do seu corpo e a regra do tempo de montanha: «Em caso de dúvida, não há dúvida – devemos descer».

Começaram ambos a descer – enquanto nós esperávamos.

Às três da manhã, a tremer incontrolavelmente e no limite da nossa capacidade para sobreviver sem nos mexermos, vimos as tochas dos *sherpas* abaixo de nós.

Em seguida, mudámos as garrafas de oxigénio, a custo, com os dedos gelados. No campo base dominávamos aquele processo na perfeição. Ali em cima, porém, no escuro e com temperaturas negativas, era muito diferente.

Não conseguia alinhar as tiras do cilindro de oxigénio. As pequenas peças de aparafusar, comprimidas pelo frio, no escuro, com temperaturas abaixo de zero, são um bico de obra.

Não tive outra opção senão retirar as luvas exteriores, para tentar agarrar melhor o regulador.

Nesse momento, o meu tremor tornou-se incontrolável e aparafusei as peças numa má posição. Encravaram imediatamente.

Praguejei em voz alta.

O Neil e o Alan já estavam prontos. O primeiro ajoelhou-se ao meu lado, à espera. O Alan, porém, limitou-se a levantar-se e a seguir caminho para o cume.

284

Eu ia tentando freneticamente.

Vamos lá, que raio!

Senti que estava a perder o controlo da situação. Tínhamos chegado longe de mais para fracassar – longe de mais.

– Anda lá, Bear, põe lá essa porcaria a funcionar – gaguejou o Neil através da máscara.

Eu sabia que o estava a atrasar, mas aquilo estava encravado e não podia fazer muito mais do que tentar.

Naquele momento, o Neil tinha perdido totalmente a sensibilidade nos pés. Era mau sinal. Por cada minuto que esperávamos, as suas queimaduras de gelo pioravam. De repente, consegui soltar a fita. Alinhei-a com cuidado, e desta vez aparafusou na perfeição.

Estávamos prontos para seguir caminho.

Nesse momento, um dos *sherpas* deteve-se. Em silêncio, apontou para o céu e abanou a cabeça negativamente. Voltou-nos as costas e começou a descer sem dizer uma palavra.

Àquela altitude, cada um faz as suas escolhas. E a nossa vida depende dessas decisões.

A tempestade mantinha-se a leste, e debaixo de nós – ainda bastante afastada.

Eu e o Neil olhámos um para o outro, e depois voltámo-nos e começámos a subir para o cume.

Era um alívio estarmos em movimento outra vez, e depressa encontrei uma energia renovada que há muito não sentia.

Julgo que, no fundo, sabia que tinha chegado o meu momento.

Ultrapassei o Neil a bom ritmo, para ajudar a abrir caminho pela neve. Ele estava cabisbaixo e o seu corpo parecia emanar exaustão – mas eu sabia que ele não iria parar.

Depois de uma hora no espinhaço, ainda apanhámos mais daquela neve profunda – novamente. A energia que sentira antes começou a esvair-se dos meus membros a cada respiração e a cada passo que dava a custo.

Conseguia ver o Alan mais à frente, a debater-se igualmente com a neve solta. Não parecia estar a avançar. A encosta ainda se prolongava por ali acima – cheia de neve até onde a vista alcançava.

Quase nem reparei na vista que tinha dali – a totalidade dos Himalaias a prolongar-se lá em baixo, banhada pelo brilho do lusco-fusco.

A minha mente estava concentrada no que os meus braços e pernas estavam a fazer. O importante era reunir determinação para erguer cada coxa da neve funda e fazê-la avançar mais um passo.

Não pares. Luta. Só mais um passo.

Contudo, o Cume Sul nunca mais aparecia.

Sentia gradualmente que a energia estava a ser sugada do meu corpo.

Era como escalar uma montanha com melaço até à cintura, enquanto se carregava alguém às costas, e como se esse alguém estivesse a tentar enfiar--nos um par de peúgas congeladas na boca. Lindo.

De cada vez que me forçava a erguer-me, sentia-me mais fraco. Sabia que a minha força tinha limites, e que estava a diminuir rapidamente.

O meu corpo precisava desesperadamente de mais oxigénio, mas só tinha os míseros dois litros que passavam pelas minhas narinas a cada minuto.

Não era suficiente – e as minhas reservas estavam a diminuir a cada segundo que passava.

Capítulo 93

Porque será que a meta aparece sempre logo após o ponto em que mais quisemos desistir? Será a forma de o Universo reservar o melhor para aqueles que se conseguem esforçar mais?

Só sei que, como nos mostra a Natureza, o amanhecer só surge depois do momento de maior escuridão.

Finalmente, ainda muito acima de mim, consegui vislumbrar o Cume Sul à luz da alvorada.

Pela primeira vez, quase sentia o gosto do fim.

Comecei a ganhar força: crua, irrefutável e extravasante.

A minha velha amiga determinação, forte, entranhada, que eu tão poucas vezes tinha encontrado na vida (principalmente nos momentos cruciais da seleção do SAS) estava a regressar a cada passo que dava na neve profunda.

Eu ia derrotar aquela maldita neve e a montanha.

A minha velha amiga sobrepôs-se a toda a dor, ao frio e ao medo – e venceu.

A algumas dezenas de metros do Cume Sul, encontrámos as cordas que tinham sido colocadas pela primeira tentativa da nossa equipa. Senti uma ligeira sensação de conforto quando me debrucei e encaixei o mosquetão.

O Cume Sul ainda fica a cerca de cento e vinte metros do verdadeiro cume, mas é um enorme marco na tentativa de chegar ao topo da montanha. Sabia que, se conseguisse lá chegar, então o teto do mundo estaria pela primeira vez ao meu alcance.

Pouco depois, o Neil surgiu atrás de mim. O Alan já se tinha arrastado por cima da borda e estava agachado, a proteger-se do vento, enquanto descansava durante uns minutos para recuperar forças.

À minha frente, via a malograda cumeeira final a prolongar-se até ao Escalão Hillary – a parede de gelo que era a guardiã final do verdadeiro cume.

Sir Edmund Hillary, o primeiro conquistador do Evereste, disse uma vez que as montanhas lhe davam força. Nunca o tinha percebido muito bem até àquele momento. Mas era uma sensação arrebatadora.

Algo no meu interior sabia que eu seria capaz de ser bem-sucedido.

A cumeeira final só tem cerca de cento e vinte metros de comprimento, mas serpenteia perigosamente por um dos troços de montanha mais expostos do Planeta. Na base de cada uma das faces da montanha ficam o Tibete, a este, e o Nepal, a oeste.

Lá fomos avançando pelo espinhaço pontiagudo, sempre em frente, a caminho do Escalão Hillary.

Era o nosso último obstáculo a caminho do cume.

À medida que eu avançava, a corda ia sendo torcida pelo vento.

Apoiei o meu machado de gelo no banco de neve pouco profundo à minha direita e encostei-me para me recompor.

De repente, o machado penetrou inesperadamente na superfície branca, pois parte do banco de neve tinha cedido debaixo de mim.

Recuperei o equilíbrio aos tropeções e afastei-me da fissura.

Estávamos de facto a avançar por um troço que tinha pouco mais do que água congelada debaixo dos nossos pés. Pelo buraco onde tinha estado a neve, conseguia ver as planícies rochosas do Tibete lá em baixo.

Continuámos a avançar. Um passo de cada vez.

Consistentemente. Devagar.

Cada vez mais perto.

Cada vez mais à frente.

CAPÍTULO 94

Mesmo debaixo do Cume Sul, vi o local onde jazia Rob Hall, que ali tinha falecido cerca de dois anos antes.

O seu corpo, meio coberto de flocos de neve, permanecia inalterado. Congelado no tempo. Era um aviso macabro de que cabe à montanha decidir quem sobrevive.

Quando ela se volta contra nós, é implacável.

E quanto mais estamos embrenhados nela, maior é o perigo.

Naquele momento, sabia que estávamos o mais possível à sua mercê.

As últimas palavras de Rob para a mulher, Jan, tinham sido: «Não te preocupes muito, por favor».

Foram as palavras desesperadas de um alpinista que percebeu corajosamente que estava prestes a morrer.

Tentei afastar esse pensamento do meu cérebro privado de oxigénio. No entanto, não fui capaz.

Continua, Bear. Acaba isto, e depois desce.

No final da cumeeira, apoiámo-nos nos machados de gelo e olhámos para cima.

Acima de nós estava o lendário Escalão Hillary, a parede de gelo com doze metros de altura que formava um dos obstáculos mais imponentes da montanha.

Agachado, para me proteger do vento, tentei determinar um percurso para a escalar.

Aquela face de gelo iria ser o nosso teste final, e o mais difícil. O resultado determinaria se nos iríamos juntar à elite que tocou o chão sagrado lá em cima.

Em caso positivo, eu seria o trigésimo primeiro alpinista britânico a conseguir aquele feito.

Era um grupo restrito.

Comecei a subir cautelosamente. Tinha percorrido um percurso muito longo para sucumbir ali.

Espetei os grampões e o machado. Testei-os. Depois avancei.

Avançava devagar, mas avançava. Assim, fui subindo pelo gelo.

Já tinha escalado paredes íngremes como aquela anteriormente, mas nunca a quase nove mil metros de altitude. Àquela altura, com o ar rarefeito e com ventos a 65 km/h a tentarem arrancar-nos do gelo, tive de me esforçar. Mais uma vez.

Parei e tentei recuperar forças.

Depois, cometi o erro do costume – olhei para baixo.

Lá ao fundo, em ambos os lados do espinhaço, a montanha prolongava-se em abismos.

Que idiota, Bear.

Tentei concentrar-me apenas no que estava à minha frente e acima de mim.

Para cima. Continua a subir.

Assim, continuei a minha ascensão.

Era a escalada da minha vida, e nada me iria deter.

Capítulo 95

Respira. Descansa. Avança. Descansa. Respira. Descansa. Avança. Descansa. Nunca mais acaba.

Iço-me pela borda final e rastejo para longe da orla.

Afasto a neve profunda que tenho em frente ao rosto. Fico ali deitado, ofegante.

Depois, retiro da máscara o gelo que a minha respiração tinha formado com o ar frio.

Solto-me da corda, ainda agachado. O Neil está agora em condições de me acompanhar.

Levanto-me e começo a avançar tropegamente.

Consigo ver um aglomerado de bandeiras religiosas tibetanas à distância, semissubmersas na neve, a oscilarem suavemente com o vento. Sei que aquelas bandeiras marcam o local do verdadeiro cume – o local dos sonhos.

De repente, sinto uma energia que começa a aumentar dentro de mim.

É a adrenalina a percorrer as minhas veias e os meus músculos.

Nunca me tinha sentido tão forte – e, simultaneamente, tão fraco.

Eram ondas alternadas de adrenalina e cansaço, enquanto o meu corpo tentava aguentar a intensidade daqueles momentos finais.

Acho estranhamente irónico que a parte final da enorme escalada seja uma encosta tão pouco inclinada.

É uma curva suave, que acompanha o espinhaço até ao cume.

Graças a Deus.

Sinto algo como se a montanha me estivesse a convidar a avançar. Pela primeira vez, permite que eu suba ao teto do mundo.

Tento contar os passos à medida que avanço, mas perco-me na contagem.

Estou agora a respirar e a arfar como um animal selvagem, numa tentativa de devorar o oxigénio que me chega à máscara.

No entanto, por mais passos lentos e patéticos que dê, aquele lugar nunca parece aproximar-se.

Mas está mais perto. Lentamente, o cume está cada vez mais perto.

Sinto os olhos a humedecerem-se com lágrimas. Começo a chorar desalmadamente dentro da máscara.

São emoções há muito contidas. Não as consigo reprimir durante mais tempo.

Vou avançando, trôpego.

CAPÍTULO 96

Parte de mim nunca tinha acreditado que eu seria, de facto, bem-sucedido. Desde que tinha estado naquela cama de hospital com as vértebras partidas, uma pequena parte de mim, lá no fundo, tinha pensado que tudo não passava de uma mera loucura.

E essa parte de mim nem sempre tinha sido assim tão negligenciável.

Julgo que se deveria ao facto de tantas pessoas me terem dito que seria um disparate.

Tanta gente se tinha rido e tinha dito que era um sonho absurdo. Quanto mais as ouvia dizer aquilo, mais determinado me tornava.

Ainda assim, essas palavras afetavam-me.

Assim, deitei mãos à obra, ocupei-me. E o ruído abafou as dúvidas – durante algum tempo.

Porém, o que sucede quando o ruído se cala?

As minhas dúvidas têm o hábito irritante de permanecerem até muito depois de eu julgar que já foram silenciadas.

No fundo, creio que duvidava mais de mim do que aquilo que poderia admitir – mesmo a mim mesmo.

Até àquele momento.

Na verdade, desde a cama de hospital que me queria sentir recuperado. Fisicamente. Emocionalmente.

Para ser sincero, desde o colégio interno, nos meus oito anos (há tanto tempo), que me queria sentir recuperado.

E ali, a 8848 metros de altitude, enquanto dava aqueles últimos passos inseguros, estava a convalescer.

A regeneração espiritual através do lado físico.

A cura.

Por fim, às 07h22 da manhã do dia 26 de maio de 1998, com lágrimas a correrem-me pelo rosto gelado, o cume do monte Evereste abriu os braços e acolheu-me.

Foi como se, de algum modo, a montanha me considerasse digno daquele local. Senti a pulsação a aumentar e, meio tonto, dei por mim subitamente no topo do mundo.

O Alan abraçou-me, a murmurar, entusiasmado, dentro da máscara. O Neil ainda vinha a deslocar-se a custo na nossa direção.

Quando se aproximou, o vento começou a amainar.

O sol começou a elevar-se sobre o território oculto do Tibete, e as montanhas abaixo de nós foram banhadas por uma luz alaranjada.

O Neil ajoelhou-se e benzeu-se no cume. Depois, juntos, sem as máscaras, abraçámo-nos como irmãos.

Levantei-me e comecei a olhar em volta. Poderia jurar que estava a ver metade do Planeta.

O horizonte parecia curvar-se nas extremidades. Era a curvatura da terra. A tecnologia pode colocar um homem na Lua, mas não ali onde estávamos.

Era um local verdadeiramente mágico.

De repente, o rádio começou a emitir ruídos à minha esquerda. O Neil estava a estabelecer contacto, eufórico.

– Campo base. Acabou-se a terra debaixo dos nossos pés.

A voz do outro lado explodiu de alegria. O Neil passou-me o rádio. Há semanas que andava a planear o que diria quando chegasse ao cume, mas agora nada me ocorria.

Desloquei-me a custo até ao rádio e falei sem pensar.

– Só quero ir para casa.

A minha memória do que sucedeu depois é confusa. Tirámos várias fotografias com as bandeiras do SAS e da DLE ao vento no cume, como prometido, e guardei alguma neve num frasco vazio de vitaminas Juice Plus que tinha comigo.[2]

Foi tudo o que trouxe do cume.

Lembro-me de ter uma vaga conversa via rádio (ligado a um telefone de satélite no campo base) com a minha família, a quase cinco mil quilómetros de distância. Foram aquelas pessoas que me inspiraram a levar a cabo aquela expedição.

Ali em cima, o tempo voava, e, como todos os momentos mágicos, este não poderia durar para sempre.

Tínhamos de descer. Já eram 07h48 da manhã.

---

[2] Alguns anos depois, a Shara e eu batizámos os nossos três filhos com esta água da neve do cume do Evereste. Foi um momento memorável.

O Neil verificou o meu oxigénio.

– Bear, já tens muito pouco. É melhor começares a descer, e depressa.

Tinha menos de um quinto das reservas para regressar à «varanda».

Coloquei a mochila e a garrafa de oxigénio às costas, a máscara no rosto, e dei meia-volta. O cume ficou para trás. Sabia que nunca mais o voltaria a ver.

Pouco depois de abandonar o cume, comecei a sentir-me verdadeiramente cansado. É difícil descrever a energia que é necessária só para descer.

Estatisticamente, a maioria dos acidentes acontece na descida. Tudo porque já nada importa – o objetivo foi alcançado e a vontade de fazer desaparecer a dor torna-se mais forte.

Quando o nosso único fito é esse, é fácil tropeçar e cair.

Mantém-te alerta, Bear. Fica atento mais um pouco. Se mantiveres a concentração, conseguirás chegar ao oxigénio suplementar que está na «varanda».

Foi então que o meu oxigénio se esgotou.

Andei aos tombos – de joelhos e em pé, e depois de joelhos outra vez. Via tudo desfocado.

Eu consigo. Eu consigo. Eu consigo. Fui repetindo para mim mesmo. Até à exaustão. Era um hábito antigo de quando estava estafado nas provas de seleção do SAS. Estava a murmurar sem dar por isso.

As palavras vinham algures do meu interior.

Por fim, demasiado cansado para sentir qualquer alívio, cheguei ao destino. Agachei-me perto das garrafas de oxigénio que tinha escondido na «varanda» quando subi.

Que bem que me soube àquele novo oxigénio. Respirei-o em golfadas. O calor e a clareza de pensamento regressaram ao meu corpo.

Nesse momento, soube que poderíamos sobreviver. Se seguíssemos a bom ritmo, não tardaríamos a chegar ao passo de montanha.

As tendas distantes começaram a aumentar à medida que íamos descendo cuidadosamente pelo gelo.

Capítulo 97

Já no passo de montanha, senti alguma estranheza por já não ter gelo nem neve debaixo dos pés. Os meus grampões arranhavam e raspavam em cima das rochas.

Apoiei-me no machado, para recuperar o equilíbrio naqueles últimos metros.

Durante dezoito horas, não tínhamos bebido nem comido. O meu corpo e a minha mente pareciam estranhamente distantes. Ambos ansiavam por algum descanso.

Na entrada da nossa tenda minúscula de revestimento simples, aproximei-me do Neil para o abraçar mais uma vez. Depois, sem cerimónias, desfaleci.

– Bear, vá lá, rapaz. Tens de entrar totalmente na tenda. Bear, estás a ouvir? – A voz do Michael despertou-me. Tinha estado à nossa espera no passo – na esperança de que tudo corresse bem.

Arrastei-me às arrecuas para dentro da tenda. Tinha a cabeça a latejar. Tinha de beber qualquer coisa. Já há mais de vinte e quatro horas que não urinava.

O Neil e o Alan estavam a retirar lentamente os seus arneses. Nenhum dos dois tinha forças para falar. O Michael passou-me uma bebida quente do fogão. Estava tão contente por ver que ele e o Geoffrey estavam sãos e salvos.

Quando a tarde se tornou noite, começámos a conversar.

Eu ainda não tinha percebido o motivo de o Michael e o Geoffrey terem recuado. Contaram-me a história, da tempestade iminente e da fadiga crescente, de como tinham tido dificuldades na neve profunda e com o ar rarefeito. A decisão de desistirem tinha-se baseado numa ponderação ajuizada de montanhistas.

Uma boa opção. Daí ainda estarem vivos.

Nós, no entanto, continuámos a avançar. Essa decisão tinha-se baseado num elemento de audácia. Porém, tivemos sorte, pois a tempestade nunca chegou.

Desta vez, quem arriscou petiscou.

Nem sempre é assim.

O grande jogo do alpinismo consiste em se saber quando se deve ser destemido e quando se deve jogar pelo seguro. Eu sabia isso.

O Michael veio ter comigo quando nos estávamos a preparar para a última noite na Zona Mortal. Nunca me esqueci do que me disse. Era a voz da experiência de vinte anos a escalar nas Montanhas Rochosas do Canadá.

– Bear, tens noção do risco que vocês correram ali? Na minha opinião, foi mais audácia do que bom senso.

Sorriu e olhou-me nos olhos.

– O meu conselho é: daqui em diante, na vida, refreia-te um pouco mais, que irás longe. Desta vez sobreviveste. Agora aproveita essa sorte.

Nunca me esqueci daquelas palavras.

No dia seguinte, descer a Face de Lhotse pareceu demorar tanto tempo como subi-la.

Porém, após seis longas e lentas horas, o Neil e eu percorremos os últimos metros que nos separavam do campo dois, no glaciar.

Nessa noite, não me movi um milímetro durante doze horas seguidas – até quase ao amanhecer, quando o Neil iniciou os seus preparativos.

– Bear, vamos andando, OK? É a última etapa. Não consigo dormir quando falta tão pouco – disse o Neil, entusiasmado, com o bafo a condensar-se no ar gelado.

Sentia-me como se tivesse as pálpebras coladas. Tive de as forçar a abrir-se.

Não nos demos ao trabalho de comer antes de sair, na antecipação da omeleta acabada de fazer que nos tinham prometido, via rádio, no campo base. Em vez disso, preparámo-nos à pressa.

Contudo, eu ainda estava lento e obriguei os outros a esperarem por mim, enquanto arrumava a custo a mochila, a tenda, os grampões. Todos os resquícios da minha força tinham há muito desaparecido.

A minha mochila parecia pesar uma tonelada, agora que eu retirava todo o meu equipamento da montanha. Começámos a avançar e, juntos, percorremos o glaciar a bom ritmo.

Uma hora depois, detivemo-nos de repente.

A montanha rugiu violentamente à nossa volta e um som de gelo a estalar ecoou por toda a zona. Agachámo-nos, olhámos para cima e esperámos.

Quinhentos metros à nossa frente, exatamente no local para o qual nos dirigíamos, toda a vertente da Face Nuptse se estava a desagregar.

Um trovão branco percorreu centenas de metros até ao sopé da montanha. Depois, rebolou com uma nuvem envolvente pelo glaciar. Ficámos em silêncio, a ver passar a avalancha à nossa frente.

Se nos tivéssemos posto a caminho alguns minutos mais cedo, teríamos sido devorados e enterrados pela avalancha. Teria sido o nosso fim.

Por vezes, ser lento é bom.

Esperámos até que a montanha parasse de se movimentar, e depois iniciámos a travessia lenta pelos detritos da avalancha.

Estranhamente, foi esse o momento em que mais medo tive na vida. Foi como se aquele pequeno golpe de sorte – não ter sido atingido pela avalancha – me tivesse acordado para os riscos que estávamos a correr.

Julgo que, quanto mais perto estávamos do fim, mais eu me apercebia de que tínhamos alcançado algo quase impossível. Por enquanto, tínhamos trocado as voltas à morte. Mas ainda estávamos ao alcance da montanha, e restava-nos a descida pela cascata de gelo.

À medida que atravessávamos as fissuras profundas do Cwm Ocidental, a montanha começou lentamente a parecer mais distante. Há mais de dez dias que não descia abaixo do campo dois, e sabia que estava a deixar algo de extraordinário para trás.

Avançávamos em silêncio, perdidos nos nossos próprios pensamentos.

Duas horas depois, estávamos sentados na orla da cascata de gelo. A queda de água congelada abaixo de nós parecia chamar-nos uma última vez. Não tínhamos outra escolha senão fazer-lhe a vontade.

A cascata estava agora coberta de neve fresca, profunda, solta, num efeito espetacular. Tinha nevado quase continuamente enquanto escalávamos lá em cima. O percurso tinha-se tornado irreconhecível. O gelo está sempre em movimento.

O novo percurso serpenteava entre aqueles cubos de gelo gigantescos e passava por baixo de blocos suspensos perigosamente, que nos esmagariam como ratos se decidissem tombar naquele momento.

A cada armadilha de ratos que deixávamos para trás, eu começava a sentir que um pouco mais de tensão me abandonava.

Estava mais próximo de casa a cada passo que dava.

Já víamos o campo base lá em baixo e a minha respiração estava cada vez mais acelerada. Parecia que tinha decorrido uma vida inteira desde a última vez que ali tinha estado.

As tendas brilhavam ao sol quando acelerámos o passo por cima dos fragmentos de gelo amontoados no fundo da cascata.

Passavam cinco minutos do meio-dia quando nos soltámos da última corda, pela última vez. Olhei para trás, para o glaciar de gelo cadente, e abanei a cabeça, incrédulo.

Baixinho, para comigo, agradeci à montanha por nos ter deixado passar. A preocupação e a tensão esvaíram-se, e eu não conseguia parar de chorar. Outra vez.

Só conseguia pensar no meu pai. Desejei que ele pudesse estar ali naquele momento. Ao meu lado.

E estava.

Como sempre estivera.

CAPÍTULO 98

Senti o sol quente no rosto. Sabia que estávamos finalmente a salvo. Foram buscar cerimoniosamente a enorme garrafa de champanhe que, durante três meses, estivera à espera como um buda no campo base. Foram precisos quase dez minutos para nós os quatro, a golpes de machado de gelo, abrirmos finalmente a garrafa.

A festa tinha começado.

Tinha vontade de beber uns cinco litros daquele belo espumante, mas o meu corpo não podia fazê-lo. Só conseguia dar pequenos goles lentamente, sem espirrar, e, mesmo assim, não tardei a sentir-me tonto.

Fechei os olhos e apoiei-me ao lado da tenda de refeições que estava encostada à parede de rocha – com um enorme sorriso estampado no rosto.

Mais tarde, na minha tenda, calcei as meias e vesti a roupa interior térmica que tinha guardado especialmente para aquele momento.

A primeira muda de roupa em noventa dias. Estava no Céu.

Selei a roupa interior num saco hermético e tomei uma nota mental para ter muito cuidado quando o voltasse a abrir, em casa.

Os pés do Neil ainda estavam dormentes das queimaduras do frio. A longa exposição ao frio lá em cima, sentado à espera durante aquelas horas todas na neve da «varanda», tinha tido o seu efeito nefasto. No campo base, ligámos-lhe os pés, mantivemo-los quentes e fizemos questão de não mencionar a possibilidade (bastante provável) de lhe virem a amputar os dedos dos pés.

O Neil não precisava de que lhe dissessem que muito provavelmente não voltaria a ter sensibilidade naquela zona.

Não obstante, decidimos que a melhor opção seria facultar-lhe cuidados médicos assim que possível.

Estava fora de hipótese pedir-lhe para se deslocar a pé fosse para onde fosse, com os pés enrolados em ligaduras como se fossem dois balões brancos. Precisávamos de uma evacuação aérea. O que não seria fácil no ar rarefeito do campo base do Evereste.

A seguradora tinha-nos dito que iriam tentar retirá-lo dali na madrugada do dia seguinte. Se o tempo o permitisse. No entanto, a cinco mil e trezentos metros de altitude, estávamos no limite da zona de voo dos helicópteros.

Conforme tinham prometido, ao amanhecer ouvimos os rotores de um helicóptero à distância, muito abaixo de nós, no vale. Era uma mancha minúscula em comparação com as enormes paredes rochosas em ambos os lados.

Em apenas sessenta curtos minutos, aquele aparelho pode levar o Neil até à civilização, pensei. *Hum...*

Meu Deus, era uma ideia tão agradável.

Desse por onde desse, tinha de entrar naquele helicóptero com ele.

Fiz a mala em apenas trinta segundos, com tudo o que utilizara nos três meses anteriores. Tracei uma cruz branca com fita adesiva no braço e corri para o local onde o Neil estava sentado à espera.

Era uma hipótese.

Porque não?

O Neil abanou a cabeça na minha direção, a sorrir.

– Meu Deus, tu tens uma grande lata, Bear, não tens? – gritou, por cima do ruído dos rotores.

– Vais precisar de um paramédico em condições durante o voo – respondi com um sorriso. – E ninguém seria melhor do que eu.

Parte do que eu disse era verdade: eu *tinha* competências de paramédico e *era* seu amigo; e, sim, ele precisava de ajuda. Contudo, na realidade, eu estava a tentar aproveitar-me da situação.

O piloto gritou que duas pessoas significariam demasiado peso.

– Tenho de estar sempre ao lado dele – respondi, bastante alto, devido ao ruído do motor. – Os pés dele podem cair a qualquer momento – acrescentei, tranquilamente.

O piloto olhou para mim, e depois para a cruz branca que eu tinha na manga.

Aceitou deixar o Neil algures a uma altitude inferior e voltar para me buscar.

– Perfeito. Pode ir. Eu espero aqui. – Apertei-lhe a mão com firmeza.

Vamos lá a despachar, antes que alguém comece a pensar muito nisto, disse para mim próprio.

Posto isto, o piloto levantou voo e desapareceu da minha vista.

O Mick e o Henry estavam a rir-se.

– Bear, se te conseguires safar com esta, eu como as minhas meias. Tens mesmo uma grande lata, não tens? – disse o Mick, com um sorriso.

– É, foi uma boa tentativa, mas ele não vai voltar, garanto-te – acrescentou o Henry.

Graças à enorme coragem do piloto, o Henry não teve razão.

O helicóptero voltou, vazio, eu saltei lá para dentro e, com as hélices no máximo, para conseguir alguma estabilidade no ar rarefeito, a aeronave ascendeu lentamente.

A luz de aviso de perda continuou a piscar enquanto lutávamos contra a gravidade, mas depois a ponta mergulhou e depressa estávamos a passar por cima dos rochedos, a afastar-nos do campo base e a descer o glaciar.

Tinha conseguido sair dali – e o Mick estava ocupado a tirar as peúgas, para as comer.

Enquanto descíamos, vislumbrei, muito abaixo de nós, uma figura solitária sentada num rochedo no meio de um enorme terreno de calhaus. Lá estavam os dois «faróis» brancos do Neil a reluzir.

Lindo. Sorri.

Recolhemos o Neil e, num instante, já estávamos a sobrevoar juntos os grandes vales dos Himalaias como uma águia à solta.

O Neil e eu íamos sentados na traseira do helicóptero, com a cara encostada à janela, a ver a nossa vida dos últimos três meses a tornar-se um reflexo à distância.

A grande montanha desapareceu na névoa, longe da vista. Encostei-me ao ombro do Neil e fechei os olhos.

O Evereste tinha desaparecido.

CAPÍTULO 99

De volta a Katmandu, eu e o Neil decidimos divertir-nos a sério – e soube muito bem. Tínhamos trabalhado muito para aquilo, pelo que chegara o momento de nos portarmos mal. Muito mal.

Lembro-me de, na manhã seguinte, andar ressacado pelo terraço decadente do nosso pequeno *hostel*, num beco de Katmandu.

Encontrei, sentados no corredor a falar baixinho, vários membros de uma expedição russa ao Evereste, que tinham estado no lado norte da montanha. Olharam na minha direção com um ar cansado. Todos pareciam mentalmente exaustos.

Depois reparei que tinham estado a chorar; enormes homens russos de barba rija, a chorar.

Sergei e Francys Arsentiev tinham casado há pouco tempo. Adoravam praticar alpinismo. O Evereste era um sonho conjunto. Contudo, o projeto tinha corrido extremamente mal.

A Francys desfaleceu quando descia do cume. Ninguém sabia o motivo: talvez tivesse sido um edema cerebral, ou o frio, ou talvez apenas aquela exaustão fatal do Evereste. A verdade é que não tinha forças para continuar. Faleceu ali mesmo.

Sergei, o marido, tinha descido a custo à procura de ajuda para ela. Confuso, cansado e desesperado, sofreu uma queda mortal.

Os russos perguntaram-me se tínhamos visto um corpo, ou... alguma coisa.

Falavam sem grande convicção. Sabiam que era pouco provável, mas tinham de tentar. Tinham um olhar moribundo. Senti um torpor íntimo quando pensei no Sergei e na mulher, ambos mortos na montanha – e nós estranhamente vivos.

Aquela fronteira entre a sobrevivência e o desastre é mesmo muito ténue.

Nessa tarde, deitado na cama, tentei perceber por que motivo estaríamos vivos, enquanto outros tinham perdido a vida. Sergei e Francys Arsentiev não foram os únicos a falecer naquelas semanas.

Roger Buick, um alpinista neozelandês, tinha desfalecido e morrido de ataque cardíaco. Mark Jennings, britânico, tinha atingido o cume, mas faleceria na descida.

Todos eram montanhistas experientes e em boa forma física.

Que desperdício, que desperdício lamentável.

Ali, deitado na cama, não encontrei respostas satisfatórias. Os russos, no entanto, extremamente desgostosos, não estavam interessados em respostas. Tinham perdido os companheiros, não havia nada a fazer.

A natureza humana anseia por aventuras – e as verdadeiras aventuras acarretam os seus riscos. Todos sabem que o Evereste é perigoso, mas a realidade de experiências como aquela, vividas pessoalmente, torna vãs palavras como «aventura».

Tratava-se de vidas reais, com famílias reais, e a sua perda ainda hoje me deixa confuso.

Porém, continuo a acreditar que as mulheres e os homens corajosos que faleceram naqueles meses no Evereste foram verdadeiros heróis. Pagaram o derradeiro preço por tentarem concretizar os seus sonhos.

Deve ser esse o único consolo das famílias.

É sempre estranho recordar um momento que tanto impacto teve na nossa vida. No caso do Evereste, vejo dois aspetos muito distintos: as amizades que se criaram nas provações; e uma fé que me ajudou a suportar os momentos bons, maus e horríveis.

Sobrevivi e cheguei ao topo daquela montanha graças aos laços que tinha com as pessoas que me acompanhavam. Disso não tenho a menor dúvida. Sem o Mick e o Neil não teria conseguido.

Naquela fissura negra no gelo, aprendi também que por vezes precisamos mesmo dos outros. E não há problema nisso. Não fomos concebidos para sermos ilhas. Fomos feitos para estarmos interligados.

Muitas vezes, a vida diz-nos que temos de atingir tudo sozinhos. Mas isso seria um ato solitário.

Para mim, só pensando no nosso companheirismo é que podemos começar a criar um sentido para o que aconteceu naquela montanha: os altos, os baixos, as desgraças, o medo.

São aspetos que têm de ser partilhados.

Na minha memória, são os pequenos momentos em comunhão que mais valorizo. Como o Neil e eu no Cume Sul, de mãos dadas para nos mantermos ambos em pé.

Foi apenas pelo facto de a nossa amizade ser verdadeira que, tantas vezes, cansados, com frio, ou assustados, nos conseguimos levantar e seguir caminho.

Não temos de ser fortes o tempo todo. Foi essa a grande lição para mim.

Quando demonstramos fraquezas, criam-se laços, e onde há laços há força.

É esse o verdadeiro motivo pelo qual, ainda hoje, faço alpinismo e expedições.

Os laços simples são difíceis de quebrar.

Para mim, foi essa a verdadeira lição do Evereste.

Capítulo 100

Demorei bastante tempo a recuperar fisicamente do Evereste.

O ar rico e espesso ao nível do mar, em comparação com o ar extremamente rarefeito do Evereste, era estonteante – por vezes de mais para mim.

Desmaiei várias vezes e tive várias hemorragias nasais. Como se estivesse sobrecarregado de oxigénio.

Acima de tudo, dormia como uma pedra.

Pela primeira vez em muitos anos, não tinha medo, nem dúvidas, nem pessimismos. Sentia-me ótimo.

O Evereste tinha-se apoderado do meu coração, da alma, da energia e do desejo, e deixara-me exausto. Como quando terminei o curso de seleção do SAS.

É engraçado. As coisas boas raramente são fáceis de alcançar.

Talvez seja esse aspeto que as torna especiais.

Não me senti muito culpado por tirar algum tempo de férias para desfrutar do verão inglês e estar com os amigos. Sabia tão bem sentir-me em segurança.

Dei também a minha primeira entrevista a um jornal, que foi publicada sob o título: «O que faz um jovem de 23 anos arriscar tudo por uma vista do Tibete?» Nada mau.

Antes da expedição, teria uma resposta muito mais objetiva para essa pergunta do que depois dela. Quando voltei, os meus motivos para escalar pareciam mais obscuros. Talvez menos relevantes. Não sei.

Só sabia que era bom estar de volta a casa.

O jornalista terminou a entrevista felicitando-me por ter «conquistado» o Evereste. No entanto, instintivamente, essa noção parecia-me errada. Nunca conquistamos uma montanha. O Evereste permitiu que atingíssemos o cume mesmo no limite, e deixou-nos prosseguir com as nossas vidas.

Nem todos tiveram essa sorte.

O Evereste nunca foi, e nunca será, conquistado. É em parte por isso que aquela montanha é tão especial.

Outra pergunta que me colocaram muitas vezes depois de voltar foi: «Encontraste Deus na montanha?» A verdadeira resposta é que não precisamos de escalar uma grande montanha para encontrar a fé.

É muito mais simples – graças a Deus.

Se me perguntarem se Ele me ajudou lá em cima, então a resposta será «sim».

A cada passo vacilante que dei.

A minha história no Evereste não estaria completa se não desse o mérito final aos *sherpas* que arriscaram a vida ao nosso lado diariamente.

Pasang e Ang-Sering ainda praticam alpinismo juntos como melhores amigos, sob o comando do seu chefe *sirdar* – Kami. Nima, o especialista da Cascata de Gelo Khumba, ainda desempenha a sua tarefa heroica no labirinto de fragmentos de gelo no sopé da montanha: a reparar e a preparar todo o percurso.

Babu Chiri, que tão corajosamente ajudou o Mick quando ficámos sem oxigénio no Cume Sul, faleceu tragicamente numa fissura no gelo do Cwm Ocidental alguns anos depois. Era um *sherpa* com muitos anos de experiência de Evereste, e um dos verdadeiros heróis da montanha. Foi uma enorme perda para a irmandade do montanhismo.

Se desafiarmos as probabilidades o tempo suficiente, acabaremos por perder. É essa a dura realidade do montanhismo a altitudes elevadas.

Não podemos permanecer no topo do mundo para sempre.

O Geoffrey regressou ao Exército, e o Neil ao seu trabalho. Nunca mais voltou a ter sensibilidade nos dedos dos pés, mas pelo menos não teve de os amputar. Como se costuma dizer, quem sobe o Evereste paga sempre um preço, e o próprio Neil admite que teve sorte.

Quanto ao Mick, descreveu bem o tempo que passou no Evereste: «Naqueles três meses, estive mais feliz do que nunca, mas também tive mais medo do que aquele que espero voltar a sentir».

Aí têm uma boa descrição do montanhismo a altitudes elevadas.

O Henry ofereceu um aparelho auditivo ao meu amigo Thengba, com quem passei tanto tempo sozinho no campo dois. Agora pode, pela primeira vez, ouvir em condições.

Apesar dos nossos mundos diferentes, partilhámos um laço com aqueles *sherpas* maravilhosos – uma amizade proporcionada por uma montanha extraordinária.

Quando lhe perguntaram quais as características ideais de um montanhista, o alpinista Julius Kugy respondeu: «Verdadeiro, competente e modesto».

Todos aqueles *sherpas* partilham essas qualidades. Cheguei ao cume com eles, e graças à sua ajuda. Devo-lhes mais do que é possível explicar.

Walt Unsworth, o grande escritor de histórias sobre o Evereste, na sua obra *Evereste: A História do Montanhismo*, apresenta uma boa descrição do caráter dos homens e das mulheres que dão tudo por tudo naquela montanha. Para mim, não poderia ser mais acertada:

No entanto, há homens e mulheres para os quais o que é inatingível tem um atrativo especial.

Normalmente, não são especialistas: as suas ambições e fantasias são suficientemente fortes para ignorarem as dúvidas que poderiam afetar pessoas mais cautelosas.

A determinação e a fé são as suas armas mais fortes.

Na melhor das hipóteses, essas pessoas são consideradas excêntricas; na pior, loucas...

Todas têm três aspetos em comum: autoconfiança, uma grande motivação e resistência.

Se tivesse de resumir o que me aconteceu naquela viagem, da cama de hospital ao topo do mundo, tenderia a considerá-la uma jornada de queda, de perda de confiança e força – e da sua reconquista. De ver esvaírem-se a minha esperança e a fé – e do seu reacendimento.

Em última análise, se tivesse de transmitir uma única mensagem aos meus filhos, seria esta: «A sorte protege os audazes».

Na maioria das vezes.

CAPÍTULO 101

A Shara foi-me buscar ao aeroporto em Londres, vestida com o seu habitual sobretudo azul que eu tanto adorava. Estava aos pulos de excitação, como uma criança.

O Evereste não era nada comparado com a emoção de a ver.

Eu estava muito magro, com o cabelo comprido, e trazia vestidas umas calças nepalesas floridas e muito embaraçosas. Em suma, estava horrível, mas sentia-me feliz.

O Henry tinha-me avisado no campo base para não fazer nenhum «disparate» quando voltasse a ver a Shara. Disse-me que era um erro clássico dos alpinistas – pedir a namorada em casamento assim que chegam a casa. Segundo ele, aparentemente a altitude tolda o bom senso das pessoas.

Por conseguinte, esperei doze meses. No entanto, durante todo esse tempo, sabia que esta era a rapariga com quem queria casar.

Divertimo-nos tanto juntos nesse ano... Quase todos os dias, convencia-a a sair mais cedo do emprego numa editora (não era preciso insistir muito), e embarcávamos em aventuras intermináveis e divertidas.

Lembro-me de a ter levado a andar de patins num parque no centro de Londres e de ter descido um monte demasiado depressa. Acabei por cair de cabeça no lago, totalmente vestido. Ela achou graça.

Noutra ocasião, perdi uma roda quando descia de patins uma rua íngreme e movimentada de Londres (malditos patins!). Dei por mim a chiar a toda a velocidade num único patim. Dessa vez, a Shara assustou-se.

Tomávamos chá, dormíamos sestas e passeávamos na «Dolly», um velho táxi preto londrino que eu tinha comprado por tuta e meia.

A Shara era a única rapariga que eu conhecia disposta a estar comigo durante horas na autoestrada, quando o carro avariava, à espera do reboque para o levar novamente para a oficina. Imensas vezes.

Estávamos (estamos) apaixonados.

Coloquei uma tábua de madeira e um colchão no banco de trás, para poder dormir no táxi, e o Charlie Mackesy pintou uns desenhos engraçados lá dentro (ironicamente, são agora a parte mais valiosa da Dolly, que está majestosamente estacionada à porta de nossa casa).

Hoje em dia, os nossos filhos adoram brincar com a Dolly. A Shara diz sempre que nos devíamos ver livres dela, uma vez que está a enferrujar, mas a Dolly é a viatura que irei sempre associar aos primeiros dias que passámos juntos. Como é que eu seria capaz de a mandar para a sucata?

De facto, na próxima primavera vamos pintar a Dolly com as cores do arco-íris, colocar-lhe uns cintos de segurança no banco traseiro e fazer uma viagem em família. Vai ser divinal. Nunca podemos parar de fazer esse tipo de projetos. Foram eles que nos uniram, e serão eles a manter o nosso divertimento.

A espontaneidade tem de se exercitar todos os dias, senão acabamos por perdê-la.

A Shara, adorável, revira os olhos de exasperação.

No verão de 1999, passámos umas férias em Espanha, de visita à minha prima Penny, que tem uma coudelaria na Andaluzia. É uma zona linda e selvagem.

A Shara ia todos os dias passear a cavalo por pinhais íngremes e por quilómetros de enormes praias atlânticas desertas. Disseram-me que eu era demasiado alto para os pequenos póneis andaluzes. Hum...

No entanto, não me dissuadiram.

Nesse caso, decidi correr ao lado da Shara e tentar acompanhar o cavalo. Foi um bom treino.

No final, na manhã da segunda-feira em que íamos embora, levei-a até à praia e convenci-a a tomarmos banho nus. Ela concordou (depois de revirar os olhos mais uma vez).

Quando saímos da água, depois de nadarmos um bocado, puxei-a para junto de mim, abracei-a e preparei-me para a pedir em casamento.

Inspirei fundo, ganhei coragem e, quando estava prestes a abrir a boca, veio uma enorme onda do Atlântico, que nos atingiu e nos fez rebolar pela praia como se fôssemos bonecos de trapos.

A rir-me, passei à segunda tentativa. Ela ainda não fazia ideia do que a esperava.

Finalmente, fiz o pedido. Ela não acreditou.

Fez-me ajoelhar na areia, nu, e repetir o pedido.

Desatou-se a rir, e depois começou a chorar e aceitou.

Ironicamente, quando regressámos, o Brian, o pai da Shara, também desatou a chorar quando lhe pedi a mão da filha. Dessa vez, porém, eu estava vestido, de casaco, gravata... e calções de *surf*.

Não tenho bem certeza se eram lágrimas de alegria ou de desespero.

O que interessava era que a Shara e eu iríamos casar.

Nesse mesmo dia, fomos até Sevilha para festejar. Perguntei a alguém qual era o melhor hotel de Sevilha. A resposta foi: o Alfonso XIII. Era onde o rei de Espanha costumava ficar alojado.

Encontrámos o hotel e entrámos. Era deslumbrante. A Shara estava um pouco envergonhada pelo facto de eu estar vestido de calções e com uma camisola velha e esburacada, mas procurei uma rececionista com ar simpático e contei-lhe a nossa história.

– Será que nos pode ajudar? Tenho muito pouco dinheiro.

Ela olhou-nos de alto a baixo, ponderou um instante, e depois sorriu.

– Mas não digam nada ao gerente – sussurrou.

Assim, ficámos num quarto de mil dólares à noite por apenas cem, e festejámos – como o rei de Espanha.

Na manhã seguinte, fomos à procura de um anel.

Perguntei ao rececionista – no melhor espanhol de que me lembrava dos tempos de universidade – onde poderia encontrar uma joalharia boa (isto é, a preços acessíveis).

Ele pareceu um pouco surpreso.

Tentei falar mais devagar. Por fim, percebi que lhe estava a perguntar onde ficava uma boa loja de bigodes.

Pedi-lhe desculpa pelo facto de o meu espanhol estar um pouco enferrujado. A Shara revirou os olhos mais uma vez, a sorrir.

Quando encontrámos finalmente uma pequena joalharia na zona, tive de fazer alguns cálculos improvisados para converter rapidamente pesetas espanholas em libras esterlinas, de modo a determinar se tinha dinheiro para as alianças que a Shara estava a experimentar.

Acabámos por escolher um anel simples, lindo, e dentro das minhas possibilidades (à justa).

O amor não precisa de joias caras, e a Shara sempre teve o dom de fazer as coisas simples parecerem exclusivas.

Felizmente.

CAPÍTULO 102

Pouco depois de regressar do Evereste, pediram-me que desse uma palestra sobre a expedição no clube de vela da minha zona, na Ilha de Wight.

Foi a primeira de muitas palestras que dei, e esta depressa se tornou a minha maior fonte de rendimentos depois de voltar da montanha.

No entanto, aquelas primeiras apresentações foram indiscutivelmente más.

A primeira até correu bem, sobretudo devido à quantidade de familiares que estava na plateia. O meu pai chorou, a minha mãe chorou, a Lara chorou... Estavam todos orgulhosos e felizes.

A palestra seguinte foi apresentada a um grupo de soldados num curso do SAS. Levei um ex-camarada comigo para me dar apoio moral.

O Hugo Mackenzie-Smith ainda hoje goza comigo pelo facto de, quando terminei, toda a assistência ter adormecido (note-se a ressalva de terem passado a noite inteira em instrução, mas, de facto, esse não foi um dos meus melhores momentos).

Tivemos de os acordar – um a um.

Se queria ganhar a vida a dar palestras, ainda teria muito a aprender sobre como comunicar uma história.

A minha pior preleção foi dada a uma empresa da indústria farmacêutica na África do Sul. Pagaram-me mil dólares e o bilhete de avião. Na altura, isso para mim era uma fortuna e nem acreditava em tanta sorte.

Seria suficiente para me sustentar, a mim e à Shara, durante meses.

Lá estava eu, no centro de conferências de um hotel nas montanhas de Drakensberg, à espera de seiscentos vendedores.

Tinham feito uma viagem longa de autocarro, e tinham-lhes fornecido cerveja ininterruptamente durante as cinco horas anteriores. Quando saíram dos autocarros, muitos já tropeçavam nas malas – perdidos de riso e extremamente alcoolizados.

Que pesadelo.

Pediram-me para fazer a apresentação depois do jantar – e pelo menos durante uma hora. Até eu sabia que uma hora, depois do jantar, iria ser uma desgraça. Porém, eles insistiram. Queriam fazer render os mil dólares que me iam pagar.

Após um jantar longo e bem regado de bebidas alcoólicas (que não parecia terminar), os participantes na conferência estavam totalmente em coma. Eu estava nos bastidores, a levar as mãos à cabeça. *Meu Deus.*

Depois, assim que subi ao palco, as luzes acenderam-se e houve um corte de energia.

Só podem estar a brincar.

Os organizadores encontraram velas para iluminar a sala (o que me impediu de mostrar diapositivos) e comecei a minha palestra. Já passava bastante da meia-noite.

Ah, esqueci-me de referir que os participantes eram falantes de *afrikaans* e, na melhor das hipóteses, tinham o inglês como segunda língua.

Como seria de prever, os insultos começaram ainda antes de eu abrir a boca.

– Não queremos um orador depois do jantar – gritou um homem alcoolizado, quase a cair da cadeira.

Pois, nem eu, seu matulão, pensei.

Suspeito de que aquela hora foi tão penosa para ele como foi para mim.

No entanto, não desisti e tentei aprender como contar bem uma história. Afinal, era a minha única fonte de rendimentos, e a minha única forma de angariar novos patrocínios para expedições futuras.

O melhor conselho que recebi foi de *Sir* John Mills, o lendário ator, que tive sentado ao meu lado numa palestra na qual ambos fomos oradores. Disse-me que o segredo para falar em público era: «Ser sincero, ser breve, e ponto final».

Foram palavras sábias, que mudaram a forma como falei em público desde então. Tentei ser conciso e espontâneo.

As pessoas pensam que temos de ser engraçados, perspicazes ou incisivos quando estamos na tribuna. Não é verdade. Só temos de ser sinceros. Se formos diretos e contarmos a história de um ponto vista pessoal (com emoções, dúvidas, dificuldades, medos, etc.), as pessoas irão empatizar-se.

Já fiz apresentações um pouco por todo o mundo, a algumas das maiores empresas que existem, e sempre tentei manter essa filosofia. Se mantivermos um nível pessoal, conquistaremos o público.

Quando comecei a ser contratado para eventos empresariais cada vez maiores, assumi erroneamente que devia começar a ter um ar muito mais elegante e a falar de forma mais «profissional». Estava totalmente enganado – e depressa me apercebi disso. Quando fingimos, as pessoas aborrecem-se.

No entanto, se formos sinceros, se criarmos empatia e transmitirmos uma mensagem simples, não interessa o que trazemos vestido.

Contudo, é preciso termos coragem para desabafar perante cinco mil pessoas e dizer que nos debatemos com dúvidas pessoais. Sobretudo quando estamos ali na qualidade de oradores motivacionais.

Porém, se formos sinceros, então transmitiremos algo de verdadeiro às pessoas.

«Se ele consegue, eu também consigo» é sempre uma mensagem poderosa. Para as crianças, para os empresários – e para os aspirantes a aventureiros.

Na verdade, sou uma pessoa bastante mediana. Juro. Perguntem à Shara. Perguntem ao Hugo.

Sou uma pessoa normal, mas determinada.

À medida que as empresas me foram pagando cada vez mais, comecei a duvidar de que valeria mesmo aquelas quantias. Tudo me parecia muito estranho. Ou seja, seria a minha apresentação cem vezes melhor agora do que era nas montanhas de Drakensberg?

Não.

No entanto, se, através daquilo que lhes dizia, era capaz de ajudar as pessoas a sentirem-se mais fortes e mais capazes, então as empresas lucravam de formas impossíveis de quantificar.

Se não fosse verdade, as empresas não me pediriam (até hoje) para dar tantas palestras.

A história do Evereste – uma montanha comparável à vida e aos negócios – serve sempre de metáfora. Temos de trabalhar juntos, arduamente, e de superar os nossos limites. Devemos cuidar uns dos outros, ser ambiciosos, e correr riscos calculados, no momento certo.

Se dermos um objetivo ao nosso coração, seremos recompensados.

Ora, estarei a falar de negócios ou do alpinismo?

É esta a ideia.

Capítulo 103

Durante o ano que antecedeu o meu casamento com a Shara, consegui convencer os donos de uma pequena ilha em Poole Harbour a deixar-me tomar conta do espaço durante o inverno, em troca de alojamento gratuito.

Foi um ótimo negócio.

Cortar lenha, tomar conta da propriedade, fazer alguns trabalhos de manutenção e viver como um rei numa bela ilha de oito hectares na costa inglesa.

Alguns meses antes, andava a passear a pé à beira-rio nos arredores de Londres, quando vi uma pequena embarcação de pesca com um velho motor de 15 cavalos. Estava coberta de bolor e parecia em muito mau estado, mas reparei no nome pintado cuidadosamente no exterior.

Chamava-se *Shara*. Quais eram as probabilidades de isso acontecer?

Comprei o barco nesse mesmo instante, com as minhas últimas oitocentas libras.

O *Shara* tornou-se o meu maior motivo de orgulho. E eu era a única pessoa que conseguia colocar o seu motor temperamental em funcionamento! Utilizava o barco, principalmente, para ir para a pequena ilha e vir.

Tive algumas travessias verdadeiramente perigosas com o *Shara* no meio desse inverno. Era um percurso que fazia muitas vezes de madrugada, depois de uma noite de diversão, e, com mau tempo, a travessia de cerca de cinco quilómetros podia ser traiçoeira. As ondas geladas entravam para dentro do barco, ameaçando inundá-lo, e o velho motor fraquejava frequentemente.

Não tinha luzes de navegação, impermeáveis, coletes salva-vidas, nem rádio. Isso significava que não tinha um plano B, o que é mau.

Totalmente irresponsável. Mas extremamente divertido.

Foi lá que fiz a minha despedida de solteiro com os meus melhores amigos – o Ed, o Mick, o Charlie, o Nige (um dos amigos da Shara, dos tempos da universidade, que se tornou um grande amigalhaço meu), o Trucker, o Watty, o Stan e o Hugo – e foi uma loucura.

O Charlie acabou nu em cima de um poste no meio do porto, fomos salvos duas vezes por tentarmos fazer *ski* aquático com o pouco potente *Shara*, e fizemos uma enorme fogueira para jogarmos *rugby* à luz das chamas.

Foi perfeito.

Nesse momento, estava a manter um estilo de vida muito pouco saudável. Comia de mais, fumava e bebia (nunca é boa ideia), e não treinava.

Como seria de esperar, ganhei peso e estava com um ar pouco saudável.

Porém, queria fugir do exercício físico, da concentração em objetivos, e de tudo aquilo.

Queria viver. Longe do Exército, longe das montanhas, e longe da pressão.

Quando estava na universidade, enquanto os meus amigos se divertiam, tinha dado tudo por tudo na seleção para o SAS e, depois, na preparação para o Evereste.

Naquele momento, só queria descansar.

Depois, dei uma das minhas primeiras entrevistas televisivas e recordo-me de ter ficado horrorizado quando a vi. Parecia inchado e pálido. Percebi que, se não me controlasse e voltasse ao normal, corria o risco de nunca mais conseguir fazer nada de válido com a minha vida.

Não eram esses os meus planos.

Não pretendia viver no passado – só a falar do Evereste e com ar de quem já deixara os melhores dias para trás.

Se queria seguir com a minha vida e criar algo com o que tinha arriscado e construído nos anos anteriores, então teria de começar a pôr as minhas teorias em prática.

Tinha chegado o momento de recuperar a minha forma física.

Quando passei por aquela fase, pelo menos tive a confirmação de que a Shara não iria casar comigo pela minha beleza, nem pelo meu dinheiro.

Estava gordo e falido.

Ela, graças a Deus, gostava de mim na mesma.

Capítulo 104

O nosso casamento teve lugar num dia ventoso de inverno, a 15 de janeiro de 2000. Ainda assim, o sol brilhava forte por entre as nuvens.

O Brian, o pai da Shara, que infelizmente sofria de esclerose múltipla, levou-a ao altar na sua cadeira de rodas.

O pai da noiva chorou, a noiva chorou, choraram todos.

Quando saímos da igreja, os nossos amigos cantavam versões *a cappella* de *Hey, Hey, We're the Monkees* e de *I'm a Believer*.

Nunca me tinha sentido tão feliz.

As decisões certas têm esse efeito.

Depois, dançámos ao som de uma banda de música peruana que o Trucker tinha encontrado a tocar na rua, e comemos salsichas com puré de batata em mesas compridas. Acima de tudo, foi um dia cheio de amor.

Fomos dos primeiros (e dos mais jovens) a casar entre os nossos círculos de amigos, o que tornou a ocasião ainda mais especial. Naquele tempo, um casamento ainda era algo de novo. O Charlie e o Trucker fizeram chorar todos os convidados com os seus discursos de acompanhantes do noivo.

Alguns meses antes, eu e a Shara tínhamos comprado uma casa juntos. Bem, na verdade era uma embarcação, ancorada no Tamisa, no centro de Londres.

O Neil tinha-a encontrado para nós e fomos imediatamente vê-la. Adorei-a assim que a vi.

Já tínhamos estado muito perto de fazer uma oferta por um estúdio minúsculo em Londres, mas, no fundo, isso tinha-me preocupado.

Para começar, não estava dentro das minhas possibilidades. O meu pai tinha-se oferecido para me ajudar a conseguir um empréstimo se eu conseguisse pagar as prestações, mas sabia que seria difícil fazê-lo todos os meses.

O barco, por outro lado, custava menos de metade – e tinha muito mais graça.

Era muito parco, frio e húmido quando o fomos ver, e a Shara e a família hesitaram bastante no início.

Porém, eu fiz o meu trabalho de relações-públicas.

– Oh, vai ser divertido. Podemos arranjá-lo juntos. Vai ser um desafio. Podemos torná-lo aconchegante e fazer dele a nossa casa.

A Shara olhou-me de lado, ao jeito dela.

– Estou um pouco nervosa com essa parte do «desafio». Podemos concentrar-nos antes na parte do «caseiro e aconchegante», querido? – respondeu, ainda com um ar preocupado.

A Shara acabou por mudar totalmente de atitude depois de vivermos algum tempo no nosso barco-casa, e agora ninguém a conseguiria convencer a vendê-lo. Adoro esse aspeto da minha mulher – é sempre tão difícil de convencer, mas depois, quando torna algo «seu», é seu para sempre. Incluindo eu.

Passámos dois meses a preparar o barco com o nosso bom amigo Rob Cranham. Ele foi fantástico. Viveu a bordo e trabalhou incansavelmente para o transformar numa casa. O Rob tornou-o exatamente aquilo que tínhamos imaginado, com uma velha banheira no convés e uma cama desdobrável de capitão no porão![3]

Descemos o velho sofá e a cómoda da avó da Shara pelo telhado, e pintámos e envernizámos incansavelmente. Quando chegou a altura do nosso casamento, tudo estava pronto.

A cama de casal estava feita, a camisa de noite da Shara estava pousada cuidadosamente na almofada, e tudo estava pronto para que, quando voltássemos da lua de mel, passássemos a nossa primeira noite juntos ali.

Mal podia esperar.

No dia seguinte ao nosso casamento, partimos em viagem de núpcias. Tinha arriscado um pouco e esperado até dois dias antes do casamento para reservar a viagem, na esperança de conseguir uma pechincha de última hora.

É sempre uma estratégia arriscada.

Fingi que estava preparar uma surpresa à Shara.

No entanto, como seria de esperar, não houve muitas «pechinchas» nessa semana. O melhor que encontrei foi um pacote de férias de uma estrela numa estância balnear perto de Cancún, no México.

Era fantástico estarmos juntos, mas não havia como negar que o hotel era muito mau. Deram-nos um quarto perto de uma sarjeta, o que nos ofereceu um belo cheiro para desfrutar todas as noites quando nos sentávamos

---

[3] O Rob sofria de narcolepsia e, infelizmente, faleceu de ataque cardíaco em 2010. Agora, esse verdadeiro herói em vida, e tão nosso amigo, ocupa o seu lugar no Céu.

no exterior a contemplar a vista... para o barracão da manutenção logo em frente.

Como o almoço não estava incluído no pacote de uma estrela, começámos a armazenar comida do pequeno-almoço. Dois pãezinhos na manga do blusão, um iogurte e uma banana na mala da Shara. Depois, voltávamos para o *bungalow* e líamos, dávamos beijos e sentíamos o cheiro do esgoto.

Regressámos ao Reino Unido num dia gelado de janeiro. A Shara estava cansada, mas mal podíamos esperar por chegar ao nosso belo barco-casa, quentinho, com aquecimento central.

Seria a nossa primeira noite passada na casa nova.

Tinha pedido à Annabel, a irmã da Shara, para ligar o aquecimento antes de chegarmos e para colocar alguma comida no frigorífico. Ela tinha cumprido o pedido na perfeição.

O que a Annabel não sabia, porém, era que a caldeira se avariaria assim que ela saísse.

Quando a Shara e eu chegámos ao ancoradouro no Tamisa, já estava escuro. A nossa respiração formava nuvens de vapor no ar gelado. Peguei na Shara ao colo e subi os degraus que conduziam ao barco.

Abrimos a porta e olhámos um para o outro. Espantados.

Era literalmente como entrar numa câmara frigorífica. Os velhos barcos de ferro são assim no inverno. Sem aquecimento, a água fria que os rodeia cria um frio digno do Báltico. Ainda totalmente vestidos, dirigimo-nos às entranhas da embarcação e à sala da caldeira.

A Shara olhou para mim e, depois, para a caldeira silenciosa e fria.

Certamente terá questionado o bom senso das suas duas escolhas...

E assim foi.

Não tínhamos dinheiro e estávamos gelados – mas juntos e felizes.

Nessa noite, enrolados em cobertores, fiz uma promessa simples à Shara: iria amá-la e cuidar dela, em cada dia da nossa vida juntos, e o nosso percurso seria uma magnífica aventura.

Mal sabíamos nós que era apenas o começo.

PARTE 5

O COMEÇO

«Quando a bola vier na tua direção, agarra-a. Raramente temos uma segunda oportunidade (apesar de, milagrosamente, por vezes isso também acontecer). E lembra-te de que a vida é o que fazemos dela — e é isso que torna as nossas possibilidades tão excitantes.»

Patsie Fisher, a minha avó

Capítulo 105

Assim, a Shara e eu começámos a vida de casados com muito pouco dinheiro, mas muito apaixonados.

O segundo aspeto nunca se alterou.

A Shara nunca teve ambições profissionais para mim, e fico-lhe extremamente grato por isso. Há poucas coisas tão cansativas e humilhantes como uma mulher insistente, desesperada por ver o marido subir de estatuto.

Em vez disso, sempre fui responsável pela minha própria pressão, e sempre senti uma gratidão discreta por ter uma melhor amiga, carinhosa, divertida, leal e que zela pela sua família como a Shara.

Um ano depois de casarmos, tanto eu como ela tínhamos visto falecer os nossos pais. Foi um choque para nós, tão jovens, tendo acabado de iniciar a nossa vida conjunta.

O Brian tinha-se debatido corajosamente com a esclerose múltipla durante mais de quinze anos. Por fim, silenciosamente, passou para o outro lado.

Foi um dos homens mais excecionais, motivados e corajosos que conheci.

Tinha vindo da África do Sul para o Reino Unido apenas com uma pequena mala castanha e com a vontade de ser bem-sucedido. Depois, criou uma vida e uma família maravilhosas.

Acima de tudo, ele e a Vinnie, a esposa, deram-me a Shara.

O Brian sofreu muito com aquela doença extremamente cruel, que o diminuiu sistematicamente.

Primeiro, obrigou-o a recorrer a uma cadeira de rodas; depois, retirou--lhe a capacidade de falar, acabando por deixá-lo incapaz de se vestir, de se alimentar e de cuidar de si mesmo. No entanto, ele nunca perdeu a sua força interior e lutou corajosamente para não ficar acamado o tempo todo – apesar do seu problema grave.

Só podemos admirar tamanha coragem.

Gostava muito de o ter conhecido quando estava de boa saúde. Sei que nos teríamos divertido muito.

A sua morte deixou a Shara devastada. Não pude fazer mais nada do que abraçá-la enquanto chorava, noite após noite.

Depois, de repente, inesperadamente, o meu pai faleceu – apenas dez semanas depois do Brian. Parecia uma brincadeira de mau gosto.

Estava previsto colocarem-lhe um *pacemaker*, e o meu pai tinha-me pedido para estar com ele durante a operação. Utilizei o meu velho cartão de paramédico do SAS para estar presente na sala de operações.

Porém, algo não estava bem quando o meu pai me apertou a mão e adormeceu.

Poucos dias depois da operação, faleceu – de um momento para o outro. Estava sentado na cama, em casa. Num minuto, estava vivo; no seguinte, tinha falecido.

O meu pai.

Ninguém sabe exatamente o que aconteceu. Naquele momento, as explicações também não eram muito relevantes. Tinha falecido.

Eu e a Shara sentimo-nos muito perdidos.

Contudo, encontrámos apoio e força um no outro. Tenho a certeza de que o Brian e o meu pai teriam desejado que assim fosse.

Desde então, fomos abençoados com três filhos lindos. Nossos.

É engraçado, não é?

De vidas mais antigas surgem vidas novas.

CAPÍTULO 106

Como seria de esperar (talvez), os nossos três filhos são rapazes.
O Jesse tem agora sete anos, o Marmaduke quatro, e o pequeno Huckleberry tem apenas dois. São uma verdadeira dádiva, e nada, nada mesmo, se compara a estarmos todos aconchegados na cama, ou a fazer piqueniques na pequena ilha galesa da qual somos proprietários.

Não desejo mais nada.

Os três rapazes demonstram um gosto preocupante pelas aventuras: trepam árvores incansavelmente, fazem acampamentos, e tentam apanhar vermes e insetos. Além de possuírem uma atração magnética pela lama, tornam-me o pai mais orgulhoso do mundo.

Todos os dias me fazem pensar que o verdadeiro valor da vida não pode ser comprado.

E como os nossos pais os teriam adorado!

No entanto, aconteceram muitas coisas nos nossos primeiros dias, antes da chegada das crianças, que alteraram irreversivelmente a nossa vida.

Em grande medida, tudo se deveu a pequenos acontecimentos improváveis, aleatórios, como conduzir muitas horas para dar uma palestra de caridade sobre o Evereste e depois descobrir que o jovem filho do diretor do Channel 4 estava lá.

Depois, o rapaz disse ao pai que eu devia fazer um programa televisivo para o canal.

Coisas de miúdos, não é?

Ou ser escolhido pelo Discovery Channel, de entre um leque de muitos alpinistas, para ser protagonista de uma campanha televisiva do desodorizante Sure for Men. Ironicamente, essa campanha surgiu poucos dias após a morte do meu pai, pelo que sempre senti que este tinha sido o seu presente de despedida. E recebi tantos presentes dele quando era vivo...

No entanto, será que teria participado em programas de televisão com grandes audiências sem pequenas oportunidades como aquela?

Duvido.

É de pequenas sementes que crescem grandes plantas.

Porém, tive sempre o cuidado de não me tornar demasiado ganancioso ou de não tentar enriquecer depressa, apesar das tentações nos primeiros tempos.

Financeiramente, era difícil recusar grandes comissões de participação em programas televisivos como *I'm a Celebrity... Get Me Out of Here* ou *Survivor* – mas sempre mantive o objetivo de longo prazo em mente, e tentei não esquecer o mais importante – sem me deixar distrair por futilidades.

O mais importante é conhecermos os nossos pontos fortes.

Tive igualmente uma tendência instintiva para me manter afastado da televisão e de todo o conceito de fama – em parte, sem dúvida, porque não acreditava que merecesse a fama, nem o dinheiro. Desde então, o tempo e a experiência ensinaram-me que a fama e o dinheiro muito raramente são atribuídos a quem os merece. Por conseguinte, nunca nos devemos deixar impressionar por esses dois impostores. Avaliem as pessoas por aquilo que são, pelo modo como vivem, e pelo que dão – é um critério muito melhor.

Assim, ofereci muita resistência à ideia de aparecer na televisão. Ironicamente, cheguei a recusar três vezes as ofertas de Rob MacIver, o primeiro produtor de *Man vs. Wild / Born Survivor: Bear Grylls*, antes de aceitar finalmente fazer o episódio-piloto.

Que tolo que eu era.

Bear, será que não prestaste atenção ao que a tua avó te escreveu? «Quando a bola vier na tua direção, agarra-a. Raramente temos uma segunda oportunidade (apesar de, milagrosamente, por vezes isso também acontecer).»

No entanto, eu não queria ser forçado a aparecer na televisão. Queria manter-me concentrado nos meus pontos fortes e confiar nessas competências.

O meu pai costumava dizer que, se nos concentrarmos em fazer bem o nosso trabalho, o dinheiro não tardará a aparecer. Porém, quando perseguimos o dinheiro, ele tem o hábito de se nos escapar por entre os dedos.

Sempre foi assim.

Mas perceber que podia conciliar ambas as tarefas (a televisão e as minhas competências principais) foi uma grande lição.

– E se fosse *mesmo* possível fazer programas sem ter de ser uma pessoa mediática sorridente? – perguntei-me.

Avó?

«Claro – a bola vem na tua direção. Agarra-a.»

CAPÍTULO 107

Por vezes, nos momentos de sossego, é muito surreal recordar toda a loucura e pensar: como é que tudo isto aconteceu?

Ou seja, *Man vs. Wild / Born Survivor: Bear Grylls* é agora um dos programas televisivos de maior audiência no mundo – é seguido por quase 1200 milhões de pessoas em cento e oitenta países (só para vos dar um ponto de comparação, li que o programa *Top Gear*, da BBC, tem uma audiência de 350 milhões).

O programa foi nomeado para um Emmy, teve quatro temporadas no Channel 4, do Reino Unido, e seis temporadas nos EUA e no resto do mundo.

Tornou-se igualmente o programa mais visto na televisão por cabo em toda a América do Norte.

O sucesso do programa nos Estados Unidos refletiu-se a nível internacional, com índices de audiência altíssimos na Austrália, na Nova Zelândia, na Índia, na China, na Rússia, no México, no Brasil, na Argentina, em Itália, na Alemanha, em Espanha, etc.

É algo que nos sobe um pouco à cabeça.

No entanto, gosto do facto de o país em que sou menos conhecido ser o Reino Unido – dá-me espaço para respirar e para sentir alguma normalidade no local onde mais interessa.

Assim, a minha família pode viver à vontade, sem ser muito incomodada em casa.

O nosso sucesso no estrangeiro é quase um pequeno segredo de família.

Devido ao alcance global dos meus programas, já passei por alguns momentos estranhos e desconcertantes.

Por exemplo, uma vez estava numa pequena aldeia perdida no limiar da selva no Bornéu e descobri que as crianças descalças que corriam à volta das casotas de madeira sabiam exatamente quem eu era.

Quase não se via televisões por ali.

O Dan, um dos nossos operadores de câmara, diz que a minha abençoada ignorância lhe dá sempre vontade de rir. Porém, tento ter presente que este monstro não foi obra minha – é meramente o poder da televisão.

E é-o a tal ponto, que até tenho dificuldade em compreender.

Um aspeto que não me suscita dúvidas, no entanto, é a razão do sucesso do programa *Man vs. Wild*.

Na minha opinião, resume-se aos três fatores mágicos: sorte, uma equipa fantástica e a vontade de arriscar tudo.

O meu trio mágico.

Não há dúvida de que a sorte e o sentido de oportunidade foram centrais para o êxito do programa.

Já conheci imensas pessoas extraordinariamente talentosas: desde alpinistas de renome mundial a campeões de queda livre, passando por mestres de sobrevivência no mato.

Por regra, são mais competentes do que eu – e, para minha irritação, muitas vezes são até mais bonitos e musculados!

Para dizer a verdade, provavelmente também fariam o meu trabalho melhor do que eu.

Então, por que motivo sou eu a fazê-lo?

Porque tive sorte.

Concederam-me uma plataforma privilegiada para me exprimir, cometer os meus erros, aprender e aperfeiçoar-me.

À medida que as temporadas do programa foram passando, fui-me tornando mais confiante no que faço. Este aspeto é muito importante.

No seu percurso, o programa esteve prestes a ser cancelado várias vezes. Novos diretores executivos, novas diretivas, novas exigências...

Qualquer um desses aspetos poderia ter resultado num cancelamento. Contudo, o programa aguentou-se, as audiências foram aumentando e, sem que eu desse por isso, passou a fazer parte do vocabulário e do conhecimento das pessoas. É um processo demorado – mas, quando (e se) acontece, tudo se torna mais simples.

Passo a explicar.

Quando um programa televisivo começa, tudo é extremamente competitivo: talvez uma em cada cem ideias para televisão chegue ao ponto de se tornar um episódio-piloto. Talvez um em cada vinte desses pilotos chegue a ter uma primeira temporada. E, desses, talvez um em cada dez seja convidado a continuar numa segunda temporada.

São precisos alguns pós de perlimpimpim e muita boa vontade.

Porém, se chegarmos à segunda temporada, é muito provável que façamos cinco – ou mais.

Por isso, tivemos sorte. Sem dúvida. E eu nem sequer pedi nada disso, muito menos esperava que acontecesse.

Estava apenas na minha abençoada ignorância.

Não obstante, o programa *Man vs. Wild* foi muito visado pelos críticos e pela imprensa. Com aquele nível de sucesso, seria inevitável. É curioso o modo como esquecemos rapidamente os louvores, mas somos tão afetados por pequenas críticas. Suponho que a capacidade de duvidarmos de nós mesmos seja muito forte.

O programa foi acusado de ser «preparado», «encenado», «fingido» e «manipulado». Um crítico chegou a sugerir que era tudo filmado num estúdio com efeitos especiais. Quem me dera...

Outra crítica recorrente era que seguir os meus conselhos seria perigoso ou, até, provavelmente fatal para os espectadores.

No entanto, o formato sempre foi este: o que devemos fazer se formos confrontados com uma situação de sobrevivência num ambiente inóspito?

Recorro aos meus próprios níveis de competência para mostrar o que fazer – com base em todo o meu treino – para sobreviver.

Vejam. Desfrutem. Isso pode salvar-vos a vida um dia.

É claro que essas situações não acontecem muitas vezes. É por isso que a minha equipa tem uma ideia muito clara de que me vou deparar com determinados obstáculos – quer se trate de penhascos, rápidos, cobras ou areias movediças. O programa é isso.

A equipa faz um trabalho prévio de reconhecimento. Depois, recebemos informações de guardas florestais da zona, dos povos indígenas, e das Unidades de Busca e Salvamento. Faz tudo parte da nossa preparação, incluindo os sacos com artigos diversos, os telefones de satélite, as cordas, os estojos de primeiros socorros, e até os antídotos.

Se vamos lidar com um ambiente selvagem, então temos de estar preparados.

Seria muito mais fácil fazer um programa seguro e previsível sobre sobrevivência – que mostrasse que devemos ficar no mesmo sítio e esperar que nos salvem. Mas isso teria sido um fracasso.

Se é isso que querem, existem muitos DVD no mercado sobre como sobreviver no mato.

No meu caso, pretendia apenas ir para um ambiente selvagem e divertir--me com os meus amigos.

Capítulo 108

Uma vez, depois de estar bastante tempo ausente de casa, consegui que a Shara se deslocasse até às montanhas onde estávamos a filmar.

– Traz os miúdos, querida. Tenho saudades vossas.

Nessa noite, apanhei boleia da minha equipa, entrei no helicóptero que os levaria à base e fui até ao seu alojamento.

A Shara estava lá à minha espera.

Passei a noite nos braços da minha família e voltei às filmagens no dia seguinte. Fui irresponsável, eu sei.

Porém, a imprensa soube do que se passara, como sempre, e crucificou-me. Era uma notícia muito apelativa. Percebi-o perfeitamente. Mas quem nunca cometeu um erro ou outro?

Em retrospetiva, percebo que fui mais do que irresponsável – foi um erro, e deu pano para mangas aos jornais.

No entanto, devo dizer que foi divinal ver a Shara e os meus filhos.

Ora, o que é mais importante para mim: ser um herói ou ser um bom pai?

Há uma terceira opção, Bear. Chama-se paciência.

Eu sei. Mas nunca foi o meu ponto forte.

Assim, esse foi mais um momento que poderia ter levado ao cancelamento do programa, mas o Channel 4 e o Discovery apoiaram-me. Sabiam muito bem que trabalho arduamente e os riscos que corro – todos os dias.

A melhor resposta aos críticos foi o subsequente sucesso estrondoso do programa.

O segundo elemento que contribuiu para o sucesso do programa foi, sem dúvida, a minha equipa.

Sabem que mais? Eu não estou sozinho na Natureza.

Trabalho com uma pequena equipa muito competente e coesa. São quatro ou cinco tipos. Todos heróis.

Trabalham que se desunham. Ninguém os conhece. Andam com lodo até ao pescoço. Fazem-me companhia nos locais mais inóspitos que se possa imaginar.

São sobretudo ex-militares das Forças Especiais e operadores de câmara de primeira qualidade – duros de roer e grandes amigos.

Não me surpreende que todos os episódios que fazemos com cenas dos bastidores sejam tão populares – as pessoas gostam de ouvir as histórias sobre o que acontece quando as situações se tornam um pouco «descontroladas». Faz parte da natureza humana.

A minha equipa é incrível – a sério – e dá-me muita motivação para fazer o programa. Sem ela, eu não seria ninguém.

O Simon Reay disse-me brilhantemente no primeiro episódio: «Não apresentes isto, Bear, limita-te a agir – e vai-me dizendo o que diabo estás a fazer e porquê. Vai ser fantástico. Vai-me dizendo».

E isso tornou-se o programa.

Depois há o Danny Cane, outro herói, que me disse: «Põe uma lagarta entre os dentes e mastiga-a crua. O público vai adorar, Bear. Confia em mim!»

Foi um conselho inspirado.

Produtores, realizadores, a equipa de estúdio e a equipa no terreno. Os meus camaradas. Steve Rankin, Scott Tankard, Steve Shearman, Dave Pearce, Ian Dray, Nick Parks, Woody, Stani, Ross, Duncan Gaudin, Rob Llewellyn, Pete Lee, Paul Ritz e Dan Etheridge – entre muitos outros, que me ajudam nos bastidores no Reino Unido.

Várias equipas. Um objetivo.

Zelarmos pela vida uns dos outros.

Ah, e será que a equipa no terreno partilha a sua comida comigo, me ajuda a recolher lenha e a dar os nós das minhas jangadas?

Sempre. Somos uma equipa.

O último ingrediente mágico foi a vontade de arriscar tudo. De dar tudo por tudo. Sem fazer perguntas.

O programa começou, e evoluiu, com base numa determinação para testar limites. Fazer o impossível. Escalar o intransponível – comer o indigerível.

É claro que muitas vezes havia uma forma mais segura e mais fácil de descer uma cascata ou um penhasco. Mas eu raramente segui essa opção.

Não era o meu objetivo. Queria mostrar como se pode sobreviver quando não existem alternativas seguras.

E adorei.

Já tinha aprendido há algum tempo que, quando sou bem-sucedido, é sempre devido a um empenho total. De alma e coração. Sem reservas.

Percebi desde o início que esse seria o segredo do meu programa.

Não é nada de muito complicado. É uma lição muito antiga: se nos encolhermos, não escapamos à pancada.

Foi esse empenho que criou o programa. No entanto, quase me custou a vida. Muitas vezes.

Tive uma grande variedade de momentos «quase fatais». Não tenho orgulho de nenhum deles. A lista, porém, é longa. Antigamente costumava anotá-los, para memória futura.

Quando ultrapassei o quinquagésimo, desisti.

Na verdade, não gosto de pensar nesses incidentes – fazem parte do passado, do processo de aprendizagem.

São parte do que me tornou mais forte.

Hoje em dia, o programa ainda é uma loucura, mas consigo gerir muito melhor os riscos. Recorro muito mais a cordas, quando não estou a ser filmado. Penso duas vezes (e não apenas uma) antes de saltar. Nunca fazia isso antes. É o que se chama «estar ciente».

Estou ciente de que sou marido de alguém. Ciente de que sou pai.

Sinto-me orgulhoso por estar a aprender; só temos uma hipótese para errar.

Capítulo 109

Há outro elemento que contribuiu para o sucesso do *Man vs. Wild*: a sua mensagem subjacente. Na minha opinião, é o fator mais importante.

Se pensarmos bem, no fundo há uma ligação muito grande entre a sobrevivência e a vida. Ou seja, todos temos as nossas lutas, não é verdade? Sobrevivência.

Por vezes sentimos que estamos a viver um dia de cada vez.

Porém, as competências e o talento são apenas uma parte do que ajuda as pessoas a sobreviver.

Uma pequena parte.

Existem elementos superiores que distinguem os verdadeiros sobreviventes: o coração, a esperança e a obstinação. São essas as qualidades que realmente importam.

O mesmo se aplica à vida.

Há poucos dias, um miúdo veio ter comigo na rua. Olhou-me nos olhos e perguntou-me: – Se me pudesse dizer uma mensagem de sobrevivência, qual seria?

Refleti por um momento sobre a questão. Queria dar-lhe uma resposta decente.

Foi então que a vi com clareza.

– Sorri quando estiver a chover. E quando estiveres em grandes dificuldades... não desistas.

O rapaz pensou um pouco.

Depois olhou para mim e declarou: – No sítio onde moro chove muito.

Todos conhecemos essa sensação.

Talvez ele se lembre dessa mensagem um dia – quando realmente precisar dela.

Assim, de repente, cheguei onde estou.

Seis anos volvidos.

Nunca acreditei verdadeiramente que faríamos mais do que seis episódios do *Man vs. Wild*. Muito menos seis temporadas.

Ou seja, como é que o tempo passou tão depressa?

Também não fazia ideia de que existiam tantos locais inóspitos, selvas remotas, pântanos fedorentos, desertos escaldantes e cordilheiras por explorar no nosso pequeno planeta.

As pessoas não têm noção. Incluindo eu.

No nosso percurso, filmámos quase setenta e uma horas de episódios, bem como doze episódios do *Worst Case Scenario* e uma série sobre a experiência de fazer a recruta na Legião Estrangeira Francesa (lembrem-me de não repetir essa).

Acabámos por gerar uma mini-indústria.

Já publiquei onze livros, incluindo dois campeões de vendas (sobretudo sobre aviões), e lançámos jogos inspirados no *Man vs. Wild* para a Xbox, a Playstation e a Wii. Sou dono de uma marca mundial de vestuário de aventura e fui o rosto de campanhas publicitárias mundiais para marcas como a Rexona, a Degree, a Sure for Men, a Nissan e a cerveja Dos Equis, entre outras.

Fiquei extremamente orgulhoso por me terem tornado capitão-tenente da Royal Navy em 2005 (o meu pai teria gostado disso!) e por, através das expedições que encabecei na Antártida, nos Himalaias e no Ártico, termos angariado mais de dois milhões e meio de dólares para instituições de caridade que apoiam crianças de todo o mundo.

São esses os aspetos que valorizo verdadeiramente. Sobretudo por poder ver que estou mesmo a salvar vidas. Não tenho nada de durão quando oiço as histórias dessas crianças.

É o que se chama perspetiva.

Além disso, um aspeto algo preocupante foi o facto de ter sido eleito o décimo terceiro homem mais influente dos Estados Unidos. Hum... No Reino Unido, li uma vez que era considerado o sétimo homem britânico com mais estilo, bem como a segunda pessoa mais admirada pela classe média, a seguir à rainha. Hum...

É tudo muito lisonjeiro, mas não é bem assim. A Shara pode testemunhar que não tenho estilo nenhum!

No entanto, todos estes aspetos conduziram a algo de maravilhoso: tornei-me chefe de escuteiros e o representante de vinte e oito milhões de escuteiros de todo o Planeta.

E tudo isto foi uma viagem extremamente divertida.

Capítulo 110

Um dos maiores privilégios da minha vida foi ter sido nomeado o mais jovem chefe de escuteiros da Scout Association (para mim, o melhor foi o facto de os jovens terem sido os responsáveis pela escolha).

Os escuteiros representam em grande medida aquilo que mais valorizo na vida: amizade, família e aventura.

Todos os dias descubro que os jovens de todo o mundo não têm falta de ambição, mas sim de oportunidades, e os escuteiros são um abrigo que proporciona camaradagem, aventuras e um sentido de pertença a crianças que normalmente nunca teriam acesso a estes aspetos mágicos.

Nas minhas *tournées* pelo Reino Unido, costumo visitar centenas de grupos e de líderes dos escuteiros, e quando terminamos as filmagens, sejam estas em que país forem, tento sempre marcar encontros com os grupos locais.

Um movimento. Muitas nações. Um conjunto de valores. É cativante porque funciona muito bem. Basta conhecer alguns dos miúdos e percebe-se logo.

Adoro os dias que passo com eles.

Todos os verões, a Shara e eu organizamos um acampamento de sobrevivência na ilha para os jovens escuteiros com melhores resultados; sou o apresentador de várias cerimónias de entrega de prémios para quem atinge o nível mais elevado de desempenho no escutismo; e homenageamos os escuteiros mais jovens e os líderes mais antigos.

As suas histórias são verdadeiramente incríveis.

Os membros da família real britânica estão sempre presentes nessas cerimónias. Como eu, ficam comovidos com as histórias de coragem e de esperança dos escuteiros, que muitas vezes se debatem contra todas as probabilidades.

Trata-se de pessoas normais que desempenham o papel de líderes nas suas comunidades, dando às crianças confiança, objetivos, valores de vida e competências de sobrevivência na Natureza, qualidades difíceis de encontrar em qualquer outro lugar.

Ser o seu chefe escuteiro é um grande orgulho para mim, e espero representar bem todos aqueles jovens.

Sem dúvida que, quanto mais tempo passo com os escuteiros, mais sinto que são eles que me inspiram, e não o contrário.

Assim, com todos estes fatores, incluindo os escuteiros, a minha vida prossegue a um ritmo alucinante.

Por vezes é tudo rápido de mais, e tenho dificuldade em acompanhar. Não gosto dessa parte.

É por isso que me orgulho tanto de ter reunido uma equipa tão maravilhosa para me ajudar.

Sediada em Los Angeles e em Londres, é constituída por pessoas extremamente divertidas e de uma eficiência assustadora. Eu contribuo com as ideias, elas fornecem o bom senso e a objetividade. Rezamos juntos, rimo-nos juntos, e tentamos fazer coisas que marquem a diferença.

O dinheiro está no fundo da sua lista de prioridades – porém, estranhamente, tenho a certeza de que é um dos motivos para que tudo funcione tão bem. O lucro é um objetivo tão entediante, em comparação com o tempo e o divertimento que partilhamos – como amigos e como uma família.

Dave Segel, Del, Todd, Michael, Colin, Jen, Nora, George, etc. Meu Deus, já partilhámos tanto sumo, tanto *sushi*, tantas milhas de avião e tantas chamadas em conferência. Foi, acima de tudo, extremamente divertido.

Atualmente, tenho tendência a ser mais o porta-voz desta equipa extraordinária de pessoas que não só são as melhores na sua especialidade (operadores de câmara de aventura, criadores de moda, advogados e produtores), como são as minhas camaradas.

Muito do sucesso do lado empresarial é apenas o resultado de pessoas fantásticas, grandes ideias, uma execução organizada e um pouco de sorte (no entanto, creio que sempre tentei aproveitar ao máximo a sorte que me foi concedida).

Contudo, não tenho dúvidas de que me sinto muito afastado do personagem oficial «Bear Grylls». O homem que vejo no espelho todas as manhãs, com os olhos um pouco inchados, com cicatrizes irritantes e dores persistentes, é outra pessoa.

Para mim, o Bear Grylls da televisão é apenas o meu emprego e uma marca comercial. A minha equipa chama-lhe apenas BG.

O homem no espelho, porém, é o marido da Shara, o pai dos meus filhos, e apenas um homem normal, com os habituais problemas, dúvidas e defeitos que fazem parte da vida. E são muitos – acreditem.

Vou-vos contar dois segredos: às vezes sinto-me tão ansioso perante grupos grandes de pessoas, que fico com um pequeno tique nervoso. Esse tique faz com que me sinta envergonhado. Não consigo pensar em mais nada. Faz com que odeie o facto de as pessoas estarem a olhar para mim.

A isso chama-se medo. E eu sinto-me assustado.

Sou uma pessoa normal.

Depois há a questão das alturas. Às vezes, quando estou a escalar ou suspenso num helicóptero, sinto de repente um medo incontrolável. No entanto, ninguém nota. Eu reprimo-o. Num momento estou muito bem, e a seguir estou a tremer como varas verdes.

Sem motivo.

Eu sei que não corro perigo.

Mas será que não corro mesmo?

A isso chama-se medo. E eu sinto-me assustado.

Sou uma pessoa normal.

Sentem-se aliviados por sabê-lo?

Eu sinto.

EPÍLOGO

Vou terminar este livro por aqui, uma vez que, em grande medida, foram estas primeiras experiências determinantes que moldaram muito do meu caráter – da infância ao SAS, da Shara ao Evereste.

Foram igualmente estes elementos que me ajudaram a abrir as portas de muitas aventuras em que tive a sorte de participar desde então.

Entre elas, a chefia de uma das primeiras equipas que atravessaram o gélido oceano Ártico numa pequena embarcação aberta. Essa expedição serviu para apoiar a Prince's Trust, uma instituição de caridade que ajuda jovens carenciados a concretizarem os seus sonhos.

Essa missão quase deu mau resultado quando fomos apanhados por uma tempestade ártica de força 9 a quinhentas milhas da costa – com enormes ondas e ventos fortíssimos. Todos os nossos sistemas eletrónicos e de navegação avariaram e a Marinha teve de notificar a Shara de que tínhamos desaparecido do radar, com a possibilidade de termos desaparecido no centro daquela tempestade feroz.

Mesmo a tempo, com a Unidade de Busca e Salvamento prestes a entrar em ação, fomos dar à costa da Islândia – assustados, quase em hipotermia, mas vivos. Por pouco. Estávamos, literalmente, já só a avançar com os vapores do combustível. Toda aquela expedição de quase cinco mil quilómetros foi demasiado longa para a passarmos com frio, molhados e com medo.

Depois, surgiu a ideia louca de me alistar para me deslocar ao norte de África e receber uma simulação do treino básico que celebrizou a Legião Estrangeira Francesa. O verão no Sara Ocidental é exigente, extenuante e de um calor infernal.

Dos doze recrutas iniciais, restámos quatro, à mercê de algumas das mais brutais e extenuantes técnicas de treino militar que se podem imaginar.

Marchar, rastejar, combater de manhã à noite, carregar montanhas de pedras, ser enterrado vivo e correr para todo o lado, vinte e quatro horas por dia. Cheios de bolhas e privados de sono. Comemos guisado de pele de camelo e pão bolorento. Dia após dia, semana após semana, arrastámo-nos pelo deserto até desfalecermos com o peso das mochilas, que tinham sido carregadas com areia.

Tive a sorte de liderar equipas fantásticas até locais incríveis, como as remotas selvas venezuelanas do *Mundo Perdido*, em busca do ouro perdido de Jimmy Angel, ou o deserto branco e inóspito da Antártida, onde escalámos cumes jamais tocados por alpinistas (consegui partir um ombro numa queda nessa viagem, mas não podemos ganhar sempre!).

Depois, regressámos aos Himalaias, onde o meu amigo Gilo e eu voámos em parapentes a motor até acima da altura do Evereste. Mais uma vez, estávamos a angariar fundos para uma instituição de caridade, neste caso a Global Angels, uma fundação que ajuda as crianças mais necessitadas de todo o mundo. No entanto, esse voo foi uma missão que quase teve consequências fatais.

Todos os peritos em aviação e em meteorologia previram um desastre certo; de paraquedas congelados a ventos fortíssimos e incontroláveis, passando por descolagens impossíveis e aterragens violentíssimas – e isso foi antes de ponderarem se seria sequer possível conceber uma pequena máquina para um só homem com potência suficiente para voar àquela altitude.

Se fosse possível, então decerto não seria viável descolarmos com esses aparelhos às costas. No entanto, fomos bem-sucedidos: o Gilo concebeu e construiu o motor de combustível para parapente com maior potência de todos os tempos e, com a graça de Deus, lá conseguimos levantar voo com aqueles monstros às costas.

Com um tempo maravilhoso e alguma pilotagem arrojada, mostrámos que os céticos estavam enganados – mesmo até ao fim, quando aterrámos sem esforço no sopé do Evereste, com agilidade e tranquilamente sobre dois pés. Missão cumprida.

Depois, recentemente, chefiei a primeira expedição de travessia da malograda Passagem do Noroeste, no Ártico, num barco insuflável rígido – uma missão que indubitavelmente me proporcionou algumas das imagens mais desoladas que já vi, bem como algumas ondas monstruosas no mar de Beaufort e mais além. É um local inacessível, com poucas hipóteses de salvamento se alguma coisa correr mal.

No entanto, por sorte, numa de entre os milhares de ilhas minúsculas, inexploradas, rodeadas de fragmentos de gelo flutuante, encontrámos campas improvisadas de estilo europeu, um crânio humano e vários ossos. Esses achados sugeriam a potencial descoberta do que aconteceu aos fatídicos membros da expedição vitoriana do capitão Franklin, que pereceu no gelo, depois de suportar as piores condições imagináveis de frio, fome e iminência de morte – tudo na demanda de uma rota que percorresse a Passagem do Noroeste.

Foram aventuras como esta, e muitas mais.

Entre elas, houve um número pouco saudável de momentos em que estive próximo da morte. Quando me lembro de muitos deles, ainda me encolho. Porém, acredito que o nosso treino de vida nunca termina – e a experiência é sempre a melhor professora que existe.

Depois, há as aventuras mais excêntricas, como fazer *jet ski* em torno da Grã-Bretanha para ajudar os navios salva-vidas do Reino Unido (RNLI). Dia após dia, hora após hora, debatemo-nos no mar como pequenas formigas, em torno da costa selvagem da Escócia e do mar da Irlanda (um músculo do meu antebraço tornou-se saliente e nunca mais voltou ao normal!).

Há também aquela vez em que organizámos a festa ao ar livre a maior altitude de sempre, suspensos num balão de ar quente de grande altitude, para apoiar o programa de prémios do duque de Edimburgo para crianças.

Essa missão também se tornou um pouco complicada, pois tive de descer em rapel para uma mesa de metal minúscula, suspensa quinze metros abaixo do cesto do balão, com temperaturas de quarenta graus negativos, a cerca de sete mil e quinhentos metros de altitude do Reino Unido.

Vestidos com o traje de gala da Marinha, como exige o *Guinness Book of World Records* (além de termos de comer três pratos, de fazer um brinde à rainha de Inglaterra e de respirar a partir de pequenas garrafas de oxigénio), quase tombámos a mesa no início da madrugada, no escuro da estratosfera. Como é evidente, tudo congelou, mas lá acabámos por concluir a missão e saltar em queda livre, seguidos de pratos de batatas e pato com laranja, que caíam a toda a velocidade.

Noutra ocasião, o Charlie Mackesy e eu remámos nus no Tamisa dentro de uma banheira, para angariar fundos destinados a comprar uma perna prostética para um amigo. A lista é interminável e, tenho o orgulho de informar, continua a aumentar. Porém, contarei todas essas histórias devidamente noutro local, noutra altura.

São aventuras que alternam entre o duro e o ridículo, o perigoso e o embaraçoso. No entanto, neste livro queria apenas revelar as minhas raízes: o início, as grandes missões que me moldaram e aqueles momentos iniciais, mais pequenos, que me conduziram nesta direção.

No meu percurso, tive de fazer um esforço para me habituar à imprensa e a ser reconhecido, bem como a gerir o equilíbrio precário entre os riscos inerentes ao meu trabalho e a minha jovem e maravilhosa família.

Ainda não consegui resolver nenhuma destas vertentes.

Tive tantos fracassos, erros e derrotas. Demasiados para os mencionar aqui.

Contudo, estou muito ciente de que, no cômputo geral, alguém me tem abençoado, e muito.

Não tenham dúvidas – a sorte desempenhou um grande papel em tudo o que aconteceu, e não há um dia que passe em que eu não tenha consciência disso.

O resultado de estarmos cientes de que fomos abençoados é aprendermos (contra tantos dos valores da nossa sociedade) a tentar caminhar com modéstia, a dar generosamente e a ajudar aqueles que mais precisam.

São lições simples, mas moldaram a conduta de vida que eu e a Shara tentamos manter.

Sou o primeiro a admitir que cometemos muitos erros.

A vida continua a ser uma aventura e, em muitos aspetos, mais do que nunca.

Ainda passo mais tempo longe de casa do que aquilo de que gostaria (apesar de passar menos tempo do que muitas pessoas pensam). Além disso, aprendi que, quando estou em casa, estou em casa; não estou ocupado com a comunicação social nem com reuniões – são atividades tão aborrecidas!

Assim, tive de aprender a estabelecer prioridades na minha vida: a zelar pela minha segurança, a voltar para casa depressa e a divertir-me sempre – o resto são pormenores.

Ainda convivo com mais riscos do que aquilo que seria confortável – e não podemos depender demasiado da sorte. Devemos sentir-nos gratos pelas vezes que escapámos por sorte, mas não devemos contar com ela para o futuro.

Porém, não posso fugir ao facto de conviver diariamente com o risco quando estou em filmagens ou expedições.

Ou seja, só nos últimos meses, caí na forte corrente de uns grandes rápidos, fui mordido por uma cobra furiosa na selva, escapei por pouco de uma grande derrocada de montanha, quase fui comido por um enorme crocodilo nos pântanos da Austrália, e tive de cortar o paraquedas principal e aterrar com o de reserva, a uns mil e quinhentos metros de altitude sobre o Ártico.

Quando é que toda esta loucura se tornou o meu mundo?

É como se, quase por acaso, esta doidice se tivesse tornado a minha vida. Não me interpretem mal – eu adoro tudo isto.

Porém, o desafio agora é manter-me vivo.

Cada dia é uma bênção ainda mais maravilhosa, e uma dádiva que nunca, nunca considero garantida.

Ah, e quanto às cicatrizes, aos ossos partidos, aos membros doridos e às dores de costas?

Considero-os suaves formas de manter presente que a vida é preciosa – e que talvez, quem sabe, seja mais frágil do que aquilo que me atrevo a admitir.